Lust am Denken

PIPER

Zu diesem Buch

Mit dieser Auswahl von Klassikern aus dem Piper Verlag wird ein Jahrhundert Geistesgeschichte lebendig: »Lust am Denken« versammelt die wichtigsten Texte wegweisender Autoren, deren Werke bis heute nichts von ihrer Aktualität verloren haben. Sie müssen nicht Hannah Arendts tausendseitiges Werk »Ursprünge und Elemente totaler Herrschaft« gelesen haben, um Arendts Definition der Macht zu begreifen. Und Sie brauchen nicht Werner Heisenbergs bahnbrechendes Buch »Der Teil und das Ganze« auswendig zu kennen, um seine Thesen zitieren zu können. Dieser Band enthält alles, was Sie brauchen, wenn Sie das Denken dieser großen Autoren verstehen wollen.
Mit Beiträgen von Hannah Arendt, Alfred Brendel, Ralf Dahrendorf, Richard P. Feynman, Werner Heisenberg, Karl Jaspers, Hans Küng, Konrad Lorenz, Benoît M. Mandelbrot, Alexander und Margarete Mitscherlich, Karl R. Popper, Paul Watzlawick u. a.

Kristin Rotter, Jahrgang 1973, studierte Germanistik, Geschichte und Buchwissenschaft in Dresden und München. Seit 2005 ist sie Sachbuchlektorin im Piper Verlag.
Katharina Wulffius, Jahrgang 1980, studierte Philosophie und Buchwissenschaft in München. Seit 2009 ist sie Sachbuchlektorin im Piper Verlag.

LUST AM DENKEN

Herausgegeben von Kristin Rotter und Katharina Wulffius

Piper München Zürich

Mehr über unsere Autoren und Bücher:
www.piper.de

MIX
Papier aus verantwortungsvollen Quellen
FSC® C083411

Originalausgabe
1. Auflage Februar 2011
2. Auflage Juni 2012

Unter Mitarbeit von Dr. Klaus Stadler
(Zusammenstellung der Texte zur Musik)
Umschlaggestaltung: semper smile, München
Umschlagabbildung: Geoff Spear / Corbis
Satz: Kösel, Krugzell
Gesetzt aus der Times New Roman
Papier: Munken Print von Arctic Paper Munkedals AB, Schweden
Druck und Bindung: CPI – Clausen & Bosse, Leck
Printed in Germany ISBN 978-3-492-26416-7

Inhalt

ZWISCHENSPIEL

VERGANGENES VERGEGENWÄRTIGEN
Zeitgeschichte

ZWISCHENSPIEL

DEN DINGEN AUF DEN GRUND GEHEN
Naturwissenschaften

DENKEN – FÜHLEN – GLAUBEN

Philosophie, Psychologie und Religion

ANHANG

Vorwort

»Vom Vergnügen, Dinge zu entdecken« handelt eines der bekanntesten Bücher von Richard P. Feynman. Damit bringt der geniale Physiker auf den Punkt, was lesende, aufmerksame und fragselige Menschen verbindet: Es macht Spaß, Neues zu erkunden, Altbekanntes zu hinterfragen, sich auf unbekanntes Terrain zu wagen – ganz gleich ob im Alltag, auf Reisen oder am Labortisch. Als Belohnung winkt das Glück, ein kleines Geheimnis zu lüften. Jedes Buch, das wir zur Hand nehmen, eröffnet uns dazu die Möglichkeit. Und dass wir Büchermacher auf diese Weise einen Teil dazu beitragen, Ihre Wissbegierde und Ihr Vergnügen am Denken zu beflügeln, Ihnen also ein Geheimnis zu offenbaren, macht uns stolz.

Schon der Verleger Klaus Piper hat 1981 eine erste Anthologie *Lust am Denken* mit Texten großer Piper-Autoren herausgebracht. Im Laufe der Jahre entwickelte sich dieses Lesebuch wie auch die jährlich erscheinenden *Denkanstöße* zu großen Erfolgen. Wir dürfen nun in die Fußstapfen der Kollegen treten, um eine neue *Lust am Denken* zu starten. An dieser Stelle sei insbesondere zweien unserer Vorgänger gedankt: Ulrich Wank für sein phänomenales Gedächtnis, in welcher Ausgabe welchen Jahres welches Thema behandelt wurde, und Klaus Stadler für die sachkundige Auswahl der Textbeiträge zur Musik.

Mit unserer Auswahl wollen wir sowohl das Alte und Berühmte würdigen wie auch der erfolgreichen Gegenwart genügend Raum lassen. Die Anordnung der Texte ist im geschichtlichen Bereich eher chronologischer, im naturwissenschaftlichen Bereich stärker inhaltlicher Natur. Deshalb sollte es Sie nicht stören, den zeitgenössischen Astrophysiker Harald Lesch just neben dem Jahrhundertgenie Albert Einstein zu finden. Grundlegende Texte zur Zeitgeschichte folgen auf Beiträge zu aktuellen gesellschaftlichen Fragen. Manche große Dichter wie Ingeborg Bachmann und Fjodor M. Dostojewski werden Sie in diesem Band als Essayisten kennenlernen. Und weil wir beim Recherchieren immer wieder auf literarische Texte stießen, von denen wir überzeugt sind, dass sie Ihnen Lust am Denken bereiten, haben wir für Hilde Domin, Ludwig Thoma, Karl Valentin und andere immer wieder einen Platz frei gemacht. Auf Fußnoten, Anmerkungen und Abbildungen haben wir weitgehend verzichtet. Einige Beiträge tragen Überschriften, die zum besseren Verständnis des Textauszugs von uns stammen. Die Jahreszahl am Ende der Texte bezeichnet das Jahr der ersten Veröffentlichung bei Piper. Gegebenenfalls haben wir in Klammern dahinter die Entstehungszeit des Textes ergänzt. Die Rechtschreibung wurde von den Originaltexten übernommen.

Die Auswahl der Lesestücke vereint damit Sachbücher einer über hundert Jahre dauernden Piper-Geschichte. Einige Tausend Titel sind seit dem Jahre 1904 erschienen. Eigentlich beginnt die Geschichte des Sachbuchs im Piper Verlag jedoch erst mit der Übernahme der Verlagsleitung durch Klaus Piper nach dem Zweiten Weltkrieg, denn Reinhard Piper hatte seinen Verlag als Literatur- und Kunstverlag gegründet. Deshalb finden sich aus der Zeit vor 1945 nur wenige Texte in dieser Sammlung, hauptsächlich zu Philosophie und Musik, aber auch ein Stück aus dem jüngst erschienenen Briefwechsel zwischen Reinhard Piper und Alfred Kubin. Eines der schönsten, vielleicht sogar das berühmteste Sachbuch, das je bei Piper erschienen ist, bildet ob seiner Erhabenheit den Auftakt zu diesem Lesebuch: der Almanach der Künstlergruppe »Der Blaue Reiter«.

Nach dem Schrecken des Nationalsozialismus erweiterte

Klaus Piper das Verlagsprogramm bewusst um politische, historische und zeitgeschichtliche Werke. 1947 erschien Karl Jaspers' *Vom europäischen Geist*, 1958 wurde Hannah Arendt Piper-Autorin. Bis heute ist Arendts viel diskutierter Prozessbericht *Eichmann in Jerusalem* (1964) eines der wichtigsten Bücher im Programm. Mit Konrad Lorenz' *Über tierisches und menschliches Verhalten* begann der Verlag seine Erfolgsgeschichte in den Naturwissenschaften, die bis heute mit Titeln wie *Die Welt ohne uns* von Alan Weisman fortgeschrieben wird.

Die Bandbreite der verlegten Titel ist inzwischen enorm: Stöbert man im Publikationsarchiv – das noch immer in der altehrwürdigen Villa in der Münchner Georgenstraße untergebracht ist und alle Piper-Bücher bis zum heutigen Datum versammelt –, scheint man wirklich zu allen großen und kleinen Fragen aus den Bereichen Geschichte, Politik, Zeitgeschichte, Naturwissenschaft, Musik, Religion, Psychologie und Philosophie fündig zu werden. Ergänzt werden die klassischen Programmbereiche durch eine breite Palette an Biografien und Autobiografien, wie etwa in jüngster Zeit die *Bekenntnisse* Nelson Mandelas.

Bei so viel Auswahl fällt die Entscheidung schwer. Leider haben wir nur eine kleine Kostprobe für Sie zusammenstellen können und laden Sie daher herzlich zum Weiterlesen ein. Denn wichtig ist, dass man nicht aufhört zu fragen. Wichtig ist, dass man neugierig und offen bleibt – oder um es mit den Worten Feynmans zu sagen: »Man kann nichts Neues herausfinden, wenn man nicht vorher eine Frage stellt.« Ob es darauf immer eine Antwort gibt, ist am Ende gar nicht so entscheidend. Hauptsache, das Vergnügen am Denken bleibt!

Kristin Rotter und Katharina Wulffius, Februar 2011

KÜNSTLERISCHER AUFTAKT

Franz Marc

Geistige Güter

Es ist merkwürdig, wie geistige Güter von den Menschen so vollkommen anders gewertet werden als materielle.

Erobert z. B. jemand seinem Vaterlande eine neue Kolonie, so jubelt ihm das ganze Land entgegen. Man besinnt sich keinen Tag, die Kolonie in Besitz zu nehmen. Mit gleichem Jubel werden technische Errungenschaften begrüßt.

Kommt aber jemand auf den Gedanken, seinem Vaterlande ein neues reingeistiges Gut zu schenken, so weist man dieses fast jederzeit mit Zorn und Aufregung zurück, verdächtigt sein Geschenk und sucht es auf jede Weise aus der Welt zu schaffen; wäre es erlaubt, würde man den Geber noch heute für seine Gabe verbrennen.

Ist diese Tatsache nicht schauerlich?

Ein kleines, heute aktuelles Beispiel verleitet uns zu dieser Einleitung.

Meier-Graefe kam auf den Gedanken, seinen Landsleuten die wunderbare Ideenwelt eines ihnen ganz unbekannten, großen Meisters zu schenken – es handelt sich hier um Greco; die große Allgemeinheit, selbst der Künstler, blieb nicht nur gleichgültig, sondern griff ihn mit wahrer Wut und Entrüstung an. Er hat sich mit dieser einfachen und edlen Handlung in Deutschland fast unmöglich gemacht.

Es ist wahnsinnig schwer, seinen Zeitgenossen geistige Geschenke zu machen.

Einem zweiten großen Geber in Deutschland ging es nicht besser – Tschudi. Der geniale Mann schenkte Berlin die größten Kulturschätze an Bildern – die Folge war, daß man ihn einfach aus der Stadt vertrieb. Man wollte seine Erwerbungen nicht haben. Tschudi ging nach München. Dasselbe Schauspiel; auch hier wollen sie seine Geschenke nicht. Man besah sich in der Alten Pinakothek die Sammlung Nemes höchstens wie eine neue Modeauslage und wird erleichtert aufatmen, wenn die gefährliche Sammlung weg ist, ohne daß man etwas davon behalten mußte. Die Erwerbung eines Rubens oder Raffael wäre eventuell schon etwas anderes; denn die könnte man unbedenklich als eine Stärkung des *materiellen* Nationalreichtums ansehen.

Diese melancholische Betrachtung gehört insoweit in die Spalten des »Blauen Reiters«, als sie ein Symptom eines großen Übels zeigt, an dem der »Blaue Reiter« vielleicht sterben wird, die allgemeine Interesselosigkeit der Menschen für neue geistige Güter.

Wir sehen diese Gefahr vollkommen klar vor uns. Man wird mit Zorn und Schmähung unsere Geschenke von sich weisen: »Wozu neue Bilder und neue Ideen? Was kaufen wir uns dafür? Wir haben schon zuviel alte, die uns auch nicht freuen, die uns Erziehung und Mode aufgedrängt hat.«

Aber vielleicht behalten auch wir recht. Man wird nicht *wollen,* aber man wird *müssen.* Denn wir haben das Bewußtsein, daß unsere Ideenwelt kein Kartenhaus ist, mit dem wir spielen, sondern Elemente einer Bewegung in sich schließt, deren Schwingungen heute auf der ganzen Welt zu fühlen sind.

Wir weisen gern und mit Betonung auf den Fall Greco, weil die Glorifikation dieses großen Meisters im engsten Zusammenhang mit dem Aufblühen unserer neuen Kunstideen steht. Cézanne und Greco sind Geistesverwandte über die trennenden Jahrhunderte hinweg. Zu dem »Vater Cézanne« holten Meier-Graefe und Tschudi im Triumphe den alten Mystiker Greco; beider Werke stehen heute am Eingange einer neuen Epoche der Malerei. Beide fühlten im Weltbilde die *mystisch-innerliche Konstruktion,* die das große Problem der heutigen Generation ist.

Das Bild von Picasso, das wir nebenstehend bringen, gehört, wie die Mehrzahl unserer Illustrationen, in diese Ideenreihe.

Neue Ideen sind nur durch ihre Ungewohnheit schwerverständlich – wie oft müßte man diesen Satz aussprechen, bis einer von hundert die nächstliegenden Konsequenzen aus ihm zöge?

Wir werden aber nicht müde werden, es zu sagen, und noch weniger müde, die neuen Ideen auszusprechen und die neuen Bilder zu zeigen, bis der Tag kommt, wo wir unseren Ideen auf der Landstraße begegnen.

Diese Zeilen waren schon geschrieben, als die schwere Nachricht von Tschudis Tode eintraf.

So wagen wir, dem edlen Andenken Tschudis dies erste Buch zu weihen, für das er wenige Tage vor seinem Tode noch seine immer tätige Hilfe versprach.

Wir hoffen mit brennender Seele, an der Riesenaufgabe, die ohne ihn verwaist liegt, sein Volk zu den Quellen der Kunst zu führen, mit unsern schwachen Kräften weiterzuarbeiten, bis wieder einmal ein Mann kommt, mit mystischen Kräften ausgestattet wie Tschudi, der das Werk krönt und die vorlauten, allzulauten Gegner des großen Toten zum Schweigen bringt: Die Leugner des freien Geistes und der Vorzugstat!

Niemand hat es schwerer erfahren als Tschudi, über seinen Tod hinaus, wie schwer es ist, seinem Volke geistige Geschenke zu machen – aber noch schwerer dürfte es diesem werden, die Geister wieder los zu werden, die Tschudi heraufbeschworen.

Der Geist bricht Burgen.

1912

Alfred Kubin und Reinhard Piper

»Anbei ein paar Worte zum Dostojewski«

ALFRED KUBIN – POSTKARTE

21. VII 1913 Wernstein *[Poststempel]*

Lieber Herr Piper Soeben nach hause kommend finde ich die versprochenen Japaniea vor, allerherzlichst Dank!! Sowie ich mich hier eingewöhnt habe und die letzten Münchner Bakterien wieder abgetötet habe, wird mein erstes Tun die Wiederholung der gewissen Doppelgänger blätter sein; so das kein Verzug entsteht, – Ich denke gerne an den gemütlichen Abend zurück den ich in Ihrem Heim verbringen durfte und bitte mich Ihrer lieben Frau zu empfehlen ..

Mit bestem Gruss Ihr sehr erg.
Alf Kubin

REINHARD PIPER

München, den 26. Juli 1913

Herrn Alfred Kubin,

Wernstein

Sehr geehrter Herr Kubin!
In Anlage erhalten Sie die bisher abgesetzten Fahnen von Dostojewski. Von dieser großen Type hat die Druckerei nicht viel Material, sodaß leider nicht das Ganze aufeinmal gesetzt werden kann. Sie müssen also auch die Zusammenstellung von Text und Bildern nach und nach vornehmen, was allerdings die Uebersicht etwas erschwert. Die Abzüge der bisher angefertigten Klischees haben Sie ja in Händen. Bitte senden Sie mir recht schnell noch die beiden Vignetten (das Madonnenbild und das Doppelporträt mit dem Orientalen). Die übrigen zuerst zurückgebliebenen Vignetten-Kli-

schees sind in Arbeit. Korrektur des Textes wird hier genau gelesen.

Ich war inzwischen in Genf und habe mit Hodler abgeschlossen.

Meine Frau und ich erinnern uns mit großem Vergnügen Ihres Besuches, bei dem wir uns Ihres famosen Erzähler-Talents so sehr erfreuen durften.

Mit besten Grüßen
Ihr
Reinhard Piper

ALFRED KUBIN

Zwickledt, Wernstein
22. 8. 1913

Lieber Herr Piper
Anbei ein paar Worte zum Dostojewski, – einen Prospectton haben Sie ja wohl nicht erwartet. auch so fiel es mir sehr schwer diese Seite zu schreiben, und wenn das vielleicht dabei /ein wenig/ zum Ausdruck kommt so kann ich nichts dafür. Aber Sie sehen dass ich tatsächlich alles Interesse an Ihrer illustr. Dostojewski Ausgabe nehme deshalb kam ich Ihnen auch so entgegen, denn <für> Zukunft würde ich's wohl nicht mehr tun. – Die Fahnen 8, 9., 10, habe ich heute von Ihnen (zum ersten mal bekommen) und sogleicht erledigt, eine frühere Sendung scheint demnach verloren gegangen zu sein.

Beste Grüße für Sie und Herrn Hammelmann,
Ihr sehr ergebener
Alfred Kubin

[Anlage:]

Als ich mit Begeisterung im Doppelgänger die meines Wissens erste Illustration eines Dostojewski-Werkes übernahm, versuchte ich mich möglichst intim mit dem von mir so gerne gelesenen grossen Autor auseinanderzusetzen.

Ob und wieweit mir dies gelungen, bleibt natürlich dem Urteil jedes einzelnen Lesers überlassen. Mein Bestreben war, dem Flusse der Erzählung zeichnerisch zu folgen. Dabei wollte ich nach Kräften der zwingenden allmählichen Steigerung in den Vorgängen gerecht werden. Dies war nur durch eine grosse Anzahl von Zeichnungen möglich. Auch der Mischung von menschlich-innigem Mitleid mit transzendentem Humor, welche die furchtbare Intensität des Werkes verklärt, versuchte ich, soweit es meine Mittel zulassen, wenigstens einigermaassen nahe zu kommen. Den bedauernswerten Helden in möglichst vielen Situationen zu zeigen war mein Hauptziel. es sollte die <geformte> Hülle für den Geist des Buches werden. Mit Misstrauen und Zweifel sehe ich meine fertige Arbeit an; diese Gefühle verstärkten sich, als mich der Verleger bat einige Zeilen über meine Auffassung zu schreiben –

Hiermit gebe ich sie. –

2010

Max Beckmann

»Ich will es Dir einmal sagen …«

AN MATHILDE KAULBACH

16. Juni 25

Mein Liebling wir waren im Teater nun is der Strindbergsche »Rausch« mit Gerda Müller, Irma Simon und der Barjanska auch vorüber – Ich habe mich vom Simonschen Nachtessen getrennt und bin hier essen gegangen. Hatte das Bedürfnis allein zu sein und mit Dir zu plaudern. Mein liebes süßes Mädchen. Vieleicht bist Du mein einziger wirklicher Freund in dieser Welt und ich der Deine. – Es ist merkwürdig aber vieleicht ist es wirklich so. Ich bin ja so gespannt auf Dich Mein liebes Süßes. Wie Du mein sein wirst, wenn Du erst ganz bei mir bist. Gerade nach diesem »Strindberg« ist mein Wille ganz ein's mit Dir zu werden fester als je. Das Stück behandelt recht gut den Haß der sich zwischen Liebesleuten allmählig aus d. Liebe entwickelt – na Du wirst ja auch schon manches davon gelesen gehört oder im Teater gesehen haben – Zum Teufel damit. Wir wollen doch mal sehen ob es nicht möglich ist, wirklich eine Art von Harmonie in einem Zusamenleben zu schaffen. – Nicht wahr mein lieber kleiner Freund, meine süße Geliebte. – Wenn uns das gelingt werden wir endlich doch mal der Welt zeigen können, daß nicht alles sinnlos und Irrsinn oder Zufall ist. – Ich glaube wirklich, daß ich es mit Dir kann. – O Cynthia, das ist sehr viel. – Ich strebe eine Re[h]abilitirung des lieben Gottes an mein Kind mein Süßes. Verstehst Du das? – Ja, Ja ich fühle Dich wieder eben – Deine sinnliche Sanftmut, die doch so garnicht dünnblütig ist. – Ich weiß auch, daß Du gar kein Kind mehr bist sondern ein sehr zarter sehr lebendiger aber auch ausgewachsener Mensch, der auch schon seinen Teil erlebt hat und weiß was er tut, wenn er sich mit mir verbindet. – Gerade, daß Du auch schon das Leben kennst mit all seiner Tragik ja seinem billigen Schmutz und trotzdem wunderbaren Schönheit ist es was uns verbindet. Und das herrliche und schöne ist, daß Du Dir trotz allem Deine wirkliche Reinheit bewahrt hast. Das ist mir das allerwichtigste. – Reinheit und Sauberkeit sind die Elemente die ich brauche. Einfach aus Gesundheitsinstinkten. Nicht wegen Moral oder Convention. – Nicht wahr mein Süßes, das wird uns verbinden. – Du bist gerade genau so vom Leben zurecht gemacht, daß Du für mich paßt. Und weißt, daß Dir nicht's mehr verloren geht, wenn Du Dein ganzes Leben weiter nicht's mehr hast wie mich. – Du weißt vieleicht garnicht, was Du für mich bedeutest. – Ich will es Dir einmal sagen. Du bist meine letzte Hoffnung das Leben in das wir nun einmal hineingestellt sind und dessen Widersinn und Irrsinn keinem deutlicher ist wie mir, doch einmal so zu gestalten, daß es einen Sinn bekomt. Einen Sinn das heißt banal ausgedrückt »Glück« oder Harmonie. – Ich habe viele sehr viele Menschen und sehr viele Frauen kennengelernt und trotzdem erschien mir bis jetzt keine mit der ich es für möglich gehalten hätte mit ihr zusam̄enzuleben auch nicht wenn ich sehr verliebt war. – In Deiner Seele nun glaube ich eine sehr große echte und unpretentiöse Güte entdeckt zu haben, die stark allerdings an der Grenze der Schwäche, vieleicht aber auch wirklich tief und grenzenlos ist. – Ist sie so wie ich hoffe und glaube, wird sie mich auch dazu machen und wenn uns das Schiksal noch Zeit läßt mir Kraft geben etwas zu tun was d. Menschheit nützlich ist. Dadurch daß ich mein Werk vollenden und dadurch den Menschen wieder Glauben an sich geben [kann], den sie jetzt eigentlich teils bewußt teils unbewußt verloren haben. – Wirst Du mich enttäuschen, wirst Du nicht stark genug sein mich auf meinem Weg zu begleiten (diese Stärke muß in einer sehr großen Liebe und in einem leidenschaftlichen Willen auch zu meiner Arbeit [bestehen] d. heißt Du vers[t]ehst es ist nicht unbedingt nötig daß Du sie eingehendts verstehst, wenn's auch schön wäre, aber es muß

Dir klar sein, was sie für Dich, mich und letzten Endes uns alle bedeutet, einfach als Tatsache, daß wieder mal was ganzes, eindeutiges auf die Beine gestellt wird, was Kraft, Musik, Sanftheit und Wildheit Humor und Tragik und auch Güte hat) so werde ich vieleicht, ich weiß es noch nicht aber ich halte es für möglich ganz in's Grelle, Bittere und Verneinende des Lebens übergehen und einen letzten wilden und wüsten Vernichtungskrieg gegen Gott führen. – Du hast es in der Hand – Nur mit einer Frau kann ich die letzten und echtesten Harmonien der Welt finden (wenn sie wirklich existiren) Gelingt mir das nicht, dann wehe den Göttern –

– Ich habe eine furchtbare Kraft der Verneinung in mir. Diese Kraft in die Bejahung ganz umzusetzen bist Du kleine süße Cynthia ausersehen. Mein liebes süßes Kind, ich weiß ja Du wirst es können. Du brauchst mich bloß zu lieben oder mit mir raufen zu singen oder zu tanzen. Aber – vergiß das nicht (Fortsetzung andere Seite oben)

vergiß nicht, nur für mich. Wenn Du mir gefällst, dann gefällst Du der Welt, denn ich kann der Welt mein Gefühl aufzwingen. Mein Süßes Herz ich küsse Dich, Küsse Dich, ich küsse Dich.

1993

ZWISCHENSPIEL

Karl Valentin

Unpolitische Rede

Hochgeehrte Versammlung!
Es freut mich ungemein, daß Sie, wie Sie, wenn Ihnen das sozusagen irgend jemand beispielsweise, oder daß Sie gewußt hätten, widrigenfalls ohne direkt, oder besser gesagt inwiefern, nachdem naturgemäß es ganz gleichwertig erscheint, ob so oder so, im Falle es könnte oder es ist, wie erklärlicher Weise in Anbetracht oder vielmehr warum es so gekommen sein kann oder muß, so ist kurz gesagt kein Beweis vorhanden, daß es selbstverständlich erscheint, ohne jedoch darauf zurückzukommen, in welcher zur Zeit ein oder mehrere in unabsehbarer Weise sich selbst ab und zu zur Erleichterung beitragen werden, ohnedem es wie ja unmöglich erscheint in bis jetzt noch nie, in dieser Art wiederzugebender Weise, ein einigermaßen in sich selbst, angrenzend der Verhältnisse, die Sie wie Sie, ob Sie gegen sie oder für sie nutzbringend in sich selbst von vorne als gänzlich ausgeschlossen erachtet werden wird, und daß ohnehin einer ferngehaltenen Verschlimmerung ein, oder ein in irgend einen einigermaßen einzig verschwiegen ist.

Dennoch treten eine insgesamt wie sich zeigende, weniger oder einschließlich von unabsehbarer Weite sich kreuzende Meinungsverschiedenheiten die in unbestimmt einschneidende Zirkulationshemmungen auftretenden Gesichtspunkte auf. Gegebenenfalls erscheinen also nie wiederkehrende Emanzipationen, welche einer dringenden Abhilfe, insofern gegenüber zu stehen erscheinen wenn beiderseits die Interessenlose Resignation widerspenstiger Auftritte seitens der Gedankenhalluzination beiderlei Geschlechtes sich in mehrheftigen Gesinnungsvibriationen durch Kontrapunkte in nichts verwandeln, und eine parteilose, hochprozentige Stimmungsmehrheit vorläufig zu Tage treten wird.

Gerade die machtlose Erscheinungsmöglichkeit ob und wie, jetzt oder später, ist die Grundessenz der lageveränderten Zeitpunkte, welche keinerlei maßgebende eventuelle Aktualitäten in sich bringt und der zeitweiligen Vernichtung von Privatexistenzen zugrunde liegt, obwohl Europa nie Anteil daran genommen hat.

Ich beschließe die heutige Versammlung und heiße Sie zum Schluße herzlich willkommen und begrüße Sie

Hochachtungsvollst

im Namen sämtlicher Zuhörer,

habe die Ehre!

Karl Valentin

1981 (entstanden um 1916)

GEGENWART GESTALTEN

Politik und Gesellschaft

Karl R. Popper

Wer soll herrschen?

»Wer soll herrschen?« ist die Grundfrage der Platonischen politischen Philosophie. Und Platons Antwort ist: »Der Beste und gleichzeitig Weiseste!« Auf den ersten Blick scheint diese Antwort unvermeidlich und offenbar richtig zu sein. Was aber, wenn der Beste und Weiseste sich nicht für den Besten und Weisesten hält und daher die Herrschaft ablehnt? Das ist es aber, was ein Sokratiker vom Besten und Weisesten erwarten würde! Ein Sokratiker würde wohl auch denken, daß ein Mann, der sich für den Besten und Weisesten hält, größenwahnsinnig sein muß und daher sicher weder gut noch weise sein kann (vgl. die zitierte Stelle in Xenophon).

Offenbar ist die Frage »Wer soll herrschen?« eine gänzlich falsch gestellte Frage. Dennoch wurde sie bis heute immer wieder gestellt und immer ähnlich beantwortet, wie es Platon tat. Lange war die Antwort: der von den Soldaten gewählte Kaiser, denn nur er kann die Macht haben, sich an der Macht zu halten. Später hieß es: der legitime Prinz von Gottes Gnaden. Noch Marx fragte: Wer soll die Macht haben, die *diktatorische* Macht? Die Proletarier oder die Kapitalisten? Antwort: die guten, die klassenbewußten Proletarier. Sicher nicht die bösen, selbstsüchtigen Kapitalisten. Und auch sicher nicht die Lumpenproletarier! Die müssen sich, nach Marx, damit begnügen, beschimpft zu werden. (Bei uns sind sie verschwunden.)

Auch die meisten Theoretiker der Demokratie beantworten noch immer die Platonische Frage »Wer soll herrschen?«. Ihre Theorie besteht darin, die seit dem Mittelalter selbstverständliche Antwort »der legitime Prinz von Gottes Gnaden« zu ersetzen durch: »das Volk von Gottes Gnaden«, wobei die Worte »von Gottes Gnaden« weggelassen werden oder ungefähr durch »das Volk, von des Volkes Gnaden« ersetzt werden. So heißt es schon in Rom: *Vox populi vox dei;* zu deutsch: Die Stimme des Volkes ist die Stimme Gottes.

Immer wieder sehen wir die Platonische Frage »Wer soll herrschen?«, sie spielt noch immer eine große Rolle in der politischen Theorie, in der Theorie der Legitimität, und insbesondere in der Theorie der Demokratie. Es wird gesagt, daß eine Regierung das Recht hat zu herrschen, wenn sie legitim ist, das heißt, gemäß den Regeln der Konstitution von einer Mehrheit des Volkes oder seiner Vertreter gewählt wurde. Aber wir dürfen nicht vergessen, daß Hitler auf legitime Weise an die Macht kam und daß das Ermächtigungsgesetz, das ihn zum Diktator machte, von einer parlamentarischen Mehrheit beschlossen wurde. Das Legitimitätsprinzip reicht nicht hin. Es ist eine Antwort auf die Platonische Frage »Wer soll herrschen?«. Wir müssen die Frage selbst ändern.

Wir haben gesehen, daß auch das Prinzip der Volksherrschaft eine Antwort auf die Platonische Frage ist. Es ist ein gefährliches Prinzip. Eine Mehrheitsdiktatur kann für die Minderheit fürchterlich sein.

Ich habe vor 44 Jahren ein Buch veröffentlicht, *The Open Society and Its Enemies,* zu deutsch *Die offene Gesellschaft und ihre Feinde.* Es war als mein Beitrag zum Zweiten Weltkrieg geschrieben. In diesem Buch machte ich den Vorschlag, Platons Frage »Wer soll herrschen?« durch eine radikal verschiedene Frage zu ersetzen; durch die Frage »Wie können wir die Konstitution des Staates so gestalten, daß wir die Regierung ohne Blutvergießen loswerden können?«.

Diese Frage legt die Betonung nicht auf die Art der *Einsetzung* der Regierung, sondern auf die Möglichkeit ihrer *Absetzung.*

Das Wort »Demokratie«, das »Volksherrschaft« bedeutet, ist, leider, eine Gefahr. Jedes Mitglied des Volkes weiß, daß es nicht herrscht, und fühlt deshalb, daß die Demokratie ein Schwindel ist. Darin liegt die Gefahr. Es ist wichtig, daß man schon in der Schule lernt, daß der Name »Demokratie« seit der Athenischen Demokratie der traditionelle Name für eine Verfassung ist, die eine Diktatur, eine »Tyrannis«, *verhindern* soll. Die Diktatur, die Tyrannis, ist das Schlimmste, wie wir eben wieder in China gesehen haben. Man kann sie ohne Blutvergießen nicht loswerden, aber gewöhnlich auch nicht *mit* Blutvergießen: Die Diktatoren sind heutzutage wohl immer zu stark, wie wir auch schon beim Aufstandsversuch gegen Hitler vom 20. Juli 1944 sehen konnten.

Aber jede Diktatur ist unmoralisch. Jede Diktatur ist moralisch böse. Das ist das erste, das moralische Grundprinzip für die Demokratie als jene Staatsform, in der die Regierung ohne Blutvergießen abgesetzt werden kann. Die Diktatur ist moralisch böse, weil sie die Staatsbürger dazu verurteilt, gegen ihr besseres Wissen und Gewissen, gegen ihre moralische Überzeugung mit dem Übel mitzuarbeiten, zumindest durch ihr Schweigen. Sie enthebt den Menschen der menschlichen Verantwortung, ohne die er nur ein halber, nur ein hundertstel Mensch ist. Sie macht aus einem jeden Versuch, seine menschliche Verantwortung zu tragen, einen Selbstmordversuch.

Es kann geschichtlich gezeigt werden, daß schon die Athenische Demokratie, zumindest bis Perikles und Thukydides, nicht so sehr eine Volksherrschaft war als ein Versuch, eine Tyrannis um jeden Preis zu vermeiden. Der Preis war hoch, vielleicht zu hoch, und wurde nach weniger als 100 Jahren abgeschafft. Der Preis war das oft mißverstandene Scherbengericht, durch das jeder Bürger, wenn er zu populär wurde, eben wegen seiner Popularität verbannt werden konnte und sollte. So wurden die bewährtesten Staatsmänner verbannt, wie Aristides und insbesondere Themistokles. Es ist ein Unsinn zu sagen, daß Aristides verbannt wurde, weil er dem Themistokles im Wege war oder weil sein Beiname »der Gerechte« seine Mitbürger eifersüchtig machte. Die Sache liegt ganz anders: Der Beiname zeigt, daß Aristides populär war, er war zu populär, und die Funktion des Scherbengerichtes war es eben, einen populistischen Diktator nicht aufkommen zu lassen. Das allein war der Grund seiner Verbannung, ebenso wie der des Themistokles.

Perikles selbst schien sich darüber klar zu sein, daß die Athenische Demokratie keine Volksherrschaft war und daß es eine Volksherrschaft nicht geben kann. Denn er sagte in seiner großen Rede, die wir bei Thukydides lesen können: »Obwohl nur einige wenige eine Politik entwerfen können, so sind wir doch alle fähig, über sie ein Urteil zu fällen.« Das heißt aber: Wir können nicht alle regieren und dirigieren, aber wir alle können über die Regierung zu Gericht sitzen, wir können als Geschworene fungieren.

Genau das sollte, nach meiner Ansicht, der Wahltag sein. Nicht ein Tag, der die neue Regierung legitimiert, sondern ein Tag, an dem wir über die alte Regierung zu Gericht sitzen. Der Tag, an dem sich die Regierung verantworten muß.

1994 (Vortrag, gehalten 1989)

Gabor Steingart

Willy Brandt, mein Vater und die Entdeckung der Demokratie

Meine Familie war gerade aus dem ersten Italien-Urlaub zurückgekehrt, in der *ZDF-Hitparade* belegte Juliane Werding mit »Am Tag, als Conny Kramer starb« den ersten Platz, da bewarb sich SPD-Kanzler Willy Brandt um seine Wiederwahl.

Mit einem Sonderzug der Bundesbahn durchquerte er im Sommer 1972 das Land, mit kratziger Stimme hielt er seine Reden. Sie handelten von Mitgefühl, Gleichberechtigung und von Demokratie. Ich hatte so etwas noch nie gehört. Mein Vater auch nicht.

Niemand durfte reden, wenn Brandt redete. Die Blumen auf dem Wohnzimmertisch wurden vor Beginn der *Tagesschau* zur Seite gestellt, damit die beiden sich in die Augen sehen konnten. Dein Vater ist sehr für ihn, sagte meine Oma.

Der jugendliche Brandt hatte sich gegen die Nazis gewehrt und war schließlich nach Norwegen emigriert. Mein Vater hatte sich gegen die Kommunisten in Budapest gewehrt und musste sein Land 1956 verlassen. Brandt konnte nach dem Krieg zurückkehren, mein Vater nicht. Er wartete auf das Rückkehrrecht in seine ungarische Heimat seit nunmehr 16 Jahren. Brandt schien ihn zu verstehen. Er sprach von Entspannung – und von Reisefreiheit.

»Willy kommt« war eines Tages an einen Baum angeschlagen. Mein Vater und ich besuchten seine Kundgebung auf dem Hildesheimer Rathausplatz. Brandt klang heiser. Müde sah er aus. Aber seine Worte funkelten. Ich sah, wie die Augen meines Vaters feucht wurden, auch wenn er es vor mir zu verbergen suchte. Ich verstand nicht immer, was Brandts Worte bedeuteten, aber ich verstand doch, dass es viel sein musste.

Auf dem Weg nach Hause liefen wir schweigend nebeneinander her und genossen das große Ereignis, dessen kleiner Teil wir nun waren. Ich war gerade zehn Jahre alt geworden.

Selbst als ich später erfuhr, wie empfindsam, weich, nachgiebig und in Depressionen versunken Brandt sein konnte, hat das meinen Vorrat an Bewunderung für ihn nicht geschmälert. Durch ihn hatte ich den Weg zur Politik gefunden, auch wenn es zunächst ein kindlicher Trampelpfad war. Die Demokratie, so viel immerhin verstand ich, war eine Sehnsucht, die größer war als meine bisherigen Sehnsüchte. Mitreden, mitentscheiden, eine Obrigkeit, die von unten kommt, das schien auszureichen für ein ganzes Leben oder zwei.

Während Brandt die großen Städte besuchte, kümmerte ich mich in den folgenden Wochen um den niedersächsischen Bergarbeiterort Bad Salzdetfurth, in dem wir damals wohnten. Ich klingelte an den Haustüren der Mietshäuser, um auf den bevorstehenden Wahltag aufmerksam zu machen. Wo immer jemand sich interessierte, zeigte ich mein kleines Sortiment an Aufklebern, Flugblättern und Broschüren.

Eine Hochglanzschrift über Brandt sah derart wertvoll aus, dass ich begann, dafür einen kleinen Obulus – nennen wir es Schutzgebühr – zu erheben. Von Frauen mit Schürze und Männern in blauer Arbeitsbekleidung verlangte ich 30 Pfennige, Krawattenträger zahlten einen Aufschlag. Brandt war beliebt bei den Leuten. Innerhalb weniger Wochen brachte ich es zu einem kleinen Vermögen.

Es war nun ausgerechnet mein Vater, der dieser noch jungen Beziehung zur Demokratie einen Dämpfer verpasste. Es sei nicht erlaubt, das Wahlmaterial einer Partei zu verkaufen, sagte er. Ich musste das Geld dem Opferstock der katholischen Pfarrgemeinde spenden.

Mein Vater war ein romantischer Demokrat, wie sie überall während oder kurz nach dem Zweiten Weltkrieg geboren wurden. In mir aber steckte womöglich früh schon der Typus des heutigen Vernunftdemokraten. Ich wusste damals noch nicht, was eine Win-win-Situation ist, aber zwischen Brandt und mir muss eine solche existiert haben. Ich half ihm, seine Wahl zu gewinnen. Er half mir, mein Taschengeld aufzubessern. Am Wahlabend konnten wir beide zufrieden sein: Mit 91,1 Prozent war die höchste Wahlbeteiligung aller Zeiten erreicht worden. Er hatte gewonnen. Mein Vater und ich auch.

Dem Triumph folgte das, was mein Vater und ich als Tragödie erlebten, Brandt trat noch vor Ablauf der Wahlperiode zurück. Es gab plötzlich so viele Gerüchte, der Spion, die Frauen, der Alkohol. Politik war Drama geworden. Wir kauften zusammen den *stern*, denn dessen Titelgeschichte versprach in zwei Worten, wonach wir suchten: »Die Wahrheit«.

Mein Verhältnis zur Demokratie wurde in den folgenden Jahren des Erwachsen-Werdens noch inniger. Denn die Demokratie, so schien es mir damals, war auf einmal in Gefahr. Die Konservativen hatten 1980 den Bayern Franz Josef Strauß auf den Schild gehoben. »Freiheit statt Sozialismus« hieß sein Wahlkampfslogan, doch die Fahne der Freiheit trug er nicht. Es war jedenfalls nicht die Freiheit, die ich meinte.

Ich wollte Abrüstung, Strauß strebte nach deutschen Atomwaffen. Ich wollte Demokratie, er lobte den chilenischen Diktator Pinochet. Ich begann, *Spiegel* zu lesen, er hatte dessen Gründer einst verhaften lassen. Stoppt Strauß, das war für meinen Vater und mich nun die erste Bürgerpflicht. Am Wahltag, endlich durfte auch ich meine Stimme abgeben, traten wir nicht als Wähler, sondern als Widerstandskämpfer an die Urnen. Helmut Schmidt hat gewonnen, aber wir hatten gesiegt.

Es gab damals viele solcher Väter und viele dieser Söhne. Doch wo sind sie geblieben? Die Zeit der großen demokratischen Leidenschaft in Deutschland scheint vorbei zu sein. Die romantischen Demokraten verlassen uns allmählich, und keiner weiß, wohin uns Nachgeborene der Pragmatismus noch führen wird. Die romantischen Väter werden uns fehlen.

2009

Kurt Sontheimer

Die Deutschen und ihre Identität

Die Deutschen sind ein Volk, das immer von neuem auf der Suche nach seiner Identität ist. Nicht erst die Spaltung Deutschlands nach dem Zweiten Weltkrieg hat zu einer nationalen Identitätskrise geführt, vielmehr läßt sich die neuere deutsche Geschichte, insbesondere die Geistesgeschichte des 19. und 20. Jahrhunderts, *auch* als eine Geschichte von Deutschen schreiben, die auf der Suche nach ihrer Identität sind. Suche nach Identität ist das Bemühen um Vergewisserung über sich selbst, das Streben nach Einheit von Fühlen und Denken, das Verlangen, mit sich und der Welt im klaren und im reinen zu sein, der Wunsch nach einem festen, in sich ruhenden Selbstbewußtsein. Suche nach *deutscher* Identität ist folglich das Bemühen, geistig und gefühlsmäßig Klarheit darüber zu gewinnen, was es heißt, ein Deutscher zu sein, in einem deutschen Staat zu leben und solche Gewißheit auch in der Praxis des Lebens ausprägen zu können.

Es gibt wenige moderne Nationen, die so intensiv und so kontinuierlich damit beschäftigt waren herauszufinden, was sie eigentlich sind und was sie für ihre Bestimmung halten sollen, wenige, die wie die Deutschen immer von neuem einen Anlauf gemacht haben, ihrer nationalen Identität habhaft zu werden. Das beständige Suchen der Deutschen nach ihrer Identität ist wohl der klarste Beweis dafür, daß es ihnen an solcher Identität, an Übereinstimmung mit sich und der Welt, oft gebrach, denn wo die Identität besteht, ist sie in der Regel kein Thema öffentlicher Diskussion. Man konnte aus dieser Not, wie es so häufig in der Literatur, die deutsches Wesen zu ergründen suchte, geschah, eine Tugend machen und gerade in der Vielfalt, der Unausgeglichenheit und der scheinbaren Unergründbarkeit deutschen Wesens etwas Besonderes, die Deutschen Auszeichnendes sehen, aber damit bestätigte man indirekt doch nur, wie stark und wie berechtigt das Verlangen war, eine ihrer selbst gewisse deutsche Identität mit festen Konturen auszubilden.

Die Bücher, in denen seit dem 19. Jahrhundert – und zum Teil schon vorher – der Versuch gemacht wurde, auf die Frage: Was ist deutsch? und: Was ist – geistig wie geographisch – des Deutschen Vaterland? eine Antwort zu finden, sind Legion. Diese Versuche einer Identitätsfindung haben den Weg der Deutschen vom Stadium einer sich ausbildenden Kulturnation im frühen 19. Jahrhundert über die Schaffung der kleindeutschen Staatsnation durch Bismarck und Hitlers Großdeutsches Reich bis hin zur gegenwärtigen Spaltung Deutschlands in zwei Staaten mit gänzlich verschiedenartigen Gesellschaftsordnungen begleitet. Daß diese Frage so häufig virulent war und darum kontinuierlich von den verschiedensten Seiten gestellt wurde, läßt sich aus dem Verlauf der neueren deutschen Geschichte unschwer erklären: Mit dem Erwachen des nationalen Gedankens in Europa, vor allem im Gefolge der napoleonischen Herrschaft, bei dem sich in Deutschland zunächst die Idee einer kulturellen, die politischen Beengungen der traditionellen Kleinstaaterei geistig überwindenden Einheit der Nation ausbildete, mußten sich die Deutschen darüber klarwerden, worin ihr Deutschsein eigentlich bestand, was der spezifische Geist ihres Volkstums denn wäre und wie und wodurch sie den deutschen Volksgeist, den Herder und die Romantiker ihnen geoffenbart hatten, vertiefen und reicher entfalten könnten. Sie mußten vor allem die Frage zu klären suchen, ob es auch für sie die Möglichkeit einer politischen Einigung dieser bislang nur kulturell und sprachlich verbundenen Nation geben könne und unter welchen inneren wie äußeren politischen Bedingungen sie sich überhaupt realisieren ließe.

1848 scheiterte sowohl der zunächst unternommene Versuch einer großdeutschen Lösung wie sodann auch das

Bemühen um eine kleindeutsche Lösung des Einheitsproblems mit liberalem Zuschnitt. Danach drehte sich für diejenigen, die sich mit Deutschlands fortwährender Zersplitterung nicht abfinden mochten, alles darum, wie man auf anderen als den in der Frankfurter Paulskirche versuchten Wegen zu einer Lösung der drängenden Frage der deutschen Einheit gelangen könne. Nachdem Bismarck das nationale Problem mit seinen spezifischen Mitteln gelöst hatte, blieb die Frage lebendig, ob der nun unter Preußens Führung stehende deutsche Nationalstaat tatsächlich das war, was man sich von einem deutschen Einheitsstaat erwarten durfte, ob in ihm die Deutschen wirklich zu sich selbst und damit zu ihrer Identität finden könnten. Denn natürlich konnte es darüber keine volle Einmütigkeit geben zwischen den sozialen Klassen und zwischen den verschiedenen Konfessionen, noch zwischen denen, die dem »Geist« in dem neuen Reiche eine Heimstatt sichern wollten. So ging die Suche nach der Identität auch nach der Reichsgründung weiter. Sie war bemerkenswerterweise gerade dort besonders intensiv, wo man scheinbar zu wissen glaubte, was wahrhaft deutsch sei und was die Mission des Deutschen Reiches und des deutschen Geistes in Europa und in der Welt wäre, denn auch die selbstverständlichsten und kritiklosesten Anhänger des sich herausbildenden wilhelminischen Obrigkeitsstaates, die dieses Staatsgebilde emphatisch mit ihrer Idee des Deutschen gleichsetzten, witterten überall in ihrer Umwelt Gefahren und Tendenzen, die der gewonnenen nationalen Identität drohten und sie zu unterminieren geeignet waren; sie waren unablässig bemüht, Geist und Politik auf einen deutschen Nenner zu bringen. Angesichts dessen, was die geistigen und politischen Repräsentanten des Kaiserreiches, wie zum Beispiel Treitschke, sich zurechtgelegt hatten über den deutschen Geist, deutsches Wesen und deutsche Art, bestand ja auch aller Grund, diese hochgemute Version nationaler Selbstgewißheit in Frage zu stellen, wie zum Beispiel durch Nietzsche, der von der »Exstirpation des deutschen Geistes durch das Deutsche Reich« sprach.

Obwohl es Bismarcks nationalem Einigungswerk durchaus gelungen war, die Deutschen relativ schnell auch zu einer *politischen* Nation zu formen und eine spezifisch deutsche politische Kultur illiberalen Charakters auszubilden, war die so gewonnene deutsche Identität keineswegs umfassend, sondern stets brüchig und unsicher. Deshalb kann man die mannigfachen, schon mit Fichte anhebenden Versuche, eine besondere deutsche Identität zu behaupten, allesamt als Versuche interpretieren, etwas zu gestalten und ins Bewußtsein zu heben, was seiner Natur nach so eindeutig und widerspruchslos nicht zu fassen war. So ist die Suche nach der deutschen Identität ein die jüngere deutsche Geschichte ständig begleitender geistiger Prozeß, der nie zum Abschluß kommt und doch in seinem Verlauf enthüllt, wie sich die Deutschen selber verstanden und verstanden wissen wollten.

1984

Sten Nadolny und Jens Sparschuh

Wehrpflicht oder Berufsarmee?

Sparschuh Man könnte natürlich die Frage stellen, die in letzter Zeit immer mal wieder gestellt wird: wenn das Militärische ein sehr spezialisiertes Handwerk ist und bei Auslandseinsätzen wahrscheinlich ohnehin in der Mehrzahl Berufssoldaten eingesetzt werden, ob man nicht überhaupt die Wehrpflicht abschaffen und die Bundeswehr auf eine Berufsarmee umstellen sollte?

Die historischen Erfahrungen sind da natürlich zwiespältig. Im Osten galt die allgemeine Wehrpflicht. Wenn ich aber auf unsere Traditionslinie sehe, den Volkssturm 1813, der rekrutierte sich aus der Bevölkerung und war befeuert vom Zorn gegen Napoleon. Da fanden sich die Männer bei den Waffen ein, und dann ging es los, das war eine Art freiwillige Wehrpflicht, eingezogen wurden die Männer nicht.

Wie auch immer: Heute wäre es vielleicht tatsächlich sinnvoller, eine qualifizierte Berufsarmee zu haben.

Nadolny Manches scheint dafür zu sprechen. Zum Beispiel, dass die allgemeine Wehrpflicht keine Gerechtigkeit verbürgt: Es müssen ja keineswegs alle zum Bund, und die, die es doch müssen, fühlen sich als die Dummen.

Sparschuh Ja, angeblich waren im April 2008 mehr als vierzig Prozent aller Gemusterten wehruntauglich. Fast unglaublich, oder? Die laufen doch nicht alle am Stock herum.

Nadolny Man hat wohl die Tauglichkeitskriterien hochgesetzt, weil man merkte, es gibt immer weniger Bedarf.

Sparschuh So kann man das natürlich auch lösen.

Nadolny Eine Berufsarmee andererseits kostet mehr Geld, Berufssoldaten können nicht mit einem lächerlichen Wehrsold abgespeist werden. Immerhin muss man heute vielleicht nicht mehr die ganz große Angst haben, die zu meiner Zeit sehr verbreitet war, nämlich dass eine deutsche Berufsarmee wieder ein Hort demokratiefeindlicher Politik sein würde. Damals gab es die berühmte Heye-Affäre. Admiral a. D. Heye, der Wehrbeauftragte, hat öffentlich gesagt, die Bundeswehr, und das war keine Berufsarmee, entwickle sich zu einem Staat im Staate. Was sie nicht tat, aber es war seine Befürchtung, und die saß damals noch in vielen Köpfen. Man dachte an Weimar und die Reichswehr und die ungute Rolle des Generals von Seeckt.

Diese Ängste müssen wir, glaube ich, nicht mehr in dem Maß haben und auch nicht vor einer nationalen Politik des Alleingangs – da ist Europa vor. Ich sehe übrigens auch nicht die Gefahr, dass es ohne Zwangsrekrutierung nicht mehr genügend Soldaten geben könnte. Die Technisierung macht die Armee ja ziemlich attraktiv, da gibt es Berufsausbildungen, an die man per Bundeswehr kommen kann. Der Zeitsoldat steht danach nicht ganz ohne Chancen da.

Sparschuh Andererseits macht die Aussicht auf Afghanistan-Einsätze die Bundeswehr auch nicht gerade attraktiv.

Nadolny Stimmt. Aber zurück zum Ausgangspunkt: Nein, ich fände es trotz allem falsch, wenn wir die Wehrpflicht abschaffen und eine Profitruppe fürs Grobe installieren würden. Die wäre wie ein Instrument, eine draußen bequem einsetzbare Waffe. Dagegen fallen Wehrpflichtige, deren Leben gefährdet ist, in einer Demokratie politisch sehr ins Gewicht, da überlegen sich Politiker jede Leichtfertigkeit zweimal. – Und noch eines: Gäbe es keine Wehrpflicht mehr, käme in der Literatur kein Wehrdiensterlebnis mehr vor. Gut, dieser Verlust ist vielleicht zu verschmerzen.

Sparschuh Sag das nicht! Das Vierteljahr, das ich dort zugebracht habe, und die anderen paar Sachen mit der Zivilverteidigung waren so intensive, so existenzielle Grunderfahrungen der Hilflosigkeit; ich verdanke diesem »Auf der Fresse liegen« ja etliche Buchseiten, auf die ich im Nachhinein ungern verzichten würde. Ich habe in Vorbereitung auf unser Gespräch überlegt, wo überall das Spuren hinterlassen hat. Da ist der »Schneemensch«, klar, aber auch »Kopfsprung« und »Eins zu eins«, selbst im »Großen Coup« – die Stelle, wo Eckermann im Keller sitzt und Stiefel zählt, die ist zu hundert Prozent dem Leben abgelauscht. Soldat sein ist offenbar ein Extremkontakt mit der Wirklichkeit, den man sich, wenn man eine Berufsarmee hat, leicht ersparen kann. Aber dann schaut man auch der Welt nicht so direkt ins entsetzliche Antlitz.

Nadolny Etliche Buchseiten verdankst du also der Tatsache, dass du da der anderen, unteren Welt ins Auge geschaut hast. Ist bei mir natürlich auch so, auch ich verdanke einige Buchseiten dem zweifelhaften Glück, die Welt von Befehl und Gehorsam erlebt zu haben. Aber viel mehr verdanke ich der Tatsache, dass ich überhaupt mit Arbeitern, Handwerkersöhnen, Bauern auf Stube gelegen und mir da einen gewissen Dünkel abgewöhnt habe, insbesondere den, der mit verbaler Fähigkeit verbunden ist. Das ist ja eine Krankheit, die einen Intellektuellen in spe oft heftig befällt, und er merkt's nicht. Da wurde ich schon ein bisschen geheilt und kriegte mit, dass da manchmal bei dem Schlosser oder bei dem Lagerarbeiter eine Art von Orientierung und Lebensklugheit war, von der ich weit entfernt war. Aber das nur nebenbei eingeschoben. Und es spricht auch, ein bisschen wenigstens, gegen die Abschaffung der Wehrpflicht.

2009

Friedrich Merz

Was ist gerecht?

Die Fragen nach *politischer* und *sozialer* Gerechtigkeit sind nicht neu. Sie gehören vielmehr zu den Grundfragen menschlichen Zusammenlebens überhaupt und lassen sich bis in die Frühzeit unserer Kulturgeschichte nachweisen. Wo immer sich Menschen zu sozialen Verbünden zusammenschließen und ihr Leben gemeinschaftlich organisieren, entsteht die Frage und die Forderung nach Gerechtigkeit.

In der abendländischen Kulturgeschichte ist es der griechische Philosoph und Sokratesschüler Platon, der als Erster systematisch der Frage nachgeht, ob unser inhaltliches Verständnis von politischer Gerechtigkeit nur eine Definitions- und Konventionsfrage ist, oder ob ihr ein überzeitlich gültiger, »natürlicher« Gehalt zukommt. Insbesondere in seinem Hauptwerk *Politeia* (»Der Staat« oder »Die Verfassung«) plädiert er ausdrücklich für letztere These, also dafür, dass es eine Bestimmung von Gerechtigkeit gibt, die ungeachtet der jeweiligen Realverhältnisse gilt. Diese bereits zu seiner Zeit von den Sophisten bestrittene Position begründet er, indem er auf vier menschliche Wesenszüge aufmerksam macht, die unser Leben zwar nicht vollständig beschreiben, dafür aber unabhängig von Ort und Zeit eines jeweiligen Gemeinwesens anzutreffen sind: Zunächst genügt kein Mensch sich selbst, sondern jeder von uns bedarf anderer Menschen. Zu Beginn unseres Lebens sind wir auf unsere Eltern, später auf Freunde, Gruppenzugehörige, Arbeitgeber oder Kunden angewiesen. Und insbesondere hängen wir von der Arbeitskraft anderer Menschen ab. Denn solange wir uns um alles, was wir zum Leben brauchen, selbst kümmern müssen, solange jeder für seine eigene Ernährung sorgt, seine Kleidung selbst anfertigt und sein Haus selbst baut, können wir unser Existenzminimum kaum sichern und zudem alles, was wir tun, nicht mehr *gut* ausführen. Erst das Prinzip der Arbeitsteilung ermöglicht es jedem Einzelnen, sich auf das zu konzentrieren, was er aufgrund seiner Begabungen und Ausbildung am besten kann. Das wiederum kommt nicht nur dem Individuum, sondern dem gesamten Gemeinwesen zugute: Die Ernte wird ertragreicher und vielfältiger, wenn sie von kenntnisreichen Bauern besorgt wird, die Kleider werden langlebiger und schöner, wenn sie von Webern und Nähern angefertigt werden, die Häuser werden stabiler und funktionaler, wenn sie von Architekten und fachkundigen Bauleuten gebaut werden. Arbeitsteilung und Spezialisierung dienen also keineswegs in erster Linie der Produktivitäts- oder der Profitmaximierung. Vielmehr legen sie den Grundstein dafür, dass möglichst viele Menschen in einem Gemeinwesen ihre Grundbedürfnisse befriedigen können, dass sie außerdem frei entscheiden können, welchen Beruf sie ausüben, und dass es für sie auch ein Leben neben der Arbeit gibt, das sie selbstbestimmt gestalten können. Erst Arbeitsteilung und Spezialisierung ermöglichen den Übergang von unfreien Lebensverhältnissen zu grundsätzlich freien.

Diese von Platon herausgestellte Abhängigkeit des Menschen von seinesgleichen, die es lebensnotwendig macht, dass wir uns sozialisieren, fordert jedoch auch den Umkehrschluss: Wenn der Mensch prinzipiell auf die Arbeitskraft, aber auch auf die Solidarität und Aufrichtigkeit seiner Mitmenschen angewiesen ist, dann kann es sich *kein* Mensch erlauben, sich so unsozial zu verhalten, als könne er auch allein über die Runden kommen. Jeder ist deshalb nicht nur berechtigt, sondern verpflichtet, den Beitrag für die Gemeinschaft zu leisten, zu dem er in der Lage ist.

Neben unserer prinzipiellen Bedürftigkeit, neben unserer Fähigkeit zur Sozialisation und zur Arbeit macht Platon noch auf einen vierten menschlichen Wesenszug aufmerksam, den er wörtlich als das Immer-mehr-Wollen *(pleonexia)* bezeichnet: Sobald der Magen gefüllt, das Haus gebaut und die Arbeit erledigt ist, zieht es uns weiter und höher hinaus, zu feineren Speisen, einem größeren Haus oder schönerer Kleidung, zu ästhetischen Vergnügen wie Musik oder Dichtung, aber auch zu mehr Anerkennung, Reichtum oder Macht. Die Tendenz, sich mit dem einmal Erreichten nie zufriedenzugeben, ermöglicht demnach erst allen technischen und kulturellen Fortschritt, alles Wachstum und den für uns längst alltäglichen Luxus. Doch weil dieses Immer-mehr-Wollen aus sich selbst heraus prinzipiell keine Grenzen kennt, bedeutet es zugleich eine latente, destabilisierende Gefahr für alles Zusammenleben. Sie kann zu außenpolitischen Konflikten bis hin zu Kriegen um Land und Rohstoffe führen, wenn die steigenden materiellen Bedürfnisse eines Landes durch Handel nicht mehr befriedigt werden können. Vor allem aber führt sie zu inneren Spannungen und Spaltungen, sobald einzelne Menschen ihre Interessen und Ambitionen absolut setzen, sobald sie primär ihr individuelles Wohl, ihr Gewinnstreben oder ihre politischen Ambitionen zulasten anderer verfolgen und ihre Mitmenschen primär als Untergebene oder Konkurrenten übervorteilen, anstatt sie als Mitbürger zu behandeln und anzuerkennen.

Eine Grundherausforderung allen Zusammenlebens besteht deshalb darin, das menschliche Bedürfnis nach Eigentum und das Streben nach mehr *anzuerkennen*, es aber zugleich so einzuhegen, dass es nicht zulasten der Freiheit anderer geht. Denn ohne Ordnung und eine zumindest weitgehende Harmonie zwischen den verschiedenen Gruppen einer Gesellschaft ist ein gutes Leben für keinen Einzelnen dauerhaft möglich. Wie aber lässt sich ein solch wohlgeordnetes Verhältnis der verschiedenen Gruppen eines Gemeinwesens herstellen und dauerhaft aufrechterhalten? Wir sind geneigt zu antworten: durch gerechte Gesetze und Institutionen – und durch »mehr Gerechtigkeit«! Platon jedoch macht darauf aufmerksam, dass die gerechtesten Gesetze und schönsten Institutionen wertlos werden, sobald die Bürger eines Gemeinwesens – und insbesondere seine Politiker – mehrheitlich ungerecht denken und handeln. Gerechtigkeit ist also immer zuerst eine Herausforderung, vor der jeder *einzelne* Mensch steht. Damit ist keineswegs bloßer Gesetzesgehorsam gemeint. Vielmehr versteht Platon unter Gerechtigkeit das Harmonieren unserer verschiedenen Seelenteile. Was zunächst etwas esoterisch klingen mag, entspringt jedoch der nüchternen Beobachtung, dass es drei Aspekte gibt, die unsere menschliche Seele *(psychē)* ausmachen: erstens leibliche und geistige Bedürfnisse wie Hunger, Durst, Sexualtrieb, aber auch das Bedürfnis nach sozialer Anerkennung; zweitens die Vernunft, die uns befähigt, in ambivalenten Situationen das Für und Wider einer bestimmten Handlungsmöglichkeit abzuwägen und dem Überhandnehmen unserer Bedürfnisse Einhalt zu gebieten; und drittens die Tatkraft, die uns nach der Maßgabe vernünftiger Einsicht handeln lässt. Da unseren Bedürfnissen der bereits erwähnte Zug zum Immer-Mehr innewohnt, müssen sie von der Vernunft domestiziert werden, ohne dabei unterdrückt zu werden, wenn wir ein gerechtes und gelingendes Leben führen wollen. Gerecht ist unser Leben demnach dann, wenn jeder unserer Seelenteile »das Seine tut«, also das, was ihm von Natur aus zukommt, ohne seinen Bereich zu überschreiten. Was die Gesundheit für den Körper ist, ist die Gerechtigkeit für die Seele. Sie ist der beste Zustand, in dem wir uns befinden können – wobei bereits das Wort »Zustand« darüber hinwegzutäuschen droht, dass Gerechtigkeit keine Summe auf einem Bankkonto ist, die wir einmal erwirtschaftet haben und fortan nur noch verwalten müssen. Sie ist ganz im Gegenteil eine beständige Herausforderung und Aufgabe, die ebenso lange wie unser geistig aktives Leben dauert. Und nur, wer in dieser Weise vertrauensvoll und harmonisch mit sich selbst lebt, kann für Platon auch vertrauensvoll und harmonisch mit anderen leben. Die *personale* Gerechtigkeit des Einzelnen bildet somit die *Voraussetzung* für alles wohlgeordnete und gerechte Zusammenleben, bei dem jeder seinen individuellen Neigungen und Bedürfnissen nachgehen kann, solange sie nicht die Bedürfnisse anderer verletzen.

Ungeachtet seiner weiteren, durchaus streitbaren Überlegungen besteht Platons Grundgedanke also darin, dass es eine eminente Verbindung von individueller und staatlicher Gerechtigkeit gibt. Dieser Gedanke ist auch deswegen so wichtig, weil er darauf hinweist, dass die Qualität der politischen Klasse jedes Gemeinwesens auch von der in der Bevölkerung vorherrschenden sittlichen Disposition abhängt. Die Menschen bekommen stets die Politiker, »die sie verdienen«, insbesondere sobald sie sie selbst wählen dürfen. Wenn in einem Staat ökonomische *und* moralische Vernunft herrschen sollen und nicht die Machtgelüste oder Ideologien bestimmter Individuen oder Gruppen, dann bedarf es einer Mehrheit von Bürgern, bei denen ebenfalls ökonomische und moralische Vernunft herrschen.

Platons These vom Primat der personalen Gerechtigkeit bleibt in der Folge für viele Jahrhunderte maßgebend. Die Überlegungen, die Aristoteles, die Stoiker, Cicero, Augustinus oder Thomas von Aquin zur Gerechtigkeit entwickeln, sind in erster Linie Weiterentwicklungen, Wiederbelebungen und Neudeutungen seines Gerechtigkeitsverständnisses.

Allerdings trifft bereits Platons begabtester Schüler Aristoteles eine grundlegende Unterscheidung, die durch das Mittelalter und die Neuzeit hindurch bis in die Gegenwart hinein wirkt: Er unterscheidet zwischen »ausgleichender Gerechtigkeit« (*diorthôtikon* oder *iustitia commutativa*) und »verteilender Gerechtigkeit« (*nemêtikon* oder *iustitia distributiva*). Seitdem sprechen wir von ausgleichender Gerechtigkeit bei allen freiwilligen geschäftlichen Transaktionen wie einem Kauf, Verkauf oder Darlehen, aber auch bei unfreiwilligen Transaktionen wie einem Verbrechen und der auf das Verbrechen folgenden Strafe. Von Verteilungsgerechtigkeit sprechen wir dagegen in Bezug auf alle Formen der *Güterverteilung*, wobei Aristoteles – ganz im Unterschied zu uns heute – primär an bestimmte Privilegien denkt, die einzelnen Bürgern aufgrund ihres *Verdienstes für die Allgemeinheit* zustehen.

Wenn wir bedenken, dass in der politischen Auseinandersetzung unserer Zeit nahezu nur noch von Verteilungsgerechtigkeit die Rede ist und darunter ein an die Bürger *verteilender Staat* verstanden wird, dann lässt sich ansatzweise ermessen, was für ein verkümmerter Gerechtigkeitsbegriff unsere Köpfe und Diskussionen mittlerweile bestimmt.

2008

Christiane von Korff und Avi Primor

Das Klischee vom »geldgierigen Juden«

1986 führte der *Kölner Express* ein Interview mit dem innenpolitischen Sprecher der Bonner CSU-Landesgruppe Hermann Fellner über Wiedergutmachungszahlungen an jüdische Zwangsarbeiter. Fellner bezeichnete diese Forderung als haltlos, habe sie doch »weder eine rechtliche noch eine moralische Grundlage«. Er konnte sich bei seiner Aussage sicher sein, tief verwurzelte antisemitische Klischees zu bedienen – das vom »tückischen« und jenes vom »raffgierigen Juden«. Fellner wollte mit dieser harschen Kritik wohl die Empfehlung des Frankfurter Juristen Robert Kempner, einem der Ankläger in den Nürnberger Prozessen, an den damaligen Vorstandssprecher der *Deutschen Bank*, Friedrich Wilhelm Christians, zurückweisen: Vor einem Ankauf des Flick-Konzerns möge die *Deutsche Bank* das Unternehmen vom Stigma der Nichtzahlung von Wiedergutmachungsbeiträgen befreien. Erst nach monatelangem öffentlichem Druck rang sich die Deutsche Bank zur Überweisung gerade eines Tausendstels vom Kaufpreis des Flick-Imperiums an die *Claims Conference* durch: Die ehemalige Flick-Firmengruppe *Feldmühle Nobel AG* zahlte mit Zustimmung ihres neuen Besitzers lediglich fünf Millionen Mark für mehr als 40 000 Zwangsarbeiter, die der Konzern bis Ende 1944 beschäftigt hatte. Solange Friedrich Flick, den das Nürnberger Tribunal im Anklagepunkt »Sklavenarbeit« ausdrücklich schuldig gesprochen hatte, selbst das Unternehmen geleitet hatte, zahlte er keinen Pfennig an die von der SS zur »Vernichtung durch Arbeit« vermieteten Kräfte.

Die Unterstellung, dass Juden ihre Leiden unter der NS-Verfolgung heute dazu nutzen, um sich zu bereichern, verbindet sich mit dem jahrhundertealten Stereotyp vom »geldgierigen, betrügerischen und ausbeuterischen Juden«. Auch der Bonner Dominikanerpater und Berater von Bundeskanzler Kohl Heinrich Basilius Streithofen holte dieses Klischee aus der Mottenkiste, als er 1992 auf einem Vortrag in Meppen die Juden als »mit die stärksten Ausbeuter des deutschen Steuerzahlers« bezeichnete.

Die Bereicherung Einzelner aber ist überall zu finden, ohne dass deswegen gleich eine ganze Gruppe von Menschen pauschal verurteilt würde. Als gute Katholiken kennen Hermann Fellner und Heinrich Basilius Streithofen beispielsweise sicherlich die Geschichte des riesigen Bauvorhabens um den Petersdom des Vatikan im Spätmittelalter. Im Jahr 1517 zog der Dominikanermönch Johannes Tetzel im Auftrag des Mainzer Erzbischofs Albrecht II. durch die Kirchenprovinz Magdeburg und verkaufte Ablässe mit dem Slogan »Wenn das Geld im Kasten klingt, die Seele in den Himmel springt«. Mit den Ablassgeldern wurde die Fertigstellung des Petersdoms in Rom finanziert, und natürlich kamen sie auch dem Fürsten und dem »Sünden-Händler« zugute. Tetzels marktschreierischer Ablasshandel war es, der Martin Luther zum Thesenanschlag an den Wittenberger Dom veranlasste, was wiederum den Stein der Reformation ins Rollen brachte.

Luther stellte aber nicht nur die katholische Kirche an den Pranger, sondern auch die Juden. Sie waren es, denen er »Geldgier« unterstellte. In seiner 1543 veröffentlichten Schmähschrift *Von den Jüden und iren Lügen* verdammt er den »diebischen Geist« der Juden und ihren angeblichen Willen, das Land und die Städte »auszuwuchern«. Das Vorurteil, Juden seien geldgierig, ist jedoch viel älter und stammt im Grunde schon aus biblischen Zeiten. Erzählt uns nicht das Neue Testament, dass Judas Iskariot für dreißig Silberlinge Jesus verraten hat? Seither ist Judas zum Inbegriff für den raffgierigen Juden geworden, der für Geld sogar seinen besten Freund opfert. Wenn Antisemiten die Geschichte des Judas exemplarisch sehen, sollten sie in Betracht ziehen, dass auch

Jesus und seine Apostel Juden waren – und sie ebenso der Geldgier bezichtigen.

Warum aber wurde und wird heute noch ausgerechnet den Juden die negative Eigenschaft unterstellt, geldgierig zu sein? Die Antwort ist in der besonderen Geschichte der Juden zu suchen. Juden waren bis ins 19. Jahrhundert hinein eine Minderheit, die auch öffentlich auf dieser Existenz beharrte, weil sie unter allen Umständen ihrer Religion treu blieb und nicht, wie manch andere Minderheit, im Laufe der Zeit mit der Mehrheit verschmolzen ist. Diese Haltung wurde für sie in den Ländern des Christentums zu einem einzigartigen Problem. In Europa – anders als in Asien oder sogar in den Ländern des Islam – herrschte eine Geisteshaltung, die mit religiösem Eifer alle Nichtchristen zum »einzigen wahren Glauben« bekehren wollte. In den Ländern des Buddhismus, Shintoismus oder Hinduismus wurde Andersgläubigen gegenüber weitgehend Toleranz praktiziert; in den islamischen Ländern waren ihre Rechte als religiöse Minderheit geschützt. In den christlichen Ländern des Mittelalters hingegen lebten Juden unter dem Regime unbegrenzter Willkür, weil sie sich weigerten, die christliche Botschaft anzuerkennen. In den ersten Jahrhunderten des Christentums sahen sich Minderheiten unter dem Druck der Mehrheit gezwungen, ihre Religion und ihre Tradition letzten Endes vollkommen aufzugegeben und zu konvertieren. Andere, wie die Muslime in Spanien, wurden bekämpft und vertrieben. Die beinahe einzige Minderheit, die es ablehnte, sich zu assimilieren, waren die Juden. Ihre Exklusivität, die Einhaltung der 613 Regeln, die sich aus aus Thora und Talmud ergeben, das Verbot der Fremdheirat, solange man sich nicht zum Judentum bekehren ließ, die strenge Beachtung des Sabbat und die Reinheitsgebote grenzten die Juden in den Augen der Christen aus und machten sie verdächtig.

Diese Menschen, die nur an das Alte Testament und nicht an Jesus glaubten und sich nicht zum Christentum bekehren ließen, waren der missionarischen katholischen Kirche ein Dorn im Auge. Abgesehen von wiederholten Massakern, Vertreibungen und Pogromen während der Kreuzzüge setzte man die Juden auch im Alltagsleben unter Druck. Schritt für Schritt entzog man ihnen die Überlebensgrundlage, sodass sie materiell zunehmend in Schwierigkeiten gerieten. Seit 1215 nahmen Kirchengesetze wie jene, die das Vierte Laterankonzil verabschiedete – hier beanspruchte Papst Innozenz III. das Verhältnis von Juden und Christen verbindlich zu regeln –, den Juden fast jede Möglichkeit, ihren Lebensunterhalt zu verdienen. Man untersagte ihnen die Ausübung der meisten Berufe und schloss sie von allen Handwerkszünften aus. Sie waren nicht zum Heeres- und Staatsdienst zugelassen, sie durften kein Land und auch keine Herden besitzen und keinerlei Feld- oder Hirtenarbeit mehr leisten. Mehr und mehr mussten sich Juden, die ursprünglich in ihrem eigenen Land, Palästina, Bauern und Viehzüchter gewesen waren, in den Städten oder Dörfern niederlassen. Dort wurden sie durch eine Kleiderordnung – Judenhut, gelber Fleck – gegenüber anderen Bewohnern kenntlich gemacht.

Wie aber sollten sie ihren Lebensunterhalt bestreiten und die vom jeweiligen Landesherrn geforderten Steuern bezahlen? In den meisten Fällen blieb der Handel, zum Teil der internationale Handel. Auf diesem Gebiet kam der jüdischen Gesellschaft ihre besondere Erziehungstradition zugute. Seit biblischen Zeiten durften Nachkommen nicht als Arbeitshilfe ausgenutzt und für die Ernährung der Familie eingesetzt werden. Vielmehr gehörte es zur Pflicht eines jeden Juden, seine Kinder zu erziehen, zu belehren und aufzuklären und ihnen vor allem das Lesen und Schreiben beizubringen. Die Tatsache, dass jedes jüdische Kind lesen und schreiben konnte, war oft ein Grund für Neid und sogar für Verleumdung; für den Handel auf internationaler Ebene erwies sich dies jedoch als Vorteil. Des Lesens und Schreibens mächtig, konnten Juden auf dem europäischen Kontinent, der viele gemeinsame historische und kulturelle Nenner hatte, relativ problemlos reisen und mithilfe der verstreuten jüdischen Gemeinden in der Fremde verhältnismäßig schnell Kontakte knüpfen, was Geschäftsabschlüsse erleichterte. Im 13. Jahrhundert erließ die Kirche für Christen das Verbot, Geld zu verleihen, und überließ diesen in ihren Augen unehrenhaften »Wuchererberuf« den »unwürdigen« Juden. Der Beruf des Pfandleihers, Geldwechslers und Zinsnehmers wurde den Juden nicht untersagt, weil er notwendig und Christen aufgrund des sogenannten kanonischen Zinsverbots bis 1435 nicht erlaubt war.

Die christlichen Händler und Unternehmer umgingen das Berufsverbot, indem sie jüdische Geldverleiher offiziell zu ihren Partnern machten. Auf diese Weise war auch der christliche Geschäftsmann an dem Handel beteiligt und erhielt den ihm zustehenden Gewinnanteil an den Zinsen. Diese Praxis funktionierte auf der Handelsebene, nicht jedoch im privaten Bereich. In vielen Fällen brauchten auch Privatleute wie verarmte Ritter, Bürger und Bauern Geld – nicht um Handel zu treiben oder Geschäfte zu führen, sondern für dringende persönliche Notwendigkeiten. Aufgrund der Berufsbeschränkungen war das Finanzgeschäft vom 13. bis zum 15. Jahrhundert für die Mehrheit der Juden in ganz Europa die wichtigste Einkommensquelle – und das einzige Mittel, um überhaupt überleben zu können, zumal ihre jeweiligen Landesherren sie mit immer mehr Abgaben überhäuften: Sie mussten Steuern zahlen für das Gehen und Kommen, für das Kaufen und Verkaufen, für das Recht des gemeinschaftlichen Gebets, für die Verehelichung, für ein neugeborenes Kind und auch für die Toten. Interessanterweise waren trotz des kirchlichen Verbots die Juden nicht die Einzigen, die sich auf den Beruf des Geldverleihs spezialisiert hatten. Die christlichen Einwohner der Region Cahors in Südfrankreich und die Lombarden lebten ebenso davon. Später wurden entsprechend dieser Wurzeln auch ohne regionale Bindung Geldwechsler oft pauschal als Cahorsins, Lombards oder Kawertschen bezeichnet. Da sie keine verhasste »heidnische« Minderheit waren, wurde ihr Ansehen als Wucherer anders als bei den Juden nicht verallgemeinert, mithin keiner Gemeinde, Gruppe oder Nation ein Stempel aufgedrückt.

Man könnte meinen, die Juden hätten zu beliebig hohen Zinsen Geld verliehen. Doch das ließen die Behörden und Feudalherren gar nicht zu. Schließlich wollten sie ja selbst ihren Anteil kassieren und an den Wuchergeldern verdienen, allerdings ohne offiziell in Erscheinung zu treten. Die Höhe der Zinsen war willkürlich und hing von der Phantasie des jeweiligen Fürsten, vom Kaiser oder Stadtrat ab. Oft zogen sie den größten Teil des Gewinns aus dem Geldverleih ein. Dass Juden an Kaiser, Fürsten und Städte ungeheure Summen weiterleiten mussten, war den meisten Nichtjuden jedoch nicht bewusst. Als Pfandleiher waren sie verhasst und galten als Ausbeuter. Dies führte oft zu einem derartigen Zorn auf die »Wucherer«, dass der jeweilige Herrscher beschloss, alle Juden zu vertreiben und ihren Besitz zu konfiszieren. Mit diesem Schritt konnte er dann noch ein letztes Mal von ihnen profitieren. Seinen christlichen Untertanen erließ er die sogenannten »Judenschulden«, natürlich gegen die Bezahlung einer niedrigen Summe an ihn selbst.

Nur sehr selten kam es während des Mittelalters vor, dass Juden sich durch den Geldverleih bereichern konnten. In Wahrheit konnten Juden dadurch nicht reich werden – vielmehr verarmten sie oft. Das Risiko war unermesslich hoch, konnten sie doch nie wirklich wissen, ob sie das Darlehen irgendwann zurückerhalten würden. Der Rechtsstatus der Juden war völlig unsicher, sie konnten jederzeit vertrieben werden und waren auf die willkürliche Gunst des jeweiligen Landesherrn angewiesen. Wenn man sich die Geschichte der Juden in Europa im Mittelalter vor Augen führt, stellt man fest, dass die Entwicklung zu einer deutlichen Verschlechterung ihrer Lebenssituation führte. Schritt für Schritt aus der Landwirtschaft, aus der Verwaltung, aus den Zünften der

Handwerker hinausgedrängt, bildeten sie eine randständige und verachtete Gruppe, die von allen wesentlichen Aktivitäten der christlichen Gesellschaft ausgeschlossen war. Die von der Kirche erzwungene Berufsstruktur mündete in eine wirtschaftlich begründete Judenfeindschaft, in der die Juden als Wucherer und Betrüger gebrandmarkt wurden.

Die Einschränkungen der jüdischen Arbeitsmöglichkeiten endeten keineswegs mit dem Mittelalter. Im 15. und 16. Jahrhundert waren Juden vorwiegend Trödler, Pfandleiher, Lumpensammler, Geldwechsler und Hausierer. Eine kleine Gruppe von Hofjuden, die im Dienst der absolutistischen Landesfürsten des 17. und 18. Jahrhunderts stand und für die Kreditbeschaffung zuständig war, musste nicht mehr im Getto leben und durfte gegen die Entrichtung einer Sondersteuer Häuser besitzen. Doch selbst sie waren stets auf das Wohlwollen ihres Fürsten angewiesen und seiner Willkür ausgeliefert. Selbst unter Friedrich dem Großen – in der aufgeklärtesten deutschen Stadt des 18. Jahrhunderts, in Berlin – waren die Rechte der Juden eingeschränkt: Sie durften keine Landwirtschaft betreiben, kein Handwerk ausüben und nicht mit Wolle, Holz, Tabak, Leder und Wein handeln. Etwa 3000 Juden lebten in Berlin, und die meisten von ihnen waren arm. Nur einige wenige Unternehmer – die Generalprivilegierten – waren den christlichen Kaufleuten gleichgestellt. Ihnen gestattete Friedrich zur Ankurbelung der preußischen Wirtschaft, »Handel, Commerce, Manufakturen, Fabriquen und dergleichen« zu betreiben.

Ein berühmtes Beispiel dafür, dass Privilegien jederzeit verliehen und willkürlich entzogen werden konnten, ist der Fall des Joseph Süß Oppenheimer, der später im Nationalsozialismus für den antisemitischen Hetzfilm *Jud Süß* von Veit Harlan herhalten musste. Oppenheimer, 1698 geboren, war Geheimer Finanzrat am Hof von Herzog Carl Alexander von Württemberg. Er modernisierte das württembergische Finanzwesen und sanierte den Staatshaushalt. Vor allem schaffte er die Privilegien der Ständevertreter ab, was ihm viele Gegner bescherte. Als der Herzog 1737 starb, schlugen seine Feinde zu. Man machte ihm den Prozess, und obwohl ihm keinerlei finanzielles oder politisches Vergehen nachgewiesen werden konnte, wurde er zum Tode verurteilt. Begründung: Er sei ein »lüsterner Verführer« und ein »kaltblütiger Geschäftsmann«, ein »Freidenker« und »Jude«. Unter den Augen von 12 000 Schaulustigen starb er in Stuttgart am 4. Februar 1738 am Galgen, nach seiner Hinrichtung wurde sein Leichnam sechs Jahre lang in einen Käfig gehängt und ausgestellt.

Weniger tragisch war das Schicksal des Hofjuden Veitel Heine Ephraim, dem der von Friedrich dem Großen verordnete Münzbetrug in die Schuhe geschoben wurde. Da der Siebenjährige Krieg den preußischen Staat an den Rand des Ruins gebracht hatte, verlangte Friedrich von seinem Münzpächter und Bankier, österreichische, deutsche und russische Taler aufzukaufen und sie mit verringertem Silber- oder Goldgehalt neu zu schlagen. Die Untertanen empörten sich jedoch nicht über ihren König, sondern über den »Hofjuden«: »Von außen schön, von innen schlimm, / von außen Fritz, von innen Ephraim!«, dichtete der Volksmund.

Mit der Emanzipation, der Gleichberechtigung der Juden, die sich schrittweise seit der Französischen Revolution durchsetzte, begann eine Ära, in der sich die Juden entfalteten, besonders in den Bereichen der Wissenschaften und der Wirtschaft. Am bekanntesten wurde die aus dem jüdischen Getto in Frankfurt stammende Familie Rothschild, die sich binnen zweier Generationen als erfolgreiche Bankiersfamilie etablierte und zwischen 1815 und 1914 die mit Abstand größte Bank in Europa besaß. Sie prägte das Image des reichen Juden. Dabei hatten die Juden überhaupt nur eine Chance in der Großstadt, wo die Bevölkerung aufgeklärter und infolgedessen toleranter war – Landwirte konnten sie noch immer nicht werden. Als Juden in den Wissenschaften, im Bankwesen und Unternehmertum und in den freien Berufen als Ärzte,

Rechtsanwälte und Verleger namhaft wurden, richtete sich besonders auf sie das Augenmerk – obwohl sie unter den hauptsächlich armen Juden nur eine kleine Minderheit darstellten.

»In ihrem Besitz sind die Geldadern, Bank und Handel«, predigte der evangelische Pfarrer Adolf Stoecker 1879 in Berlin. Im 19. Jahrhundert erhielt die volkstümliche Vorstellung vom reichen, Wucher treibenden Juden Auftrieb durch wirtschaftliche und politische Krisen. Nach dem Börsenkrach von 1873 erklärte die in bürgerlichen Kreisen weitverbreitete Zeitschrift *Die Gartenlaube* das »jüdische Finanzkapital« zur Ursache der Wirschaftskrise. Wurzel allen Übels sei das jüdische »raffende Kapital« im Gegensatz zum »schaffenden Kapital« der deutschen Industrie und Agrarwirtschaft, die »wirklich« arbeite und produziere. Kostprobe eines Beitrags von Otto Glagau aus dem Jahr 1874: »Der Jude arbeitet nicht, sondern läßt die anderen arbeiten; er spekuliert und macht Geschäfte mit den Produkten der Handarbeit und der geistigen Arbeit von anderen. Das Zentrum seiner Aktivitäten ist die Börse ... Dieser fremde Stamm hat sich dem deutschen Volk eingenistet, um es bis aufs Mark auszusaugen.« Diese Einstellung setzte sich fort und gipfelte 1919 in der von dem Ingenieur und Amateurökonomen Gottfried Feder entwickelten These von der »Zinsknechtschaft« – sie wurde von Hitler in *Mein Kampf* lobend erwähnt und fand als Schlagwort bereits 1920 Eingang in das *25-Punkte-Programm* der NSDAP.

Tatsächlich gab es in der Weimarer Republik Branchen, in denen Juden besonders stark vertreten waren. Dazu gehörten der Viehhandel, die Konfektions- und Schuhbranche sowie einzelne Bereiche des Metallhandels, der Elektro-, der chemischen und der Porzellanindustrie. Die meisten Warenhäuser – Tietz, Wertheim, Israel, Schocken – waren jüdische Gründungen. Doch bei dieser von der völkischen Propaganda als »jüdische Hochfinanz« bezeichneten Gruppe von reichen jüdischen Großbürgern handelte es sich um nicht mehr als hundert Familien, die darüber hinaus oft der jüdischen Religion seit Generationen nicht mehr angehörten oder sich ihr nicht mehr zugehörig fühlten.

Die Nazis erweiterten die bestehende Liste der Vorwürfe: Angeblich steckten die Juden als Börsenspekulanten, Bankiers und Finanzmagnaten hinter dem amerikanischen Kapitalismus (»Wallstreet-Judentum«), andererseits seien sie aber auch die Drahtzieher des Kommunismus (»jüdischer Bolschewismus«). Das Nazikampfblatt *Der Stürmer* hetzte unter der Schlagzeile »Judas Greueltaten« im April 1933: »Bis herein in unsere Tage knechten sie als Spekulanten, Schieber, Börsengauner und Wucherer die Völker der Erde. Häufen das Gold bergehoch in ihren Banken an, verteilen die von anderen erzeugten Produkte, bestimmen darüber, welches Volk hungern und welches aus ihrer Gaunerhand leben soll.«

Natürlich klingen diese Behauptungen in heutigen Ohren lächerlich, doch es bleibt festzuhalten: Wer hat sich wirklich bereichert? Das macht der systematische und von den Nazis legalisierte Raub an jüdischem Eigentum im Zuge der Arisierung beeindruckend deutlich. Obwohl in der Geschichte Europas oft Massenmord an Juden begangen worden war, gab es keinen Präzedenzfall für diesen industriell organisierten Völkermord, der die vollkommene Ausrottung aller Juden zum Ziel hatte. Zuerst sollte Deutschland und dann Europa »judenrein« gemacht werden. Doch das war nur ein Teil des Plans. Der andere Teil, der genauso akribisch ausgearbeitet worden war, war die »Arisierung«, die erzwungene Enteignung von Geschäften und Wohnungen sowie die Übertragung jüdischer Unternehmen in deutsche Hände. Innerhalb weniger Jahre wurden etwa 100 000 Firmen liquidiert oder wechselten ihren Besitzer. Daran beteiligten sich Millionen von Deutschen mittelbar als Akteure und Profiteure, indem sie die Arisierung zu einer sprudelnden Einnahmequelle machten: Rechtsanwälte und Makler, vor allem jedoch Banken, die entsprechende Provisionen kassierten und Erwerbern Kredite zur Verfügung stellten. Die Warenlager der liquidierten Betriebe wurden zum Spottpreis verramscht. Die Enteignung der Juden war eine überaus attraktive Beute für große deutsche Firmen, einzelne Nationalsozialisten, aber auch für gewöhnliche Deutsche. Ärzte kamen billig an Praxen, Ladenbesitzer konnten günstig Warenbestände von enteigneten jüdischen Geschäftsinhabern aufkaufen, und unbescholtene Bürger ersteigerten zu Niedrigpreisen Sessel, Sofas und Porzellan von deportierten Nachbarn. In zahlreichen deutschen Städten wurden Depots eingerichtet, in denen jüdisches Eigentum, vor allem Möbel und Einrichtungsgegenstände – aus ganz Europa zusammengeraubt –, an die Bevölkerung zu lächerlichen Preisen versteigert wurde. Allein in Hamburg und seiner unmittelbaren norddeutschen Umgebung nahmen mehr als hunderttausend Menschen an solchen Versteigerungen teil. Ein ehemaliger Auktionator erklärte nach 1945, dass insbesondere Möbel, Teppiche und Pelze aus jüdischem Besitz »meist zu Schleuderpreisen weggegangen« seien. »Die Deutschen sind immer zur Stelle, wenn in den jüdischen Kassen Geld klingelt«, hätte ein Jude in diesen Zeiten sagen können, als die deutsche Bevölkerung vor den Depots der enteigneten jüdischen Güter stundenlang Schlange stand.

Nach Auschwitz ist es in Deutschland verpönt, öffentlich Judenfeindschaft zu zeigen. Wer dieses Tabu bricht, verliert Amt und Ansehen oder muss sich wie Pater Basilius Streithofen zumindest entschuldigen. Gegen den Geistlichen wurde aufgrund seiner Behauptung, dass Juden die größten Ausbeuter des deutschen Steuerzahlers seien, Anzeige wegen Volksverhetzung erstattet. Im Mai 1993 stellte die Osnabrücker Staatsanwaltschaft das Verfahren zunächst ein. Die absurde Begründung: Die Äußerungen Streithofens erfüllten den Tatbestand der Volksverhetzung nicht, da die Strafbestimmung nur den »inländischen Teil der Bevölkerung« betreffe – als wären deutsche Juden kein Teil der inländischen Bevölkerung. Nach Protesten des *Landesverbandes der Jüdischen*

Gemeinden von Niedersachsen wurde das Verfahren wiederaufgenommen und mit einem Vergleich beendet: Streithofen zahlte eine Geldbuße für einen wohltätigen Zweck.

Auch wenn man in Deutschland nicht mehr offen von der »Geldgier« der Juden spricht, ist das Bild der Juden bei den Deutschen nach wie vor stark durch das klassische Stereotyp geprägt. Das Vorurteil, Juden hätten einen ausgeprägten Geschäftssinn, hat sich bis heute gehalten. Laut einer *Forsa-Studie*, die das Magazin *Stern* im Jahr 2003 in Auftrag gab, sind 78 Prozent der Bundesbürger der Meinung, dass Macht und Einfluss der Juden in der Geschäftswelt in keinem Verhältnis zu ihrem Anteil an der Gesamtbevölkerung stehen, dass Juden also besonders geschäftstüchtig sind.

Richtig ist, dass sich Juden in Israel auf dem Gebiet der wissenschaftlichen und technologischen Innovationen als besonders phantasiereich erweisen, was dazu geführt hat, dass das Land im Bereich der Hochtechnologie zur Weltspitze gehört. Wenn man sich die allgemeine Wirtschaftslage in Israel anschaut, kann man das Urteil, Juden seien besonders geschäftstüchtig, jedoch ganz und gar nicht bestätigen. Das *International Institute for Management Development* (IMD) veröffentlicht jährlich das *World Competitiveness Yearbook* – eine Rangliste der Staaten nach ihrer internationalen Wettbewerbsfähigkeit. Analysiert werden wirtschaftliche Leistung, Effizienz der staatlichen Behörden, Effizienz von Unternehmen und Infrastruktur. Danach steht Israel im Jahr 2009 auf Platz 24 – die USA auf Platz 1, Deutschland auf Platz 13.

2010

Ayaan Hirsi Ali

Muslimische Frauen sind keine »Söhnefabriken«!

Meine Schwester und ich waren noch klein, als uns auffiel, daß wir unserem Bruder immer Respekt entgegenbringen mußten. Er war nur zehn Monate älter als ich, aber uns wurde bewußt, daß nur Jungs zählen. Eine Muslima genießt um so höheres Ansehen, je mehr Söhne sie hat. Wenn meine Oma gefragt wurde, wie viele Kinder sie habe, sagte sie: »Eins.« Dabei hatte sie neun Töchter und einen Sohn. Das sagte sie auch über unsere Familie – daß wir nur ein Kind hätten. »Und wir?« fragten meine Schwester und ich. »Ihr werdet für uns Söhne bekommen«, erwiderte sie. Das trieb mich zur Verzweiflung. Was sollte ich mit meinem Leben auf Erden anfangen? Söhne zur Welt bringen! Eine Söhnefabrik werden. Damals war ich neun Jahre alt.

Um ihre künftige Funktion als Söhnefabrik möglichst gut ausüben zu können, wird allen Mädchen von klein auf beigebracht, sich unterzuordnen. Unter Gott, Vater, Bruder, Familie und Clan. Je besser dies einer Frau gelingt, für desto tugendhafter hält man sie. Sie muß immer geduldig sein, auch wenn ihr Mann die schrecklichsten Dinge von ihr verlangt. Dafür wird sie im Jenseits belohnt. Diese Belohnung ist allerdings ein Witz. Für Frauen gibt es im Paradies Datteln und Trauben, sonst nichts.

Als wir in Saudi-Arabien lebten, nahm unser Vater meinen Bruder überall mit hin. Wir Mädchen mußten zu Hause bleiben. Aber meine Schwester und ich waren neugierige Kinder. Wir wollten auch mit, fanden es ungerecht. Auf dieses Wort reagierte unser Vater sehr empfindlich. Das wußten wir. Wie erwartet, ging er sofort darauf ein. »Allah hat gesagt: Ich habe der Frau einen ehrenvollen Platz gegeben. Ich habe ihr das Paradies unter die Füße gelegt.« Wir schauten die Füße meiner Mutter an, dann die meines Vaters und brachen in Lachen aus. Seine Füße steckten wie immer in teuren italienischen Lederschuhen, die Füße meiner Mutter aber waren nackt, übel zugerichtet, weil sie viel gehen mußte und nur billige Sandalen trug, die Haut war eingerissen und hing in Fetzen herab. Mein Vater stimmte in unser Lachen ein, aber meine Mutter regte sich auf, gab uns einen Klaps und schickte uns aus dem Zimmer. Sie hatte große Angst vor Blasphemie.

In Kenia besuchte ich nach der Grundschule die Moslem Girls Secondary School. Dorthin gingen junge Mädchen aus Kenia, aber auch aus dem Jemen, aus Somalia, Pakistan und Indien. Einige von ihnen waren sehr intelligent und in allen Fächern gleich gut; außerdem waren sie gut in Sport. Jeden Morgen wurden die Namen aufgerufen. *Present* mußte man dann antworten. Aber ab einem bestimmten Alter waren immer mehr Mädchen *absent.* Niemand wußte, wo sie geblieben waren. Später erfuhren wir, daß sie zwangsverheiratet worden waren. Einigen von ihnen begegnete ich ein oder zwei Jahre später wieder. Nichts erinnerte mehr an die Mädchen von früher. Sie waren ausnahmslos Söhnefabriken geworden: dick, schwanger oder mit einem Kind auf dem Arm. Die Streitlust, das Leuchten in ihren Augen, das Quecksilbrige in ihnen war nicht mehr da. Bei diesen Mädchen gab es viele Fälle von Depressionen und Selbstmord. Ich hatte Glück, daß mein Vater damals nicht bei uns wohnte. Sonst hätte er mich im Alter von sechzehn Jahren wahrscheinlich auch zwangsverheiratet. In diesem Alter kann man nicht fliehen. Wohin hätte ich auch gehen sollen?

Mitte der achtziger Jahre begann in Kenia die Islamisierungswelle. Wie so viele andere Heranwachsende war auch ich auf der Suche. Besonders beeindruckt war ich von unserer Islam-Dozentin. Sie war eine auffallende Persönlichkeit. Sie hatte ein blasses, herzförmiges Gesicht, das in geheimnisvollem Kontrast zu ihrem schwarzen Kopftuch und ihrem langen schwarzen Kleid stand. Leidenschaftlich erzählte sie von der

Liebe zu Gott und von unseren Pflichten ihm gegenüber. Damals habe ich zum erstenmal das Bedürfnis empfunden, Märtyrerin zu werden. Das würde mich Gott nahebringen, Hingabe an Allahs Wille, darum ging es. Wie ein Mantra wiederholten wir den folgenden Satz: »Wir unterwerfen uns Gottes Willen.« Spontan legte ich den Schleier um. Von nun an trug ich schwarze Gewänder über meiner Schuluniform. Meine Mutter war glücklich, meine Schwester war weniger begeistert.

Dann hatte ich einen Freund. Das war verboten. Wir küßten uns. Das war ganz und gar verboten. Dabei war er ein sehr religiöser Freund. Streng in der Lehre, was das Verhältnis zwischen Männern und Frauen anging, im täglichen Leben aber hielt er sich nicht an diese Regeln. Damals sind bei mir die ersten starken Zweifel aufgekommen. Weil ich log, weil er log. Je religiöser ich wurde, desto mehr log und betrog ich. Irgend etwas stimmte da nicht.

Später war ich in einem Flüchtlingslager an der Grenze zwischen Somalia und Kenia. Ich sah, wie Frauen, die im Krieg vergewaltigt worden waren, ihrem Schicksal überlassen wurden. Ich fragte mich: Wenn es einen Gott gibt, warum läßt er dies dann zu? Ich durfte das nicht denken, geschweige denn aussprechen, aber mein Glaube bröckelte immer weiter ab. Dennoch bezeichnete ich mich weiterhin als Muslima.

Der 11. September 2001 war ein entscheidender Wendepunkt, aber erst ein halbes Jahr später, nachdem ich *Het atheïstisch manifest* (Das atheistische Manifest) von Herman Philipse gelesen hatte, hatte ich den Mut offen einzugestehen, daß ich nicht mehr glaubte. Marco, in den ich mich während meines Studiums in den Niederlanden verliebte, hatte mir das Buch bereits im Jahre 1998 geschenkt, aber damals wollte ich es nicht lesen. Ich dachte: Ein atheistisches Manifest ist ein satanisches Manifest. Ich empfand Widerwillen. Doch vor einem halben Jahr war ich soweit, daß ich es in die Hand nehmen konnte. Ich war reif dafür. Ich erkannte, daß Gott eine

Fiktion ist und daß Hingabe an seinen Willen nichts anderes bedeutet als Hingabe an den Willen des Stärksten.

Ich habe nichts gegen Religion als Trostspenderin. Rituale und Gebete können einem Halt bieten; und ich verlange von niemandem, das aufzugeben. Was ich ablehne, ist Religion als Eichmaß der Moral, als Richtschnur für das Leben. Und vor allem den Islam, weil diese Glaubensrichtung allumfassend ist, weil sie jeden Schritt im Leben des einzelnen beherrscht.

Man hat mir vorgeworfen, ich würde nicht zwischen Religion und Kultur unterscheiden. Frauenbeschneidung habe nichts mit dem Islam zu tun, weil dieses grausame Ritual nicht in allen islamischen Gesellschaften vorkomme. Der Islam verlangt allerdings, daß eine Frau unberührt in die Ehe geht. An dem Dogma der Jungfräulichkeit wird festgehalten, indem Mädchen zu Hause eingesperrt und ihre äußeren Schamlippen zusammengenäht werden. Die Frauenbeschneidung verfolgt zwei Ziele: Die Klitoris wird entfernt, um die Sexualität der Frauen einzuschränken, und die Schamlippen werden zusammengenäht, um ihre Jungfräulichkeit zu garantieren.

Es stimmt, daß es das Beschneidungsritual bei manchen animistischen Stämmen schon vor dem Aufkommen des Islam gab. Bei bestimmten Clans in Kenia wurden Frauen beschnitten, weil man Angst hatte, die Klitoris könnte bei der Geburt so groß werden, daß das Kind erstickt. Diese überlieferten lokalen Bräuche wurden durch den Islam verbreitet, verstärkt und geheiligt. In Ländern wie dem Sudan, Ägypten und Somalia, in denen der Islam sehr einflußreich ist, wird auf die Jungfräulichkeit sehr großen Wert gelegt.

Außerdem wird mir vorgeworfen, mein negatives Bild vom Islam sei eine Folge meiner eigenen Traumata. Ich behaupte nicht, daß meine Kindheit und Jugend rosig gewesen seien, aber ich habe sie überstanden. Es wäre egoistisch, meine Erfahrungen und Erkenntnisse für mich zu behalten. Ich könnte das auch gar nicht. Dann dürfte ich beispielsweise nie Nachrichten sehen. Seit ich in den Niederlanden wohne, dreht sich alles nur um die Immigrations- und Integrationsprobleme von Zuwanderern – doch das Hauptproblem ist der Islam. Das läßt sich nicht verleugnen. Wir müssen uns die Fakten vor Augen führen und den Zuwanderern geben, was ihnen in ihrer eigenen Kultur fehlt: persönliche Würde. Die jungen Muslimas in den Niederlanden, deren Augen noch strahlen, brauchen nicht das gleiche durchzumachen wie ich.

Marco – der junge Mann, der mir *Het atheïstisch manifest* gegeben hatte – wohnte im selben Studentenwohnheim wie ich. Nach zwei Monaten vorsichtigen Abtastens schlug bei uns gleichsam der Blitz ein. Ich habe meinen Eltern nichts erzählt. Dafür meinem Bruder. Er verlangte, daß ich die Beziehung sofort beenden solle, aber damit stieß er bei mir auf taube Ohren. Marco und ich haben fünf Jahre lang zusammengelebt. Unsere Beziehung ist letzten Endes daran gescheitert, daß wir beide einen starken Willen haben und nicht nachgeben können. Das lief nur auf Streit hinaus. Darüber hinaus bin ich chaotisch, während er pünktlich und genau ist. Auch das führte zu Problemen. Wir lieben uns noch immer sehr, aber es hat nicht mehr funktioniert. In unserem Umfeld sahen wir Beziehungen, die trotz aller Probleme weitergeführt wurden – mit den entsprechenden Folgen. Das wollten wir nicht. Für mich war es übrigens ein sehr großer Schritt, mit einem Mann zusammenzuziehen. Das steht in krassem Gegensatz zu dem, was in unserer Kultur üblich ist: als Jungfrau in eine arrangierte Ehe zu gehen.

Die Tatsache, daß ich nicht zwangsverheiratet werden wollte – weder mit meinem in Kanada lebenden Cousin noch mit sonst jemandem –, war tabu. Mein Vater sagte: »Mein Kind, glaub mir: Das ist das Beste für dich.« Ich glaubte ihm nicht und bin über Deutschland in die Niederlande geflohen. Ich habe meinem Vater einen in meinen Augen netten, aber auch deutlichen Brief geschrieben, in dem ich ihn anflehte, mich freizugeben. Diesen Brief schickte er mir zurück. An den Rand hatte er mit Rotstift geschrieben, daß er dies als Verrat betrachte, daß er mich nie mehr sehen wolle und daß ich mich nicht mehr als sein Kind bezeichnen dürfe. Danach sprach ich sechs Jahre lang nicht mehr mit ihm. 1997 klingelte eines Abends das Telefon. Marco nahm ab, lauschte und reichte mir den Hörer. »Ich glaube, es ist dein Vater«, sagte er. Ich ergriff den Hörer und hörte »A bè«, »mein Kind«. Er hatte mir vergeben und wollte mir sagen, daß er stolz auf mich sei, weil ich mich fürsorglich um meine Schwester kümmerte. Ich habe geweint, geweint. Es war einer der schönsten Tage in meinem Leben. Er hatte mich wieder als seine Tochter angenommen.

2005

Ralf Dahrendorf

Die Rolle des Fremden in unserer Gesellschaft

Bürgerliche Gleichheit, die rationale Regelung von Konflikten, eine liberale Elite und die Vorherrschaft der öffentlichen Tugenden begründen die Verfassung der Freiheit. Wo diese sozialen Strukturen fehlen, verzerrt oder gebeugt werden, kann die liberale Demokratie nicht Fuß fassen. Das ist der theoretische Ausgangspunkt unserer Analyse, der, durch mannigfache Beobachtungen angereichert, auch an ihrem Schluß stehen wird, Aber es ist ja von der deutschen Frage die Rede, und je weiter unsere Untersuchung voranschreitet, desto hartnäckiger mag mancher einwenden, ob sie nicht gerade das verfehlt, was die deutsche Frage so unausweichlich macht: Wie war Auschwitz möglich?

Versuchen wir auch zu dem Grauen, das diese Frage beschwört und das sich allen Worten entzieht, die Distanz der Analyse so lange wie möglich zu halten. Es ist ja kein Zufall, daß unsere Optik gerade das schrecklichste Gesicht der deutschen Frage verfehlt; wir wußten dies vom ersten Blick an, den wir durch sie taten. Der Grund liegt in einem unbequemen Sachverhalt, den das ungenaue Gerede über die deutsche Vergangenheit häufig verdeckt: Wenn es gelingt, die Ereignisse von 1933 zu erklären, sind damit die von 1940 noch nicht begriffen; die nationalsozialistische Machtergreifung schließt die »Endlösung« der Judenfrage nicht ein. Das läßt sich noch allgemeiner sagen. Liberale Demokratie und Humanität sind zweierlei; es gibt Inhumanität in Demokratien und Humanität in nicht-liberalen Staatswesen. In diesem Sinne ist es gleichsam ein böser Zufall, daß beide, Humanität und Demokratie, in Deutschland zu gleicher Zeit Schaden litten. Die liberale Demokratie ist also keine Patentlösung für alle Wünsche, die wir an das Leben der Menschen in Gesellschaft richten mögen; ebensowenig ist daher die Analyse der Pathologie der Verfassung der Freiheit als solche schon eine Analyse der Grausamkeiten, durch die vor allem der deutsche Name im Gedächtnis der Völker fortleben wird. Wir müssen den Fluß unserer Argumentation unterbrechen, wenn wir nicht die unausweichliche Frage endgültig verfehlen wollen: Wie war Auschwitz möglich?

Im Namen des Lagers, das den SS-Staat in seiner schlimmen Perfektion enthüllt, symbolisiert sich heute für viele das schreckliche Gesicht des nationalsozialistischen Deutschland. Aber wir wollen genau bleiben und uns mit Symbolen nicht zufriedengeben. Es geht um Menschen, die, aneinander sich klammernd, in Gaskammern gestoßen, vergiftet, gefleddert und verbrannt wurden – und um jene, die dies taten. So wenig das Symbol »Auschwitz« uns weiterhilft, so wenig hilft uns auch die süße Metapher, die solche Wirklichkeiten in die Sprache der Psychoanalyse oder der Geistesgeschichte verflüchtigt. Es ist also nicht die Rede von nationalen Neurosen oder historischen Vorbelastungen, sondern davon, daß Hunderte von deutschen Juristen sich wissend an Justizmorden beteiligt haben, Hunderte von deutschen Ärzten wissend Menschen, zum Teil in grausamen Experimenten, ermordet haben, Hunderte von deutschen Offizieren Frauen und Kinder ums Leben gebracht oder ihren Mord befohlen und beaufsichtigt haben. Gerade hier ist Vorsicht gegenüber Zahlen am Platze. Auch sie kann aber an der Tatsache nicht rütteln, daß Tausende von Absolventen deutscher Gymnasien sich durch den gepflegten Humanismus ihrer geistigen Bildung nicht daran haben hindern lassen, Menschen zu zertreten wie Ameisen, die man vielleicht gar nicht sieht, weil man zwar zu den Sternen blickt, aber der Gassen nicht achtet. Das Gesellschaftsbild der inneren Werte? Zu erklären ist also nicht einfach »Auschwitz«, sondern, wie es möglich war, daß Tausende aus einer ohnehin schmalen Elite zu Mördern wurden.

Diese Frage wird hier nicht zum erstenmal und sicher nicht

zum letztenmal gestellt. Sie muß wohl noch lange auf eine Antwort warten. Denn die Antwort liefert, so scheint mir, weder der Fahneneid noch die Banalität des Bösen, weder eine Notdach-Theorie noch eine solche frühkindlicher Verdrängungen. Die Antwort werden auch wir nicht liefern. Das ist eine negative Bilanz; doch gibt es kleine Schritte, die man tun kann, um dem auf die Spur zu kommen, was in diesem Lande Menschen Menschen angetan haben. Es gibt Beobachtungen in der deutschen Gesellschaft von vorgestern, gestern und auch noch heute, bei denen sich der Verdacht aufdrängt, daß sie in einem Zusammenhang mit der Mentalität stehen könnten, die Ärzten und Richtern und Offizieren den Mord erlaubte. Es gibt Winkel dieser Gesellschaft, in denen die oft gedankenlose Unmenschlichkeit als System fortlebt. Es gibt den beißenden Kontrast des Geredes von der Humanität zu der Gleichgültigkeit gegenüber dem Leben. Einige solche dunklen Winkel der deutschen Gesellschaft möchte ich im folgenden auskehren. Immer geht es dabei um die Integrität menschlichen Lebens, um die gerade in Deutschland so gerne gelobte »Achtung vor dem Leben«. Immer steht über den Wirklichkeiten der Gegenwart, so düster sie sein mögen, die noch viel schwärzere Wolke der Erinnerung. Nicht immer wird es mir daher gelingen, jene Sachlichkeit der Analyse durchzuhalten, deren Verbindung mit klaren Entwürfen der Entscheidung ich für die Aufgabe der soziologischen Phantasie halte: Zu schmerzlich sind hier schon die Worte, von den Taten ganz zu schweigen, die diese nur unvollständig abbilden.

Die meisten der von Deutschen in den Kriegsjahren Ermordeten waren nicht deutsche Staatsbürger, »Normale«. Sie waren Polen und Russen oder aber aus dem vergleichsweise kleinen Zirkel alles Deutschen willkürlich Herausdefinierte: Juden, Geisteskranke. Wir haben ja schon gesehen, wie eng in Deutschland der Kreis derer gezogen wird, die Bürgerrechte genießen – und wie es denen ergeht, die dieser Kreis draußen vor der Tür läßt. Dabei ist ihre Schar nicht klein und ihr

Geschick kein Ruhmesblatt für die anderen, die sich ihre Zugehörigkeit durch nichts verdient haben und deren gehässige Konformität daher Willkür ist.

Die Rolle des Nicht-Dazugehörigen hat viele Facetten vom Depressiven bis zum Taximörder, vom Taubstummen bis zum Gastarbeiter. Sie alle sind Fremde, mit denen man sich möglichst nicht belasten möchte und die daher den Preis für den deutschen Konformitätsdruck zahlen müssen. Dieser ist umso höher, je länger der Fremde bleibt und je unentbehrlicher er für die Zugehörigen wird. Seine Unentbehrlichkeit verbietet es, sich vom Fremdarbeiter ganz zu trennen. So wird die Trennung nur symbolisch vollzogen; er kommt ins Ghetto, in die »Anstalt«. Stärker als die Zäune um ihre Baracken – einst Stacheldraht, heute Maschendraht – schirmt das Ghetto eine Welt von Vorurteilen mit geballter Faust von seiner Umwelt ab, darunter vor allem das Vorurteil von der latenten Kriminalität des Fremden. Der böse Zirkel dieses Verhaltens, seine sich selbst erfüllende Prophezeiung, entgeht den Zugehörigen ebenso wie die Tatsache, daß trotz dieses Zirkels die Kriminalität der Fremden nicht größer ist als die der Einheimischen. Man vermutet im Fremden den Anschlag auf die eigene Sicherheit, symbolisiert in dem Anschlag auf die unbefleckten, »eigenen« Mädchen. Von der Kriminalität der Deutschen an Gastarbeitern und Gastarbeiterinnen spricht niemand, und die Zahl der Unfälle, bei denen Gastarbeiter verletzt, verstümmelt, nicht selten auch getötet werden, während sie durch ihre Arbeit die Entwicklung des deutschen Wohlstandes begründen, gibt kaum eine Meldung in der deutschen Presse ab. Es sind ja »nur« Italiener, Spanier, Türken davon betroffen.

Nun hat jede Gesellschaft ihren Konformismus, damit ihre Zugehörigen und ihre Fremden, mögen sie Neger, Jamaicaner oder Chinesen heißen. Mir scheint zwar, es ließe sich zeigen, daß sich Gesellschaften durch mehr als Nuancen in ihrer Behandlung dieser Fremden unterscheiden; aber das deutsche Leiden, der Virus der Unmenschlichkeit, ist so evident, daß sich subtile Erörterungen erübrigen. Gehen wir daher einen Schritt weiter, zu den Fremden im eigenen Haus, den Abnormen. Nach dem exzentrisch Gekleideten drehen sich die Menschen in Deutschland feixend um; gäbe es deutsche *Beatles,* dann würde deren Auftritt eher durch eine »Aktion saubere Bühne« verboten als durch ein Bundesverdienstkreuz belohnt werden. Den, der unorthodoxe Meinungen kundtut, bedrohen nicht nur offizielle Stellen mit Worten und Taten; schon milden Halblinks-Intellektuellen droht häufig mindestens ein Redeverbot. Von dem, der schuldlos krank ist, wenden die Menschen sich ab; dem Contergan-Kind bleibt der Kindergarten versperrt, und der geistig Kranke wird von einem Gerichtsassessor hinter Schloß und Riegel gesetzt, auch wenn er niemanden bedroht. Alle diese Reaktionen – das Feixen, das Verbot, die Drohung, das Sich-Abwenden, die erzwungene *apartheid* – sind Formen der Preisgabe, die es zum Schluß erlaubt, den Mord noch als Wohltat für die Ermordeten zu verbrämen: »Euthanasie«. Nicht der Konformismus, sondern seine besondere Klammheit und Enge kennzeichnen das Verhalten vieler Deutscher zu anderen Menschen. Man möchte das andere, das Abnorme möglichst abschütteln, davon nicht belästigt werden. Der menschliche Defaitismus, der im Verzicht auf den Versuch liegt, schuldlos Benachteiligten zu helfen, wird alsbald zur Indifferenz. Niemand fragt danach,wie es in den »Anstalten« aussieht, in die man gerade in Deutschland so leicht geraten kann. Weil niemand fragt, weiß es auch niemand. Man erregt sich über die »Schlangengrube« der anderen, ohne die eigene zu kennen und ohne vor allem zu sehen, daß es die anderen selbst waren, die die ihre dem Licht der Öffentlichkeit erschlossen haben. Es ist sicher wahr, daß die meisten Deutschen »nichts gewußt« haben von den nationalsozialistischen Gewaltverbrechen: nichts Genaues nämlich, weil »man« nach dem nicht fragt, was den engen Rahmen des Normalen verläßt.

1965

Paul Watzlawick

Das Gefangenendilemma

Das Wesen der Interdependenz läßt sich vielleicht am besten anhand des spieltheoretischen Modells des Gefangenendilemmas* einführen, und das Gefangenendilemma selbst in seiner ursprünglichen Form. Demnach hält ein Staatsanwalt zwei Männer in Untersuchungshaft, die des Raubs verdächtigt sind. Die gegen die beiden vorliegenden Indizien reichen aber nicht aus, um den Fall vor Gericht zu bringen. Er läßt sich die beiden Gefangenen vorführen und teilt ihnen unverblümt mit, daß er zu ihrer Anklage ein Geständnis brauche. Ferner erklärt er ihnen, daß er sie dann, wenn beide den Raubüberfall leugnen, nur wegen illegalen Waffenbesitzes zur Anklage bringen kann und daß sie dafür schlimmstenfalls zu je sechs Monaten Gefängnis verurteilt werden könnten. Gestehen beide aber die Tat ein, so werde er dafür sorgen, daß sie nur das Mindestmaß für Raub, nämlich zwei Jahre Gefängnis, bekommen. Wenn aber nur einer ein Geständnis ablegt, der andere aber weiterhin die Tat leugnet, würde der Geständige damit zum Kronzeugen und ginge frei aus, während der andere das Höchststrafmaß, nämlich zwanzig Jahre, erhalten würde. Ohne ihnen die Möglichkeit einer Aussprache zu geben, schickt er die Gefangenen in getrennte Zellen zurück und macht damit jede Kommunikation zwischen ihnen unmöglich.

Was können die beiden unter diesen ungewöhnlichen Umständen tun? Die Antwort scheint einfach: Da ein halbes Jahr Gefängnis bei weitem zwei, geschweige denn zwanzig Jahren vorzuziehen ist, schneiden beide am besten ab, wenn

* Der Name wurde ihm von dem Mathematikprofessor Albert W. Tucker in Princeton gegeben.

sie die Tat leugnen. Doch kaum sind sie in der Einsamkeit ihrer Zellen zu dieser Einsicht gekommen, stellt sich bereits der erste Zweifel ein: »Was aber, wenn der andere, der sich unschwer vorstellen kann, daß ich zu diesem Entschluß gekommen bin, die Situation ausnützt und die Tat gesteht? Er wird dann freigelassen – und das ist letzthin für ihn entscheidend –, während ich nicht sechs Monate, sondern zwanzig Jahre bekomme. Es hat also keinen Sinn, zu leugnen; ich bin besser dran, wenn ich gestehe, denn wenn er nicht gesteht, bin ich derjenige, der freigelassen wird.« Doch auch diese Überlegung ist von kurzer Dauer, und eine neue Einsicht drängt sich auf: »Wenn ich aber gestehe, so enttäusche ich nicht nur sein Vertrauen, daß ich vertrauenswürdig genug bin, um die für uns *beide* vorteilhafteste Entscheidung zu treffen (nämlich nicht zu gestehen und daher mit sechs Monaten davonzukommen), sondern ich laufe Gefahr, daß ich, wenn er genauso egoistisch und unzuverlässig ist wie ich selbst und daher aus derselben Überlegung heraus gesteht, zu zwei Jahren verurteilt werde, was viel schlimmer wäre als die sechs Monate, die wir bekämen, wenn wir beide leugneten.« Dies ist ihr Dilemma, und es hat keine Lösung. Denn selbst wenn die Gefangenen es fertigbrächten, irgendwie miteinander zu kommunizieren und eine gemeinsame Entscheidung zu vereinbaren, würde ihr Schicksal trotzdem von der Frage abhängen, ob sie es ihrem Komplizen zutrauen können, sich im entscheidenden Moment der Gerichtsverhandlung an diese Vereinbarung zu halten. Da sie dies aber auf keinen Fall mit Sicherheit annehmen können, beginnt der obenerwähnte Teufelskreis ihrer Überlegungen an diesem Punkte von neuem. Und bei längerem Nachdenken werden beide begreifen, daß die Vertrauenswürdigkeit ihres Komplizen weitgehend davon abhängt, wie vertrauenswürdig sie selbst dem anderen erscheinen, und dies wiederum hängt davon ab, wieviel Vertrauen jeder seinerseits dem andern zu schenken bereit ist – und so fort in unendlichem Regreß. Über dieses merkwürdige

Interaktionsmuster gibt es bereits eine umfangreiche Literatur, doch das wichtigste Werk dürfte immer noch Rapoport und Chammahs Buch *»Prisoner's Dilemma; A Study in Conflict and Cooperation«* sein. Ebenfalls von Rapoport stammt eine ausgezeichnete, sehr präzise Übersicht über das Wesen des Gefangenendilemmas, seine Bedeutung für die in Entscheidungsverfahren schwer zu fassenden Begriffe von Vertrauen und Solidarität und über seine Bedeutung für das moderne mathematische Weltbild.

In seiner einfachsten Form läßt sich das Gefangenendilemma als vierzellige Matrix darstellen, die auf der Annahme beruht, daß zwei Partner, *A* und *B,* je zwei Alternativen haben, nämlich a_1 und a_2 für *A,* und b_1 und b_2 für *B.* Die Abbildung stellt eine solche Matrix dar und bedeutet einfach folgendes: Wenn *A* a_1 und *B* b_1, wählt, so gewinnen beide je fünf Punkte. Wenn *B* aber b_2 wählt und *A* bei Alternative a_1 bleibt, verliert

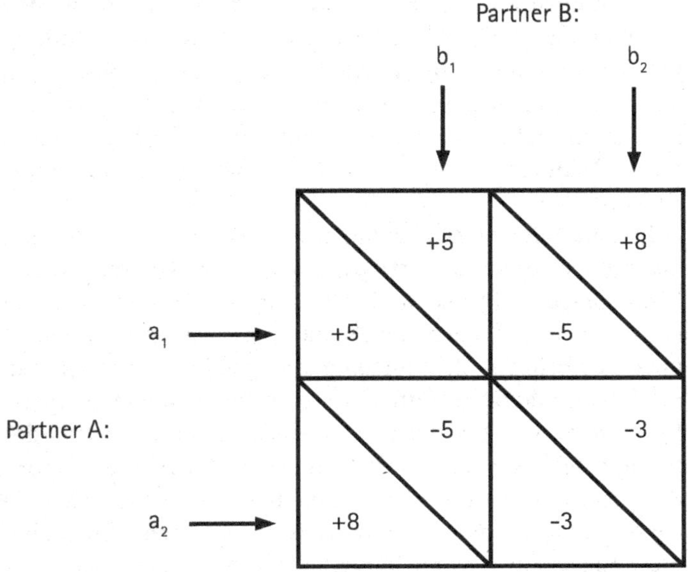

A fünf Punkte und *B* gewinnt acht. Das Umgekehrte ist der Fall, wenn sie a_2 und b_2 wählen. Wenn ihre Entscheidung dagegen a_2/b_2 ist, verlieren beide je drei Punkte. Wie in der Geschichte vom Staatsanwalt und den beiden Räubern sind diese Resultate beiden Spielern bekannt. Da aber auch sie ihre Wahl gleichzeitig und ohne die Möglichkeit einer Absprache treffen müssen, spiegelt dieses einfache mathematische Modell das Wesen und die Auswegslosigkeit des Gefangenendilemmas wider, wovon sich der Leser leicht dadurch überzeugen kann, daß er es mit einer anderen Person – vorzugsweise aber nicht mit einem Freund – spielt. Menschliche Situationen, die die Struktur des Gefangenendilemmas haben, sind häufiger, als man annehmen möchte. Sie treten überall dort auf, wo Menschen sich in einem Zustand der Desinformation befinden, weil sie eine gemeinsame Entscheidung treffen *müssen,* sie andererseits aber nicht treffen *können,* da ihnen die Möglichkeit direkter Kommunikation (und damit der Vereinbarung des bestmöglichen Vorgehens) fehlt. Wie erwähnt sind dafür in der Urfassung des Gefangenendilemmas zwei Gründe verantwortlich: Mangel an gegenseitigem Vertrauen und die physische Unmöglichkeit, zu kommunizieren. In wirklichen Lebenslagen kann bereits das Fehlen eines dieser Faktoren das Dilemma herbeiführen. Hierzu einige Beispiele:

In menschlichen Beziehungen, zum Beispiel in Ehen, sind die rein praktischen Voraussetzungen von Kommunikation meist gegeben. Dennoch aber können die Partner in einem chronischen Gefangenendilemma leben, wenn sie es nicht über sich bringen, dem anderen genügend zu vertrauen, um die Entscheidung zu treffen, die zwar für sie *beide* die günstigste wäre, sie aber der Gefahr eines Vertrauensbruchs des Partners hilflos ausliefert. Im Sinne der Matrix in der Abbildung ist es ihnen zwar klar, daß die beste Wahl a_1/b_1 wäre, da sie den größten gemeinsamen Gewinn garantiert. Eben aber diese Entscheidung kann nur auf der Basis gegenseitigen Vertrauens erreicht werden; wenn dieses Vertrauen fehlt, ist die rationalste, »sicherste« Entscheidung a_2/b_2, die beide zu chronischen Verlierern macht. Abrüstungskonferenzen, von den Tagen des Völkerbunds bis in die jüngste Gegenwart, kranken an demselben Problem; nur daß die Entwicklung der Kernwaffen das Dilemma noch viel akuter gemacht hat. Wenn man diese mastodontischen Verhandlungen mitverfolgt, erweist es sich, daß allen daran beteiligten Staaten als wünschenswertes Ergebnis weitgehende, wenn nicht vollkommene Abrüstung vorschwebt und insofern also Einstimmigkeit herrscht, daß dieses Ziel aber nur auf der Grundlage gegenseitigen Vertrauens erreicht werden kann. Doch Vertrauen ist etwas schwer Faßbares; es läßt sich nicht absichtlich herbeiführen, vor allem nicht mit Drohungen, und es läßt sich auch nicht im Text eines Abkommens so konkret ausdrücken, wie man zum Beispiel die Zahl von atomangetriebenen Unterseebooten festlegen oder die technischen Einzelheiten eines ballistischen Abwehrsystems definieren kann. Ein großer Teil dieser endlosen Verhandlungen wird also im Versuch vergeudet, den Begriff des Vertrauens in eine Sprache zu übersetzen, die keine Ausdrucksmöglichkeit dafür hat. In der Zwischenzeit aber lebt die Menschheit unter der Gefahr nuklearer Ausrottung, und die einzige Alternative (die gemeinsame Entscheidung a_1/b_1 in unserer Matrix) ist aus mangelndem Vertrauen unmöglich. Auf diese Weise drehen sich die Abrüstungsverhandlungen müde im Teufelskreis der restlichen drei Möglichkeiten des Gefangenendilemmas.

Werden Nationen jemals den wenigstens beschränkten Grad des Vertrauens aufbringen, zu dem Individuen in ähnlichen Lagen gelegentlich fähig sind und der es ihnen ermöglicht, der Hybris reiner Rationalität zu entkommen? Wer weiß – doch es besteht ein Hoffnungsschimmer, vielleicht nicht mehr als ein Anzeichen dafür, was potentiell erreichbar wäre: Im Verlauf der Nixon-Breschnew-Gespräche im Juni 1974 teilte die amerikanische Regierung mit, daß sie nicht beabsichtige, den ihr auf Grund des Lenkwaffenabkommens vom Jahre 1972 zustehenden zweiten ballistischen Abwehrring zu bauen. Diese einseitige, an keine Gegenleistung der anderen Seite geknüpfte – und daher »irrationale« – Entscheidung schien den Sowjets ein Vertrauensbeweis zu sein, der es ihnen ermöglichte, ihrerseits ebenfalls auf den Bau ihres zweiten Abwehrrings zu verzichten – ein Ergebnis, das von der Weltpresse nicht zu Unrecht ein historischer Wendepunkt in den Beziehungen der beiden Mächte genannt wurde. Er wurde aber erst möglich, nachdem eine Seite die Sprache der reinen Rationalität aufgegeben und sich an eine Metalösung gewagt hatte, die auf Vertrauen beruhte und all die Gefahren in Kauf nahm, die Vertrauen mit sich bringt und es daher so »unvernünftig« macht.

In diesem Zusammenhang ist abschließend noch ein wichtiger Beitrag zur Problematik des Gefangenendilemmas zu erwähnen. Wenn ich im vorhergehenden darauf verwies, daß seine Paradoxie keine Lösung hat, so trifft dies, strenggenommen, nur für die Situation zwischen dem Staatsanwalt und seinen beiden Gefangenen, das heißt der vierzelligen Matrix, zu. Der Mathematiker und Spieltheoretiker Nigel Howard hat bereits vor zehn Jahren eine sogenannte Theorie der Metaspiele entwickelt und mit ihrer Hilfe nachgewiesen, daß es eine Lösung des Dilemmas auf höherer (Meta-)Ebene gibt. Die Komplexität seines Beweises würde den Rahmen dieses Buchs überschreiten, und ich muß mich daher auf den Hinweis beschränken, daß ihre Bedeutung für die mathematische Logik *und* für das Verständnis menschlicher Probleme kaum überschätzt werden kann, da sie der Einführung einer übergeordneten Wirklichkeit gleichkommt. In seinem bereits erwähnten Referat umreißt Rapoport ihre Bedeutung wie folgt:

> Um intuitiv verständlich und annehmbar zu sein, muß die formale [Howards] Lösung des Gefangenendilemmas in einen gesellschaftlichen Kontext eingekleidet werden. Wenn dies gelingt, wird das Gefangenendilemma einen Platz im Museum der berühmten

> ex-Paradoxien verdienen, in dem die inkommensurablen Größen, Achilles und die Schildkröte, und die Barbiere, die zu entscheiden versuchen, ob sie sich selbst rasieren sollen, aufbewahrt sind.

Es muß den Spieltheoretikern überlassen bleiben, zu entscheiden, ob der obenerwähnte Fortschritt im Lenkwaffenabkommen nicht vielleicht die erste Übersetzung von Howards Lösung in einen gesellschaftlichen Kontext darstellt.

Das zweitwichtigste Merkmal jedes Gefangenendilemmas ist, wie erwähnt, die physische Unmöglichkeit, über die bestmögliche gemeinsame Entscheidung zu kommunizieren. Andererseits aber muß eine gemeinsame Entscheidung getroffen werden – was also ist zu tun? Die Antwort ist nicht einfach, und wie so oft bei der Lösung schwieriger Probleme ist es besser, die Frage umzudrehen: Was darf *nicht* getan werden?

Offensichtlich darf mein Beitrag zu einer interdependenten Entscheidung nicht darauf beruhen, was ich aus rein persönlichen Gründen vorziehe und daher für die beste Lösung halte. Ich muß meine Entscheidung vielmehr auf der Basis meiner bestmöglichen Annahme darüber treffen, was der andere für die beste Lösung hält. Und wie im Falle der beiden Gefangenen wird auch seine Entscheidung weitgehend davon bestimmt sein, was *er* glaubt, daß *ich* für die beste Entscheidung halte. Alle interdependenten Entscheidungen, in denen offene und freie Kommunikation aus irgendwelchen Gründen unmöglich ist, beruhen auf diesem theoretisch unendlichen Regreß dessen, was ich denke, daß er denkt, daß ich denke, ... usw. Schelling, der dieses interessante Interaktionsmuster sehr eingehend behandelt hat, gibt folgendes Beispiel:

> Wenn ein Mann seine Frau in einem Kaufhaus aus den Augen verliert und die beiden keine vorgängige Vereinbarung darüber haben, wo sie in diesem Fall aufeinander warten werden, sind ihre Chancen, sich wiederzufinden, trotzdem gut. Aller Wahrscheinlichkeit nach werden beide an einen Treffpunkt denken, der so

augenfällig ist, daß beide sicher sind, daß der andere sicher ist, daß dieser Treffpunkt für *beide* augenfällig ist. Man stellt sich nicht einfach vor, wohin der andere gehen wird, denn der andere wird dorthin gehen, wovon er sich vorstellt, daß man selbst hingehen wird, und so ad infinitum. Also nicht »Was würde ich an ihrer Stelle tun?«, sondern »Was würde ich tun, wenn ich an ihrer Stelle wäre und mich fragen würde, was sie tun würde, wenn sie an meiner Stelle wäre und sich fragen würde, was ich an ihrer Stelle tun würde ...?«

Dieses Beispiel zeigt bereits, daß eine interdependente Entscheidung (in Abwesenheit direkter Kommunikation) nur dann Aussicht auf Erfolg hat, wenn sie auf der Basis einer von beiden Partnern geteilten Wirklichkeitsauffassung beruht; einer gemeinsamen Annahme über die Situation oder auf etwas, das durch seine Augenfälligkeit, seine physische oder bedeutungsmäßige Prominenz oder irgendeine andere, ausschließliche Eigenschaft alle anderen möglichen Anhaltspunkte der betreffenden Situation übertrifft. Schelling erwähnt die Möglichkeit, daß die beiden rein aus Spaß zum Fundbüro gehen könnten; doch werden sie sich dort schwerlich wiederfinden, wenn nicht beide denselben Sinn für Humor haben. Ein anderes Beispiel wäre folgendes: Zwei mit einer wichtigen Aufgabe betraute Geheimagenten müssen sich treffen, wissen aber aus irgendwelchen Gründen nur den Platz, nicht aber die Zeit ihres Treffens. Angenommen, daß es für sie viel zu auffällig wäre, sich während der nächsten vierundzwanzig Stunden dauernd an jenem Ort aufzuhalten, wie können sie sich trotzdem treffen? Beide werden sich fragen müssen: »Was ist seines Erachtens meines Erachtens seines Erachtens (... usw.) der logischste Zeitpunkt, ihn zu treffen?« In diesem Fall ist die Antwort verhältnismäßig einfach. Im Laufe von vierundzwanzig Stunden gibt es nur zwei Zeitpunkte, die sich auffällig von allen anderen abheben: 12 Uhr mittags und 12 Uhr nachts. Es wäre vollkommen sinn- und zwecklos, anzunehmen, der andere würde zu irgendeiner anderen Stunde daherkommen, die einem selbst aus irgendwelchen persönlichen Gründen plausibel erscheint – es sei denn, der andere wußte von dieser persönlichen Präferenz und zöge sie daher in Betracht. Wenn wir außerdem annehmen, daß auch der Treffpunkt nicht vorausbestimmt und beiden bekannt ist, erschwert sich das Treffen der Agenten sehr, ist aber dennoch nicht unmöglich. Selbst in einer Großstadt, besonders aber in einer kleinen oder auf offenem Lande gibt es immer gewisse Punkte, die sich auf Grund ihrer Wichtigkeit, Offensichtlichkeit, Größe oder sonstigen Prominenz als buchstäblich hervorstechendster Treffpunkt anbieten: der Hauptbahnhof, eine wichtige Brücke, das höchste Gebäude, der Hauptplatz wären solche Treffpunkte. Auch hier dürfen die Agenten nicht der naiven Versuchung anheimfallen, an einem Platz zu warten, der ihnen aus *persönlichen,* idiosynkratischen Gründen als der beste vorkommt. Wenn solche persönlichen Gründe und Präferenzen dem Partner nicht bekannt sind, sind sie nicht nur unmaßgeblich, sondern verunmöglichen das Treffen. Dieses für eine erfolgreiche interdependente Entscheidung ausschlaggebende Element der Prominenz ist oft nicht leicht zu identifizieren, wie das folgende, von Schelling erwähnte Experiment beweist: Einer Gruppe von Versuchspersonen wird die Aufgabe gestellt, sich ohne Absprache, also individuell, für eine der sechs Zahlen

7, 100, 13, 99, 261, 555

zu entscheiden. Wählen alle dieselbe Zahl, so gewinnen sie alle eine größere Geldsumme.

Welche dieser Zahlen zeichnet sich gegenüber den anderen fünf genügend aus und ist daher die logische Wahl für die notwendige einstimmige Entscheidung? Es sollte allen Teilnehmern von vornherein klar sein (ist es aber meist nicht), daß irgendeine persönliche Bedeutung dieser Zahlen unmöglich die Grundlage der gemeinsamen Entscheidung sein kann. Für manche Menschen haben 7 und 13 abergläubische Bedeutung (doch besteht nicht einmal Einstimmigkeit darüber, ob diese Bedeutung positiv oder negativ ist). Die Zahl 100 scheint sich den Intellektuelleren als das Quadrat von 10 anzubieten, andere Versuchspersonen dagegen finden 555 symmetrischer und daher »angenehmer« als 100 – und dies sind nur einige der vielen möglichen Pseudogründe für die Wahl einer bestimmten Zahl. Welche also ist die »wirklich« prominente? Viele Leser werden es wahrscheinlich bestreiten, aber von den sechs erwähnten Zahlen ist nur eine unleugbar prominent – allerdings *negativ* prominent – nämlich 261. Diese Zahl ist die einzige, an die sich kein Aberglauben, keine landläufige Symbolbedeutung oder Rationalisierung knüpft; sie ist die einzige »bedeutungslose« der sechs Zahlen*, und eben dieses Fehlen von Bedeutung verleiht ihr ihre Prominenz. Wenn der Leser dieser Erklärung zustimmen kann, wird er zugeben, daß interdependente Entscheidungen sehr schwierig sein können und scharfes Denken über Denken voraussetzen.

1976

* Es sei denn, sie ist Teil der Adresse oder Telefonnummer einer Versuchsperson; ein Umstand, der ihr aber schwerlich allgemeine Bedeutung verleihen würde.

ZWISCHENSPIEL

Hilde Domin

Heimat

»Unverlierbares Exil, du trägst es bei dir, Wüste, einsteckbar«, habe ich irgendwann geschrieben, als ich schon wieder in Heidelberg ansässig war. Heimat, der Gegenpol zum Exil? Nein, das ist nicht richtig: Das Exil ist der Gegenpol, die Negation. Heimat wäre das Selbstverständliche, wenn sie selbstverständlich wäre. Es ist kein Zufall, daß ich, wenn ich von »Heimat« reden soll, mit dem Exil beginne. Als sei es eine Ersatzheimat. Gerade ich. Und das tue ich nicht, weil Exil ein »erlaubtes« Wort ist, ja geradezu ein Modewort, während Heimat mit Vorsicht ausgesprochen wird, fast ein tabuisiertes Wort. Jemand wie ich hält sich ohnehin nicht an derlei »Verbote«. Und schon gar nicht, was die Sache Heimat und also auch das Wort Heimat angeht. »Etwas, was allen in die Kindheit scheint und worin noch niemand war: Heimat«, sagt Bloch. Ebensogut hätte er »Paradies« sagen können. Er meint die Unvertreibbarkeit, die Geborgenheit von Anbeginn. Das Dazugehörendürfen, *diesseits* des Zweifels. »Man kann sein Vaterland lieben und achtzig Jahre dabei werden und es nicht gewußt haben. Aber man muß dann auch zuhause geblieben sein«, erklärt Heine. »Das Wesen des Frühlings erkennt man erst im Winter. Und so beginnt die deutsche Vaterlandsliebe erst an der deutschen Grenze.«

Hier sind schon Stichworte gefallen. Fast zu viele. Das erste – das, mit dem ich zu sprechen angefangen habe – war »unverlierbar«. Das Unverlierbare, das sich als so verlierbar erwiesen hat. Und von dem, seither, man schon weiß, daß es auf Widerruf ist. »Vaterland«? Ich will lieber von Mutterland reden, dem Land meiner Herkunft, dem Land meiner Sprache.

»Vaterland«, sagte kürzlich ein berühmter Sprachwissenschaftler, »eine Übersetzung aus dem Lateinischen. Das Wort wird bei uns vielleicht in Vergessenheit geraten, es ist so diskreditiert.« Mutterland: das war früher die Metropole, von der Kolonie her gesehen. Daran denkt man schon nicht mehr, wenn man das Wort gebraucht. Ich nicht. Und ich habe es bei andern versucht, keiner dachte daran. Das Land der Geburt. Muttersprache. »Die Muttersprache ist die Sprache der Mutter, soweit die Mutter die Sprache des Ambientes spricht«, sagte der Linguist zu mir. Aber das tut sie ja normalerweise. Muttersprache ist die Sprache der Kindheit.

Für mich ist die Sprache das Unverlierbare, nachdem alles andere sich als verlierbar erwiesen hatte. Das letzte, unabnehmbare Zuhause. Nur das Aufhören der Person (der Gehirntod) kann sie mir wegnehmen. Also die deutsche Sprache. In den andern Sprachen, die ich spreche, bin ich zu Gast. Gern und dankbar zu Gast. Die deutsche Sprache war der Halt, ihr verdanken wir, daß wir die Identität mit uns selbst bewahren konnten. Der Sprache wegen bin ich auch zurückgekommen.

Es war eine der Aufregungen des Lebens, wieder nachhause zu kommen. In das Land der Geburt, wo die Menschen deutsch reden. Vielleicht, ja sicher war es noch aufregender als das Weggehen, damals. Dazwischen lag das Exil, das Nicht-Dazugehören, eine Erfahrung, die man erst stückweise vollzieht, man sieht sie nicht als Ganzes vor sich. Erst beim Gehen merkt man, wie vertrackt der neue Zustand ist, wie »un-heimlich«.

Wenn ich die Fliehenden im Fernsehen sehe, alle, die auf den Treck gehen, alle, die sich noch an Flugzeuge hängen, um eine Station weiterzukommen, dann weiß ich schon, wie fragwürdig die Ankunft ist, dann brauche ich auf den nächsten Bericht, eine Woche, einen Monat später, gar nicht erst zu warten.

Ich habe sie ja selbst erlebt, die »permanente Flucht«. Und ich hatte das Glück, nicht eingeholt zu werden, als ich weit genug gelaufen war, ich durfte sogar zurückkommen, vom Rande der Welt. Nachhause gehen.

»Sie reden von Heimat«, sagte damals Enzensberger, das war Anfang der fünfziger Jahre. »Dazu sind Sie über die Meere gefahren, um uns damit zu kommen. Alles doch nur eine Frage der Kulisse.«

Das schien ihm so, die Kulissen hatten sich ja auch für die Zuhausegebliebenen sehr verwandelt.

Zuhausesein, Hingehörendürfen, ist eben keine Frage der Kulisse. Oder auch des Wohlergehens. Es bedeutet, mitverantwortlich zu sein. Nicht nur Fremder sein. Sich einmischen können, nötigenfalls. Ein Mitspracherecht haben, das mitgeboren ist.

Dabei ist der Verlust der Zugehörigkeit eine Verwundung, die nie ganz vernarbt. »Das Zuhause hat einem nicht weh zu tun wie ein Hexenschuß oder ein hohler Zahn.« Das tut es aber doch, bei jedem Anlaß. Und diese Anlässe häufen sich in den letzten Jahren. Die exemplarische Vertreibung, exemplarisch wie die der Ureltern. da lernt man alles, schlechthin alles, über das Menschsein, und über das »Ein-flüchtiger-Gast-sein«. Das ist dann keine Metapher, wie man sie von der Kanzel hört.

Wie das Zuhause die Liebe, sobald man gelernt hat, daß sie vielleicht auf Widerruf ist. Die Liebe, fast so tabuisiert wie die Heimat. Wer »in« ist, spricht nur von Sex. Obwohl, das hat sich geändert. Liebe ist wieder gesellschaftsfähig geworden. Über Heimat wird schon diskutiert. (Sie hat unterdes das

Odium des Militanten verloren, das die Bünde der Heimatvertriebenen ihr gegeben hatten.) Bisher wurde das allenfalls Menschen wie Bloch, wie Nelly Sachs, wie mir zugestanden. Jetzt ist es ein Thema geworden. Wir leben ja in einer Krise der Zugehörigkeiten. Auch in einer Sprach- und Sprechkrise. Der Kommunikationskrise, der Identitätskrise. In der Nicht-Heimat. Leichtfertig wird oft mit diesen Begriffen Ball gespielt. Wer das wirklich gelebt hat, wer traumatisiert ist, ist dagegen widerständig. Die Sprache, in der ich die Welt gewissenhaft benenne, gewissenhaft mitteilbar mache (und auch so mitteile, daß ich gehört werde), die kann nicht wegnehmbar sein, sie ist die äußerste Zuflucht. Dieses Zuhause verteidige ich bis zu meinem letzten Atemzug. Wie früher ein Bauer seine Scholle. Ich kann gar nicht anders.

Alles, was ich verteidige, wo ich geh und steh, ist nicht diesseits, sondern jenseits des Zweifels. Den Apfel der Erkenntnis hat man uns die Kehle hinuntergestoßen, das ist nicht rückgängig zu machen. »Was hätten wir davon, wenn wir heute vierzig wären und hätten diese Wunde nicht!« schrieb mir kurz vor seinem Tode Grieshaber. Könnten wir nur die junge Generation mit unseren Tränen impfen.

1982

VERGANGENES VERGEGENWÄRTIGEN

Zeitgeschichte

Brigitte Hamann

Was Hitler aus Wien in sein Leben mitnahm

Was Hitler aus Wien in sein neues Leben mitnahm, stilisierte er später gerne so: *Wien aber war und blieb für mich die schwerste, wenn auch gründlichste Schule meines Lebens … Ich erhielt in ihr die Grundlagen für eine Weltanschauung im großen und eine politische Betrachtungsweise im kleinen, die ich später nur noch im einzelnen zu ergänzen brauchte, die mich aber nie mehr verließen.*

H. schreibt diesen vielzitierten Satz im Zusammenhang mit seinen Wiener Leiden: *Nur wer selber am eigenen Leibe fühlt, was es heißt, Deutscher zu sein, ohne dem lieben Vaterlande angehören zu dürfen, vermag die tiefe Sehnsucht zu ermessen, die zu allen Zeiten im Herzen der vom Mutterlande getrennten Kinder brennt.*

Mit seiner übersteigerten, maßlosen Liebe zum »Deutschtum« und seiner Mißachtung der »nichtdeutschen« Völker brachte er auch seinen Haß gegen Parlamentarismus, Demokratie, Gleichheit vor dem Gesetz und internationale Organisationen mit, denn dies alles war mit dem Vorrang der Deutschen nicht zu vereinen. Er nahm alle möglichen angelesenen Theorien mit, die kaum einer so ernst und realistisch auffaßte wie er: von der Verderblichkeit der Rassenmischungen etwa und der wieder zu gewinnenden Reinheit des Blutes als Voraussetzung für die germanische Weltherrschaft, die nur im Kampf gegen die das gleiche Ziel anstrebenden Juden erreichbar sei.

Seine prägenden politischen Erfahrungen stammten aus Wien: Bei Dr. Karl Lueger lernte er die Taktik eines Volkstribunen kennen, der die Massen zu Gefühlsstürmen bewegt, der sich für seine Anhänger, die »kleinen Leute«, aufopfert und ihr Selbstgefühl steigert, indem er eine Minderheit ausgrenzt und dem Hohn preisgibt. Der Volkstribun ist persönlich anspruchslos, bescheiden, ohne Familie. Er weiht sich wie ein Priester nur seinem »Volk«.

Bei Georg Schönerer lernte H. das nationale Ziel eines »Alldeutschland« kennen, das endlich auch die österreichischen Deutschen umfassen sollte, also den »Anschluß« der deutschen Teile Österreichs einschließlich der Sudetenländer anstrebte.

Bei Franz Stein konnte er die Aggressivität der außerparlamentarischen Opposition studieren und das politische Ziel, den deutschen Arbeiter den »internationalen« Sozialdemokraten abzujagen und ihn in die »Gemeinschaft des deutschen Volkes« zurückzubringen.

Bei Karl Hermann Wolf lernte er den unermüdlichen kämpferischen Einsatz für das Deutschtum. Hier muß er auch erkannt haben, wie ohnmächtig ein großer Machtapparat einer fanatisierten terroristischen Minderheit ausgeliefert sein kann. Am abschreckenden Beispiel der untereinander streitenden deutschnationalen Parteien der Habsburgermonarchie erkannte H. aber auch die Notwendigkeit, soziale wie politische Grenzen innerhalb des »Edelvolkes« zu überwinden, um überhaupt eine Chance auf Erfolg zu haben.

H. nahm eine Menge von Einzelwissen mit, Daten und Zahlen, ob es sich um die Länge und Breite der Donau, die Lebensdaten der Ringstraßenarchitekten, detaillierte Pläne historischer Bauten mit genauen Abmessungen, Wagners Werke, Raffinessen der Bühnentechnik, die Schlachtpläne von Königgrätz oder germanische Heldengeschichte handelte – aber auch den »Heil«-Gruß der Schönerianer, das Hakenkreuz der List-Jünger, den Germanenkult, den Zuchtgedanken, auch Karl Iros Vorschlag, Kontrolle über die Zigeuner zu bekommen, indem man ihnen eine Nummer in den Unterarm tätowieren solle, und manches andere.

Aber es waren zusammengelesene Bruchstücke, mit denen er 1913 Wien verließ, ein Sammelsurium, bewahrt von einem exzellenten Gedächtnis. Erst in Deutschland ordneten sich all diese Stücke wie auf einem Magnetfeld in eine »Weltanschauung« auf der Grundlage des Rassenantisemitismus.

Der Politiker H. trat ausdrücklich nicht mit einem Parteiprogramm, sondern als Führer einer »Bewegung«, als Verkünder seiner Weltanschauung in die Öffentlichkeit. Er wolle *in den Herzen* seiner Anhänger *die heilige Überzeugung* wecken, daß mit seiner Bewegung *dem politischen Leben nicht eine neue Wahlperiode oktroyiert, sondern eine neue Weltanschauung von prinzipieller Bedeutung vorangestellt werden solle.*

Damit machte er den Nationalsozialismus zur kämpferischen Glaubensgemeinschaft mit dem Ziel der »germanischen Weltherrschaft« auf der zu schaffenden Grundlage einer durch »Zuchtwahl« erstarkten, von »nichtdeutschen Elementen« »gereinigten« »arischen Rasse«. Die im Wiener Fin de siècle so belächelten wirren Ideen deutschvölkischer Sektierer verbanden sich 30 Jahre später im krisengeschüttelten Deutschland mit politischer Macht und wurden zur gefährlichen Munition, die Unheil über die Welt brachte.

1996

Hannah Arendt

Eichmann und die erschreckende Normalität

In engem Zusammenhang mit diesem Versagen stand die sichtbare Hilflosigkeit der Richter vor der Aufgabe, der sie sich am wenigsten entziehen konnten, nämlich, den Angeklagten zu verstehen, über den sie zu Gericht saßen. Dafür genügte es nicht, sich der offenbar falschen Beschreibung des Angeklagten durch den Staatsanwalt als eines »perversen Sadisten« nicht anzuschließen, und es hätte auch nicht geholfen, wenn sie einen Schritt weiter gegangen wären und die Inkonsequenz aufgezeigt hätten, mit der die Anklage Eichmann als das größte Ungeheuer, das die Welt je gesehen hat, verurteilt sehen wollte, um im gleichen Atemzug zu erklären, es gäbe »viele wie ihn«, ja er sei typisch für »die ganze Nazibewegung und für alle Antisemiten überhaupt«. Ihnen war natürlich klar, wie beruhigend es gewesen wäre, an die Legende von dem »Ungeheuer« zu glauben, obwohl es, was Hausner offenbar nicht begriff, um die Anklage Israels gegen ihn dann nicht gut bestellt gewesen wäre und der Fall alles Interesse verloren hätte. Man kann schließlich nicht Gott und die Welt mobilisieren und Korrespondenten aus allen Himmelsrichtungen heranholen, um ihnen Ritter Blaubart auf der Anklagebank vorzuführen. Das Beunruhigende an der Person Eichmanns war doch gerade, daß er war wie viele und daß diese vielen weder pervers noch sadistisch, sondern schrecklich und erschreckend normal waren und sind. Vom Standpunkt unserer Rechtsinstitutionen und an unseren moralischen Urteilsmaßstäben gemessen war diese Normalität viel erschreckender als all die Greuel zusammengenommen, denn sie implizierte – wie man zur Genüge aus den Aussagen der Nürnberger Angeklagten und ihrer Verteidiger wußte –, daß dieser neue Verbrechertypus, der nun wirklich *hostis generis humani* ist, unter Bedingungen handelt, die es ihm beinahe unmöglich machen, sich seiner Untaten bewußt zu werden. In dieser Hinsicht war das Beweismaterial im Fall Eichmann sogar noch überzeugender als in den Prozessen gegen die Hauptkriegsverbrecher, deren Aussage, sie hätten ein reines Gewissen gehabt, leichter abgetan werden konnte, da sie es infolge ihres Ranges mit dem Argument des Gehorsams gegenüber »Befehlen von oben« nicht bewenden ließen und sich auch noch rühmten, gelegentlich den Gehorsam verweigert zu haben. Aber obgleich der böse Wille der Angeklagten deutlich war, konnte man ihnen das gesetzlich geforderte »Schuldbewußtsein« – *mens rea* – nur dadurch nachweisen, daß man sich auf die verzweifelten Versuche der Nazi-Bürokratie und besonders der Organisationen, zu denen Eichmann gehörte, berief, in den letzten Monaten des Krieges die Spuren ihrer Verbrechen zu tilgen. Und da bewegte man sich nicht auf sehr sicherem Grund. Es ließ sich damit nämlich nicht mehr nachweisen als ein Bewußtsein davon, daß das Gesetz des Massenmords wegen seiner Neuigkeit noch nicht von anderen Nationen anerkannt wurde, oder, in der Sprache der Nazis, daß sie ihren Kampf um die »Befreiung« der Menschheit von der »Herrschaft der Untermenschen« und besonders von der Herrschaft der »Weisen von Zion« verloren hatten; kurz: es bewies nicht mehr als das Eingeständnis der Niederlage. Wem von ihnen hätte das Gewissen geschlagen, wenn sie gewonnen hätten?

Nun gehörte diese Frage des Schuldbewußtseins zweifellos zu den zentralen Problemen, die der Eichmann-Prozeß aufwarf, da ja alle modernen Rechtssysteme davon ausgehen, daß ein Unrechtsbewußtsein zum Wesen strafrechtlicher Delikte gehört. Es ist der Stolz zivilisierter Rechtsprechung, den subjektiven Faktor immer mit in Rechnung zu stellen. Wo die Absicht, Unrecht zu tun, fehlt, wo, aus welchen Gründen immer, z. B. wegen moralischer Unzurechnungsfähigkeit, der Angeklagte nicht in der Lage war, zwischen Recht und Unrecht zu unterscheiden, gilt die Tat als strafrechtlich nicht faßbar. »Daß ein großes Verbrechen der Natur Gewalt antut und die Erde selbst nach Vergeltung schreit; daß das Böse eine naturgegebene Harmonie zerstört, die nur durch Sühne wiederhergestellt werden kann; daß Unrecht der betroffenen Gruppe um der moralischen Ordnung willen die Pflicht auferlegt, den Schuldigen zu bestrafen« (Yosal Rogat) – all das sind für uns antiquierte Vorstellungen, die wir als barbarisch ablehnen. Und dennoch, scheint mir, läßt sich kaum leugnen, daß Eichmann auf Grund solcher längst vergessenen Vorstellungen überhaupt vor Gericht kam und daß sie allein schließlich die Todesstrafe rechtfertigen. Er konnte nicht länger auf der Erde unter den Menschen bleiben, weil er in ein Unternehmen verwickelt war, das zugegebenermaßen gewisse »Rassen« für immer vom Erdboden verschwinden lassen wollte. Und wenn zutrifft, daß »Recht nicht nur geschehen, sondern sichtbar geschehen muß«, dann wäre die Rechtmäßigkeit dessen, was in Jerusalem getan wurde, manifest geworden, wenn die Richter es gewagt hätten, an den von ihnen Angeklagten etwa die folgenden Worte zu richten:

»Sie haben das während des Krieges gegen das jüdische Volk begangene Verbrechen das größte Verbrechen der überlieferten Geschichte genannt, und Sie haben Ihre Rolle darin zugegeben. Sie haben hinzugefügt, daß Sie nie aus niederen Motiven gehandelt, die Juden niemals gehaßt hätten und daß Sie dennoch nicht anders hätten handeln können und sich bar jeder Schuld fühlten. Dies ist schwer zu glauben, aber es ist nicht völlig unmöglich, daß Sie ungefähr die Wahrheit sagten; in dem uns vorgelegten Beweismaterial findet sich einiges, nicht sehr vieles, das zweifelsfrei gegen Ihre Darstellung in Fragen des Gewissens, der Motivation und des Schuldbewußtseins bei den von Ihnen begangenen Verbrechen spricht. Sie haben auch gesagt, daß Ihre Rolle in der ›Endlösung der Judenfrage‹ ein Zufall gewesen sei und daß kaum jemand an Ihrer Stelle anders gehandelt hätte, ja daß man gleichsam jeden beliebigen Deutschen mit der gleichen Aufgabe hätte betrauen können. Daraus würde folgen, daß nahezu alle Deutschen so schuldig sind wie Sie, und was Sie damit eigentlich sagen wollten, war natürlich, daß, wo alle, oder beinahe alle, schuldig sind, niemand schuldig ist. Dies ist in der Tat eine weitverbreitete Meinung, der wir uns jedoch nicht anschließen können. Vielleicht erinnern Sie sich an die Geschichte aus der Bibel von Sodom und Gomorrha, den beiden Städten, die durch Feuer vom Himmel zerstört wurden, weil alle Einwohner sich gleichermaßen vergangen hatten. Und diese Strafe, die alle traf, hat nichts mit den heute gängigen Begriffen einer ›Kollektivschuld‹ zu tun, denen zufolge Menschen angeblich schuldig werden oder sich schuldig zu fühlen haben für Dinge, die nicht von ihnen, wenn auch in ihrem Namen, begangen wurden, für Handlungen, an denen sie nicht teilhatten und aus denen sie keinen Vorteil zogen. In einem Gerichtshof, der nicht das sogenannte Weltgericht der Geschichte zu repräsentieren beansprucht, gibt es nur persönliche Schuld und Unschuld, die sich auf Grund objektiver Tatbestände nachweisen lassen muß. Mit anderen Worten, auch wenn achtzig Millionen Deutsche getan hätten, was Sie getan haben, wäre das keine Entschuldigung für Sie.

Zum Glück brauchen wir uns hierauf nicht weiter einzulassen. Sie selbst haben sich ja nicht auf einen objektiv vorliegenden Tatbestand, sondern nur auf die potentiell gleiche Schuld aller anderen berufen, die mit Ihnen in einem Staatsverband lebten, dessen politischer Endzweck das Begehen unerhörter und beispielloser Verbrechen geworden war. Durch welche Zufälle innerer und äußerer Art Sie auch immer auf den Weg geraten sein mögen, auf dem Sie dann zum Verbrecher wurden – zwischen dem, was Sie tatsächlich getan haben, und dem, was andere möglicherweise unter den gleichen Umständen auch getan hätten, liegt eine nicht überbrückbare Kluft. Uns gehen hier nur Ihre wirklichen Handlungen etwas an, und weder die möglicherweise nichtverbrecherische Natur Ihres Innenlebens und Ihrer Motive noch die möglicherweise verbrecherischen Neigungen Ihrer Umgebung. Sie haben sich, als Sie Ihre Lebensgeschichte erzählten, als einen Pechvogel dargestellt, und in Kenntnis der Bedingungen, unter denen Sie lebten, sind wir bis zu einem gewissen Grad sogar bereit, Ihnen zuzugestehen, daß es höchst unwahrscheinlich ist, daß Sie unter günstigeren Umständen je in diesem oder einem anderen Strafprozeß als Angeklagter erschienen wären. Aber auch wenn wir unterstellen, daß es reines Mißgeschick war, das aus Ihnen ein willfähriges Werkzeug in der Organisation des Massenmords gemacht hat, so bleibt eben doch die Tatsache bestehen, daß Sie mithalfen, die Politik des Massenmordes auszuführen und also diese Politik aktiv unterstützt haben. Denn wenn Sie sich auf Gehorsam berufen, so möchten wir Ihnen vorhalten, daß die Politik ja nicht in der Kinderstube vor sich geht und daß im politischen Bereich der Erwachsenen das Wort Gehorsam nur ein anderes Wort ist für Zustimmung und Unterstützung. So bleibt also nur übrig, daß Sie eine Politik gefördert und mitverwirklicht haben, in der sich der Wille kundtat, die Erde nicht mit dem jüdischen Volk und einer Reihe anderer Volksgruppen zu teilen, als ob Sie und Ihre Vorgesetzten das Recht gehabt hätten, zu entscheiden, wer die Erde bewohnen soll und wer nicht. Keinem Angehörigen des Menschengeschlechts kann zugemutet werden, mit denen, die solches wollen und in die Tat umsetzen, die Erde zusammen zu bewohnen. Dies ist der Grund, der einzige Grund, daß Sie sterben müssen.«

1964

Joachim Fest

Die Totenmasken Heinrich Himmlers

Zwei Totenmasken wurden Heinrich Himmler abgenommen, nachdem er am 23. Mai 1945, im Verlauf einer eingehenden Leibesvisitation durch einen britischen Militärarzt, hastig jene Zyankalikapsel zerbissen hatte, die innerhalb weniger Minuten sein Ende herbeiführte: die eine zeigt eine fratzenhaft entstellte Physiognomie, brutal, merkwürdig schamlos, deren diabolische Struktur durch die Verzerrungen des Todeskrampfes, durch die eingekniffene Mundpartie vor allem noch betont wird; die andere ein ausdrucksloses und eher gleichmütiges Gesicht, an dem nichts erschreckend wirkt. Es ist, als ob der Tod selbst noch einmal zu dokumentieren versuchte, welch merkwürdiger Verbindung er einen seiner furchtbarsten und emsigsten Diener auf dieser Welt verdankte.

Der landläufig verbreiteten Vorstellungsweise kommen die Züge der ersten Maske näher. Weithin identifiziert mit dem SS-Staat und dem System der Vernichtungsfabriken, erscheint Heinrich Himmler ihr als zivilisatorische oder doch in die Gegenwart versetzte Inkarnation mythischer Ungeheuer. Das Gefühl der Bedrohung, der allgegenwärtigen und doch nicht greifbaren Angst, das einst im realen Sinne von ihm ausging, hat sich begrifflich an seinen Namen und seine von unpersönlicher Blässe eher noch ins Unheimliche gesteigerte Erscheinung geheftet. Schon zu seinen Lebzeiten gab es einen »Mythos« Himmler, der die Züge des Reichsführers-SS furchteinflößend verzerrte und den als Menschen Unkenntlichen in ein Prinzip umdeutete. Ganz in diesem Sinne hat Himmler selbst von sich gesagt, er werde »ein gnadeloses Richtschwert« sein. Die von modernen Organisationsprinzipien geprägte Methodik seines Terrorismus und der rationalisierte, »industrielle« Stil seines Vernichtungswirkens, überhaupt die geschäftsmäßige Sachlichkeit seines Fanatismus, haben die Aura des Schreckens, die von seiner Erscheinung ausging, auf eigentümliche, alle Erfahrung übersteigende Weise verstärkt.

Indes, sobald man nur einige Schichten von dem dämonisierten Bild dieses Mannes entfernt, kommen die weitaus simpleren Züge eines romantisch überspannten Kleinbürgers zum Vorschein, der unter den spezifischen Bedingungen eines totalitären Herrschaftssystems zu ungewöhnlicher Macht und damit in die Lage kam, seine Narrheiten blutig zu bekräftigen. Schon die Bekundungen derer, die ihm persönlich begegneten, vermerken durchweg übereinstimmend die Mittelmäßigkeit seiner Erscheinung, die durch keinen auffallenden, vom Durchschnitt unterschiedenen Charakterzug geprägt war. Ein englischer Diplomat äußerte, es sei ihm niemals möglich gewesen, dem Reichsführer-SS »eine Anmerkung selbst von flüchtigstem Interesse« zu entlocken, und das Urteil Speers, »halb Schulmeister, halb verschrobener Narr«, faßt prägnant zahlreiche Zeugnisse zusammen. Walter Dornberger, der die Raketenstation in Peenemünde leitete, beschrieb Himmlers Erscheinung äußerst einprägsam:

> »Er kam mir vor wie ein intelligenter Volksschullehrer, bestimmt nicht wie ein Mann der Gewalt. Ich konnte nichts Hervorragendes oder Besonderes an diesem mittelgroßen, jugendlich-schlanken Mann in grauer SS-Uniform entdecken. Unter einer Stirn von mittlerer Höhe sahen mich zwei graublaue Augen hinter einem blitzenden Kneifer mit ruhig-fragendem Ausdruck an. Der gepflegte Schnurrbart unterhalb der geraden, wohlgeformten Nase zeichnete eine dunkle Linie auf seinem ungesund blassen Gesicht. Die Lippen waren farblos und sehr schmal. Nur das fliehende Kinn überraschte mich. Die Haut an seinem Halse war schlaff und faltig. Wenn sein ständiges starres Lächeln um die Mundwinkel, das leicht spöttisch und zeitweise verächtlich war, breiter wurde, erschienen zwischen den Lippen zwei Reihen glänzender weißer Zähne. Seine schlanken, blassen und beinahe frauenhaft zarten Hände, die mit blauen Adern bedeckt waren, lagen während unserer ganzen Unterhaltung bewegungslos auf dem Tisch.«

Tatsächlich täuschte sich, wer hinter der leicht gedunsenen Glätte dieses Gesichts die Zerrissenheit eines monströsen Charakters vermutete. Nur die Versuchung, sich angesichts der millionenfachen Schrecken, die er verbreitete, nicht mit mechanischen Deutungen zufriedenzugeben, sondern nach »Abgründen« zu suchen, in denen doch immerhin noch ein Widerschein »menschlicher« Reaktionsweisen spürbar werden mochte, hat zu solchen Fehleinschätzungen geführt. In Wirklichkeit war Heinrich Himmler genau das, was seine Erscheinung ausdrückte: eine unsichere, schwankende Natur, deren Persönlichkeitsfarbe grau war. Ihre Unselbständigkeit verhüllte ein verzweifelter und stupider Übereifer. Was Bösartigkeit oder Grausamkeit daran schien, war doch immer nur die gewissenlose Tüchtigkeit eines Mannes, dessen Lebensstoff so dünn dosiert war, daß er sich ausborgen mußte. Kein Gefühl riß ihn fort oder hemmte ihn, »selbst seine Kälte war ein negatives Element, nicht eisig, sondern blutlos«. Ein fähiger Organisator und Verwaltungsmann, besaß er jene unmenschliche Mischung aus Fleiß, Ergebenheit und Durchführungsfanatismus, die in ihren Entscheidungen humane Beweggründe als sachfremd verwirft und in den Vollzugsmeldungen, die sie über geschlossenen Aktenvorgängen verfaßt, ihre heimlichen Idole besitzt: ein Mensch am Gefrierpunkt. Es bedurfte daher schon eines großen psychologischen Scharfsinns, um in der persönlichen Begegnung, diesseits aller eilig konstruierten Abgründe, den eigentlichen Grund seines Wesens zu entdecken, ihn unheimlich zu finden, unheimlicher als Hitler selbst, wie ein Beobachter schrieb, »durch den Grad von konzentrierter Subalternität, durch etwas engstirnig Gewissenhaftes, unmenschlich Methodisches mit einem Element von Automatentum«.

1963

Barbara Vinken

Der Mutterkult im Nationalsozialismus

Die nationalsozialistische Politik untergrub die bürgerliche Familienideologie: Es ist ein weitverbreiteter Irrtum, daß die Nationalsozialisten die Frau in ihre traditionelle Familienrolle zurückdrängen wollten. Diese Fehleinschätzung mag damit zusammenhängen, daß man bei der neuen Bestimmung der Frau manchmal in die traditionelle misogyne Rhetorik zurückfiel, in der die komplementären Räume von Männern und Frauen nicht einmal mehr formal gleichwertig, sondern getrennt und hierarchisiert erscheinen. Hitlers Rede von der kleinen Welt der Frauen und der großen Welt der Männer bringt es auf den Punkt, wobei auch bei ihm die große Welt auf die kleine angewiesen bleibt: »Wenn man sagt, die Welt des Mannes ist der Staat, die Welt des Mannes ist sein Ringen, die Einsatzbereitschaft für die Gemeinschaft, so könnte man vielleicht sagen, daß die Welt der Frau die kleinere sei, denn ihre Welt ist der Mann, ihre Kinder und ihr Haus. Wo wäre aber die größere Welt, wenn niemand die kleinere betreuen wollte? Wie könnte die größere bestehen, wenn niemand wäre, der die Sorgen um die kleinere Welt zu seinem Lebensinhalt machen würde? Nein, die große Welt baut sich auf dieser kleinen Welt auf. Die große Welt kann nicht bestehen, wenn die kleine Welt nicht fest ist.« Mit dieser konventionellen Sicht der Dinge hinkte Hitler seinen Ideologen und der weitaus radikaleren NS-Politik nostalgisch hinterher. De facto wurde der familiäre Innenraum, in dem die Frau als häuslicher Engel wirkte, radikal eingeschränkt.

Der Bereich der deutschen Frau war nicht die Familie und ihre Geborgenheit. Die Familie wurde im Volkskörper aufgelöst. Der nationalsozialistische Gesellschaftsraum teilte sich nicht mehr in die geordnete staatliche Sphäre des Mannes und die private Liebeswelt der Familie. Dieses Modell des bürgerlichen Staates sollte im Dritten Reich überwunden werden. Unter dem Stichwort »Die Zeit des persönlichen Glücks ist vorbei« wurde jeglicher Rückzug in den familiären Innenraum als Egoismus angesehen. Der Volkskörper, geleitet von einer nach dem Führerprinzip männerbündnerisch organisierten Brüderhorde, war anders als der Familienraum nach Geschlecht und Alter eingeteilt. Der Innenraum der Familie wurde durch Professionalisierung der Hausfrauen- und Mutterrolle aufgebrochen; die nationalsozialistische Politik setzte einen von den bürgerlichen Frauenverbänden begonnenen Trend der Professionalisierung der Hausfrau auf breiter Front durch: »Bevor ein SS-Mann die Heiratsgenehmigung vom Rassen- und Siedlungshauptamt einholen kann, braucht er den Nachweis, daß seine zukünftige Frau an einem Mütterschulungslehrgang teilgenommen hat. Und was wird hier alles gelehrt: Haushaltsführung, Gesundheitsführung, Kochen, Nähen, Säuglingspflege und Krankenpflege, das ist gewiß viel, was von der zukünftigen Frau eines SS-Mannes verlangt wird, aber sie machen auch erst die richtige Hausfrau und Mutter aus.« Das Mutter- und Hausfrausein wurde zu einem Beruf, der kollektiv als Säuglingspflege, Haushaltslehre, Mütterschulung, Mütterdienst und Volksgesundheitsdienst erlernt und praktiziert wurde. Zusammen wurden erschöpfte Mütter auf Kosten des Staates in Müttergenesungsheime geschickt.

So kommt es zur Verkollektivierung des Privaten. In der bürgerlichen Ikonographie war die Mutter mit Kind nach dem Vorbild der vertraulichen Abgeschlossenheit von Jungfrau und Kind zum Inbegriff der Intimität geworden. Mutter und Kind tauchten jetzt im Plural, in Reih und Glied, den Kinderwagen im Gleichschritt schiebend, auf. Das Motiv der Mutter mit Kind ist das Gegenbild zum wehrhaften, gepanzerten, kollektiv disziplinierten Heer; es steht für Einzigartigkeit, Intimität und Verletzlichkeit. Wird es als marschierendes Kollektiv dargestellt, wie in Photographien aus der NS-Zeit, wirkt das befremdlich komisch.

Die Kinder kamen von frühester Jugend an nach Geschlechtern getrennt in Jugendorganisationen. Sie gehörten nicht den Eltern, sondern dem Volk. Sie wurden nicht mehr für Gott oder die Familie, sondern für den Führer geboren: »Die Jugend des deutschen Volkes ist nicht eine Summe von Knaben und Mädchen, über die ihre Eltern nach Belieben verfügen können«, sie sind vielmehr »nationales Gut, ein Sein von eigener Art und eigenem Wert«. Nicht durch die Familie, sondern durch die Hitlerjugend wurden Jungen und Mädchen in die politische Gemeinschaft eingegliedert. Zu einem Volk wurden sie durch die Partei, die alles Trennende auflöste, die Familie überwand und Klassengegensätze versöhnte. Das profamiliale Gerede war reine Rhetorik. Der populäre Film »Hitlerjunge Quex« illustrierte das Versagen der Familie, die durch die Partei ersetzt wird. »Macht Platz, ihr Alten«, dieser Satz des Hitlerjungen Quex, der die ödipale Revolte in der Partei institutionalisiert, könnte Motto nationalsozialistischer Familienpolitik sein. Im »Hitlerjungen Quex« verschwinden Vater und Mutter. Die Brüderhorde der Bewegung tötet den impotenten Vater und restauriert ganze Männlichkeit. Der Vater gibt die Autorität des *pater familias* an die Partei ab, nachdem seine Frau sich umgebracht hat. In den meisten Filmen war der Mutter jedoch eine aufbauendere Rolle zugedacht. Zusammen mit ihrem Sohn konnte sie sich für die Volksgemeinschaft opfern, ja das Opfer des Sohnes einfordern. Für ihr Geburtsopfer war er ihr sein Opfer im Krieg schuldig. Die Liebe der Söhne wurde von den Frauen weg in eigenartiger Todes- und Fruchtbarkeitsmythologie erotisch auf das Land, die Muttererde, gelenkt – eine sozusagen staatlich geförderte ödipale Situation.

Mutterschaft, von Sexualität geläutert, wurde aus der Institution Familie gelöst und zum Ideal erhoben. Die Institution der Ehe spielte keine Rolle mehr. Die Rolle des Vaters schrumpfte auf die des erbgesunden und rassisch reinen Begatters und, wenn möglich, Ernährers; stellvertretend sprang die Volksgemeinschaft, verkörpert im Führer und konkret in adoptierenden SS-Paten, ein. Geliebte und Gattin verschwanden hinter der neuen Mutter. Das Kind war nicht mehr Fleischwerdung der Liebe des Paares, um es mit Gregor von Nyssa zu sagen, weder Kind der Liebe noch Kind der Pflicht, um es in den Termini des neunzehnten Jahrhunderts auszudrücken, und auch nicht unbeabsichtigte Folge einer »heißen Minute«, um nochmals die *Neue Generation* zu zitieren. Das Begehren, das die Frau zum Mann trieb, war ihr Verlangen nach dem Kind; ihr einziger Trieb war der Muttertrieb. Was sie am Mann schätzen sollte, war eigenartig überindividuell: die reine Verkörperung der Rasse. Das Kind war keine Folge von Geschlechtsverkehr, sondern Ziel, Sinn und Zweck dieses Aktes. Und das daraus hervorgehende Kind gehörte nicht den Eltern, sondern dem Volk; in ihm pflanzte sich keine Familie fort, sondern in ihm verwirklichte sich die Rasse. Diese ewig weiterleben zu lassen, war heiligste Aufgabe aller Männer und Frauen deutschen Blutes. Darum fand Heinrich Himmler, daß kein SS-Mann im Krieg fallen sollte, ohne ein Kind gezeugt zu haben. Und deshalb beging die Frau, die sich gegen Mutterschaft entschied, ein Verbrechen. »Nicht die sogenannte uneheliche Mutter, sondern die Frau, die mit 30 Jahren noch nicht geboren hat, ohne krank oder von Natur unfruchtbar zu sein, wäre dann bemakelt. ... In einem richtig gebauten Staat ist das Weib, das nicht geboren hat, unehrenhaft. Ob es in oder außer einer ›Ehe‹ im alten Sinne Mutter wird, spielt dabei keine Rolle. ... die Fürsorge für die schwangere Frau soll die Grundlage der gesamten Sozialpolitik sein.« Der Staat hatte damit die Vaterfunktion übernommen. Am liebsten hätte er allen Frauen »reinen« Blutes Mutterschaft zwangsverordnet. Fehlte der Wille zur Mutterschaft, schien die Frau nur noch durch Vergewaltigung bekehrt werden zu können: »Und Frauen gar, die den Männern gleich sein wollen und darum den Muttergeist wider alles Naturrecht in sich freiwillig unterdrücken, sind in einem Mutterrechtsstaat die wahren Ausgestoßenen und Verfemten und sollten schlechter gestellt sein als selbst der Mann. Sie sind unnatürliche Zwitterwesen, in denen die gesunde Lebenskraft, deren wir zur Gründung des ›dritten Reichs‹ der Menschheit bedürfen, erloschen ist. Sie sind, was bei den Männern die Homosexuellen sind, Entartete und Kranke, ja schlimmer noch als diese, denn ihre Triebverirrung ist meist bewußt und gewollt. Das beste wäre, sie zwangsweise zu begatten, um sie zu kurieren, müßte man nicht fürchten, daß sie ihre Entartung auf die Nachkommenschaft vererben.«

Die neue Mutter war durchaus heroisch. Der klassische Topos, der die Geburt mit einer Schlacht vergleicht – bei beiden riskiert man das Leben, bei beiden erleidet man die grauenhaftesten Schmerzen – erfreute sich großer Beliebtheit. Hitler bemühte ihn, um die Mutter als Kriegerin zu heroisieren: »Jedes Kind, das [die Frau] zur Welt bringt, ist eine Schlacht, die sie besteht für das Sein oder Nichtsein ihres Volkes.« Auch die damalige Beratungsliteratur parallelisierte Mutter und Krieger. Johanna Haarer, eine Ärztin, die mit ihrem Buch *Die deutsche Mutter und ihr erstes Kind* die erfolgreichste Autorin auf diesem Sektor war, schwärmte vom »Gang an die Front«, von der »Kameradschaft der Mütter« und deren »heldischer Lebensauffassung« und zitierte für so viel Heroismus Schiller: »Und setztet ihr nicht das Leben ein, nie wird Euch das Leben gewonnen sein«, um das Mutterwerden den höchsten Tugenden des Mannes, nämlich in den Tagen schwerster Not unter Einsatz des eigenen Lebens Volk und Heimat zu verteidigen, gleichzusetzen.

Die Mutter sollte jedoch in ihren soldatischen Tugenden nicht nur Härte gegen sich selbst zeigen, sondern auch gegenüber ihren Kindern, die sie im Zustand der Dauermobilisierung zum Tode zu erziehen hatte: »Fortan muß sie [die Mutter] für den Staat, für die schweren Gesetze des Männerbundes, also zum Kriege und im letzten zum Tode erziehen. Ungeheures ist damit verlangt; die Zurückstellung der natürlichen Frauensehnsucht nach Ruhe und Friedlichkeit.« Die heroische Mutter hatte nicht mehr die traditionelle Aufgabe, das bloße Leben zu erhalten, sondern die, lebenswertes von nichtlebenswertem Leben zu unterscheiden. Die deutsche Mutter nämlich sollte zwar »junges Leben erhalten und fördern mit allen Mitteln, aber nicht wahllos und gleichmacherisch, sondern möglichst unter Auslese des Wertvollen und Gesunden und unter Ausmerzung des Kranken«. Die neue Mutter sollte sich selbstbewußt von der traditionellen Mutter absetzen, die in blinder Gefühlsduselei verwöhnt, verzärtelt und verzogen hatte. Agnes Bluhm zog gegen den Egoismus der alten Mütterlichkeit zu Felde, der wie jeder andere Egoismus »gegen die Rasse« gehandelt habe. Artwidrig und unbiologisch sei die weiblich mütterliche Unart, für all die zu sorgen, die Hilfe brauchen, sich zu allem Lebendigen hingezogen zu fühlen, alles Lebendige zu schützen. Das bloße Leben war kein Wert an sich; »Auslese und Ausmerze« war die neue Losung. Die gute Mutter tötete, wenn es notwendig war, im Interesse der Reinerhaltung der Rasse. Denn »das Menschenantlitz allein sanktioniert noch nicht«. Das Töten »lebensunwerten« Lebens nahm der Staat den Müttern allerdings ab; geistig behinderte Kinder waren die ersten Opfer eines Mordens ungeheuerlichen Ausmaßes.

2001

Lothar-Günther Buchheim

Unsere letzte Nacht an Land

Unsere letzte Nacht an Land. Unter dem Hinundhergerede immer die ziehende Angst: Wirds klargehen – werden wirs schaffen?

Um mich zu beruhigen, rede ich mir vor: Der Alte – ein erstklassiger Mann. Durch nichts zu erschüttern. Kein Schinder. Kein blindwütiger Draufgänger. Verläßlich. Schon auf Segelschiffen gefahren. Fäuste, wie gemacht, um schlagendes Tuch zu bezwingen und mit schwerem Tauwerk zu hantieren. Der hats noch immer geschafft. Zwohunderttausend Tonnen – ein ganzer Hafen voll Schiffe. Immer davongekommen, noch aus der dicksten Malaise …

Mein Isländer wird gut zu brauchen sein, wenns nach dem Norden raufgehen sollte. Simone soll nicht mit in den Hafen kommen. Gibt bloß Scherereien. Die Flaschen vom SD, die passen ja auf uns auf wie die Luchse. Neidische Säue. Freikorps Dönitz – da können die nicht ran.

Keine Ahnung, wos wirklich hingeht. Mittelatlantik wahrscheinlich. Wenig Boote draußen. Ganz schlechter Monat. Verstärkte Abwehr. Die Tommies haben ne Menge dazugelernt. Das Blatt hat sich gewendet. Jetzt sind die Geleitzüge bestens gesichert. Pries, Schepke, Kretschmer – alle an Geleitzügen draufgegangen. Alle abgesoffen außer Kretschmer. Und alle hats fast zur gleichen Zeit erwischt – Februar, März. Schepke besonders böse. Der war eingeklemmt zwischen Sehrohrbock und Schanzkleid, als der Zerstörer seinen gebombten Schlitten rammte. Die Asse! Viele gibts nicht mehr. Endrass ist mit den Nerven fertig. Der Alte aber ist noch intakt: ganz ruhiger Vertreter. Introvertiert. Macht sich nicht durch Sauferei fertig. Wirkt richtig entspannt, wie er so dahockt und sinniert.

Ich muß mal raus. In der Toilette höre ich zwei Wachoffiziere, die neben mir an der gelb verfärbten Kachelwand stehen: »... muß ich noch mal vernaschen.«

»Steckn bloß nicht daneben. Du bist ja blau wie ne Strandhaubitze!«

Als der eine schon halb in der Tür ist, brüllt der andere noch hinterher: »Steckn schönen Gruß von mir mit rein!«

Leute von Merkels Boot. Besoffen – sonst würden sie nicht *diese* Töne spucken.

Ich komme zurück an den Tisch. Unser Leitender Ingenieur angelt sich mit langgestrecktem Arm sein Glas. Ganz anderer Mann als der Alte. Sieht aus wie ein Spanier mit seinen schwarzen Augen und dem schwarzen Bartschatten – wie aus einem Bild von El Greco. Nervöser Typ. Kennt aber seinen Laden von A bis Z. Siebenundzwanzig Jahre alt. Die rechte Hand des Kommandanten. Immer mit dem Alten gefahren. Die beiden verstehen sich ohne langes Reden.

»Wo steckt denn unser II WO?« will der Alte wissen.

»An Bord. Der hat noch Wache, kommt aber wahrscheinlich noch!«

»Na ja, irgend jemand muß die Arbeit ja machen«, sagt der Alte. »Und der I WO?«

»Im Puff!« quatscht der LI so hin.

»Der und im Puff? Zum Lachen!« sagt der Alte. »Wahrscheinlich schreibt er sein Testament – der hat ja immer alles in Ordnung.«

Nach dem Ingenieurschüler, der mit von der Partie sein wird und den Leitenden nach dieser Unternehmung ablösen soll, fragt der Alte nicht einmal.

Wir werden also zu sechst in der Offiziersmesse sein: viel Leute für die kleine Back.

»Wo bleibt denn Thomsen?« fragt der LI, »der kann uns doch nicht verschaukeln!«

Philipp Thomsen, Kommandant von UF und seit neuestem Ritterkreuzträger, gab am Nachmittag Bericht. Tief in einem

Ledersessel sitzend, beide Unterarme aufgestützt, die Hände in Beterhaltung, den Blick über die Hände weg fest auf die gegenüberliegende Wand gerichtet: »... wir sind dann etwa dreiviertel Stunden mit Wasserbomben beharkt worden. Sofort nach der Detonation bekamen wir in etwa sechzig Meter Tiefe sechs bis acht Bomben, ziemlich nahe am Boot. Flache Einstellung. Eine lag besonders gut über dem Boot, etwa in der Höhe des Geschützes und siebzig Meter ab seitlich. Genaues ist schwer zu sagen. Die anderen Bomben lagen alle achthundert bis tausend Meter ab. Dann, nach etwa einer Stunde, kam wieder eine Serie. Das war abends, etwa von dreiundzwanzig Uhr dreißig bis ein Uhr. Wir blieben erst mal unten und gingen dann auf Schleichfahrt, immer etwas höher. Dann sind wir aufgetaucht und hinter dem Geleitzug her. Am nächsten Morgen machte ein Zerstörer einen Vorstoß in unsere Richtung. Seegang drei und etwas Wind, Regenböen. Ziemlich bewölkt. Für Überwasserangriffe recht günstig. Wir sind dann unter Wasser gegangen und haben uns zum Angriff hingelegt. Schuß. Daneben geschossen. Dann nochmals. Zerstörer hatte kleine Fahrt. Versuchten mit Heckrohr zu schießen. Und da hats dann geklappt. Und dann sind wir hinter dem Geleitzug hergelaufen, bis wir Befehl bekamen, umzudrehen. – Der zweite Geleitzug war uns von Zetschke gemeldet. Wir haben Fühlung gehalten und laufend Meldung erstattet. Gegen achtzehn Uhr sind wir rangekommen. Gutes Wetter, See zwei bis drei. Ziemlich bewölkt.« Hier machte Thomsen eine Pause. »Sehr komisch: Alle Erfolge haben wir an Tagen erschossen, an denen gerade ein Mann der Besatzung Geburtstag hatte. Wirklich merkwürdig. Beim ersten Mal hatte der Dieselheizer Geburtstag. Beim zweiten ein Funkgast. Der Einzelfahrer fiel auf den Geburtstag des Schmutts und der Zerstörer auf den des Torpedomechmaaten. Das ist doch verrückt!«

Thomsens Boot hatte vier Wimpel am halb ausgefahrenen Sehrohr, als es reinkam heute früh mit der Flut. Drei weiße für versenkte Handelsschiffe und einen roten für einen Zerstörer.

Thomsens rauhe Stimme klang wie Hundebellen über das ölbedeckte Brackwasser: »Beide Maschinen zwomal stop!«

Das Boot hatte noch genug Bewegung in sich, um lautlos an die Pier heranzugleiten. Dabei zeigte es sich spitz: Aus der zähen Ölsoße des stinkenden Hafenbrackwassers ragte es wie eine Vase hoch, mit einem allzu dicht gestopften Strauß darin. Wenig Farben – Immortellenstrauß. Die Blumenköpfe als fahle Flecken zwischen dunklem Bartmoos. Die Flecken wurden im Näherkommen zu bleichen, ausgemergelten Gesichtern. Tief umschattete, in die Höhlen zurückgewichene Augen. Kreidehaut. Einige Augenpaare glänzten wie im Fieber. Schmutziggraues, salzverkrustetes Lederzeug. Haarwülste, auf denen die Kappen kaum noch hielten. Thomsen sah richtig krank aus: zur Bohnenstange abgemagert, das Backenfleisch eingefallen. Sein Grinsen – sicher freundlich gemeint – war wie eingefroren.

»Melde gehorsamst UF von Feindfahrt zurück!« Und wir darauf: »Heil UF!« aus vollen Lungen.

Vom Lagerschuppen I kam ein krähendes Echo zurück, und dann kam noch eins, schwächer, von der Penhoët-Werft.

1973

Jörg Friedrich

Als der Krieg nach Dresden kam

Nachdem die deutsche Wehrmacht ganz Europa mit Blut und Terror überzogen hatte, kam der Krieg 1945 nach Deutschland zurück. Der britische Anflug auf Dresden am 13. Februar gelang ohne lange Vorwarnung. Die Sirenen heulten das Signal des Angriffs. Er begann mit dem inzwischen zum Standard des Coventrierens entwickelten Abwurf der ›Christbäume‹: Flammenkaskaden, die sich langsam auf das Ziel senkten, es ausleuchteten, ansteckten und für die Sprengbomben vorbereiteten.

In der fraglichen Nacht wehte Westwind dicht am Boden. Er driftete die Feuerfladen in den Großen Garten. Der Zaun des Zoos geriet in Brand, ferner das Futtersilo, der ›Wirtschaftshof‹, das Antilopen- und das Giraffenhaus. Das Zaunfeuer war von den zahlreichen und geübten Luftschutzeinheiten rasch unter Kontrolle gebracht. Den Wirtschaftshof ließen sie ausbrennen, denn sie sahen mit sicherem Blick, daß alles andere Kräftevergeudung gewesen wäre. Sein Verlust ließ sich verwinden. Man hatte seit Coventry eine geradezu gefechtstaktische Routine gewonnen und konzentrierte sich gleich auf das Wesentliche, die Rettung der Giraffen und Antilopen. Den Tieren fiel es schwerer, dem Feuer standzuhalten. Die Antilopen zitterten heftig an allen Gliedern, als ihr Käfig aufgerissen wurde. Doch stürzten sie sekundenschnell ins Freie, sprangen unschlüssig kreuz und quer und konnten von ihren Pflegern bald gehalten werden. Neben dem Giraffenhaus waren Sprengbomben eingeschlagen. Die Giraffen ängstigten sich, wagten es in der Verwirrung nicht, das Freie zu suchen, und klammerten sich an ihr brennendes Domizil. Sie mußten mit Gewalt einzeln unter den Flammen des Daches hervorgezogen werden.

Nun, da der Zoo unter Angriff lag, öffnete der Direktor Sailer-Jackson eine schriftliche Geheimanweisung. Sie verlangte für den Fall, daß Menschen durch entsprungene Fleischfresser zu Schaden kommen könnten, die Tötung der Tiere. Dazu waren Sailer und der Wärter Lehmann ausersehen, der sein ganzes Leben im Zoo verbracht hatte. In dieser Weisung lag nichts Außergewöhnliches. London hatte während seiner Bombardierung sämtliche Zootiere getötet.

Ehe Sailer den Befehl ausführen konnte, rollte die zweite Angriffswelle. Die Lancaster-Bomber stießen geradewegs auf den Großen Garten. Doch vermochten sie nicht, den riesigen Park in Flammen zu setzen, sosehr sie sich abmühten. Dadurch verdichtete sich der Hagel von Spreng- und Brandsätzen auf der Schneise, die Tausende von Dresdenern zur Rettung vor dem Feuersturm in der Altstadt aufgesucht hatten. Die Briten wählten die normale zweistufige Coventrierung. In den vergangenen 52 Monaten war das Modell gründlich ausgereift. Doch blieb das Prinzip gültig: Ein Entwaffnungsschlag legte die Abwehr lahm, und ein Vernichtungsschlag radierte das Objekt aus. Die von den Briten angestrebte Zeitraffung hatte dem Inflammieren allerdings eine neue Dimension zugefügt. Für die erste Angriffswelle benötigte die 5. Bomberflotte in Dresden 25 Minuten. 10 Minuten davon nahm sie sich für das exakte Markieren und Ausleuchten des Ziels, der Altstadt. Auf das gleichseitige Dreieck von zwei Kilometern Basisbreite fielen alsdann fast 1000 Tonnen Bomben. Noch vor den Brandsätzen wurde eine Schicht Sprengbomben geworfen, um die Dächer abzudecken und die Fenster einzudrücken. Die Vielzahl der gleichzeitig gelegten Brände löste nunmehr eine thermodynamische Reaktion aus, den Feuersturm. Die erhitzte Atmosphäre im Zielareal jagt wie in einem Kamin empor, hinterläßt ein Vakuum, das Luft ansaugt, die heulend in den Brandherd schießt und die Einzelbrände dabei zu einer Flammenhölle anfacht. Dem ist keine Löschtruppe gewachsen.

Das Feuersturmgebiet läßt durch Überentwicklung von Brandgasen auch die Hauskeller zu Todeszellen werden. Die Temperatur von über 1000 °C schmilzt Sandstein, menschliche Körper werden zu langen, holzkohleähnlichen Stangen geröstet. Personen, denen Druckwellen die inneren Organe zerrissen hatten, schienen unversehrt. In Straßenbahnen fand man Mütter mit ihren Kindern auf dem Schoße sitzend, als seien sie eingenickt. Andere, in heißer Luft erstickt, lagen nackt auf dem Boden, gespreizt, die Kleidung verglüht oder vom Leibe gerissen, das Gesicht in die Erde gepreßt, um Kühle und Feuchtigkeit aus ihr herauszusaugen. Die Körper ließen sich schwer identifizieren. Die Glut hatte sie aufgebläht. Zum Zwecke der Identifizierung wurden die Eheringe mit Drahtzangen von den Fingern geschnitten. Davon sammelte man über 10000 Stück und bewahrte sie in großen Eimern auf.

Nach der entwickelten Doppelschlagtheorie sind die Abwehrkräfte innerhalb von drei Stunden dermaßen von Rettungsnöten absorbiert, daß eine zweite Angriffswelle den ›knock-out-blow‹ führen kann. Das Telefonnetz ist zusammengebrochen, Hilfe läßt sich nicht herbeirufen. Der Bombenteppich fällt auf einen paralysierten Gegner.

Die Auffanggebiete in den grünen Brandschneisen erwiesen sich als trügerische Fallen. Wer der Feuersturmzone entrinnen konnte, mochte der Behördenanweisung gemäß Atemluft und Sicherheit im Freien suchen. Der Rasen brennt schwer, es sei denn, er wäre von einer Menschenansammlung bedeckt.

Der Große Garten lag seitwärts der lodernden Altstadt. Die Lotsen der zweiten Angriffswelle, die 32 Minuten währte, unterließen ein neuerliches Bombardement der Brandstätten. Ihr Schein erleuchtete das Flugzeuginnere in sechs Kilometern Höhe. In vier Kilometern war noch eine unangenehme Hitze zu verspüren. Niedriger konnte man wegen der urgewaltigen Luftturbulenzen des Feuersturms, welche die

Maschinen wie Laub in den Himmel schleuderten, schlecht fliegen. Die Piloten verdrängten die Gedankenfetzen, wie es am Boden aussähe, und bombardierten die Ränder des Zielgebietes entlang. Der Rauch verflüchtigte sich dort etwas, die Ziele waren erkennbar und lohnender. Den Großen Garten haben die Flieger gewiß gesehen, die Menschenschwärme dort kaum. Was Tausende von Brand- und Sprengbomben in dem nicht bebauten Gebiet ausrichten sollten, bleibt unerfindlich. Sicher aber war es keine Gedankenlosigkeit der Briten, eine Mischung von 55 Prozent Spreng- zu 45 Prozent Brandmunition zu laden. Damit verbindet sich von vornherein der Wille zur Massenauslöschung.

Im Großen Garten, einem Barockpark mit Schlößchen und zwei Seen, angelegt von August dem Starken, ereignete sich eine gräßliche Schlächterei von Mensch und Tier. »Als ich durch die Anlagen ging«, schreibt ein Schweizer Augenzeuge, »sah ich abgerissene Arme und Beine, verstümmelte Körper und Köpfe, die von den Rümpfen gerissen worden und dann weggerollt waren.« Der Park war mit Leichen übersät. »Ich sehe noch immer meine Mutter«, erinnert sich eine seinerzeit 11jährige, »heruntergebeugt und tote Kinder umdrehen oder Teile von toten Kindern, weil sie noch immer verzweifelt nach meinem kleinen Bruder suchte.«

Die Bombardierung des Großen Gartens hatte auch den Zoo getroffen. Die Tiere schrien um ihr Leben, denn alle ihre Käfige brannten, bis auf das Elefantenhaus. Seine Kuppel war durch eine daneben niedergegangene Sprengbombe gehoben, um ihre Achse gedreht worden und wieder auf den Sockel gefallen. Die massiven Eisentüren hatten sich verbogen und aus den Angeln gelöst. Durch die Druckwelle waren die Elefanten aus ihrem Käfig katapultiert worden. Eine Baby-Kuh lag in dem schmalen Wassergraben, die Beine staken gen Himmel. Durch ihre schweren Bauchverletzungen konnte sie sich nicht bewegen. Eine 90-Zentner-Kuh stand, im Bogen über Graben und Zaun geschleudert, mit zitternden

Beinen auf dem Weg. Nunmehr begannen Sailer und Lehmann, die Raubtiere zu erschießen.

»Ich bin dabei innerlich ausgebrannt«, sagte Sailer später. »Ich habe mechanisch gehandelt, fast gefühllos, als ob ich keinen Platz für noch mehr Schmerzen im Herz gehabt hätte.« Die Flußpferdterrasse war durch eine 4000-Pfund-Luftmine zerstört. Im Wasserbassin klaffte ein riesiger Bombenkrater. Die drei Flußpferde lebten noch. Doch lastete der Schutt des geborstenen Daches auf ihnen und drückte sie unter Wasser. Sie benötigten Sauerstoff und kämpften in Todesangst, sich zu befreien. Die gewaltigen Tiere scheiterten und ertranken. Zwei Zwerg-Flußpferde hatten in einem tief in die Erde gewühlten Krater Zuflucht gefunden. Wärter warfen ihnen Strohbündel hinunter, sich zu betten. Eine Zeitbombe wurde den beiden zum Verhängnis und riß sie entzwei. Das zersprengte Gebäude der Flußpferde beherbergte auch das Affenhaus. Die Schimpansen waren in den Fruchtkeller geflohen, hatten dort die Wucht des einstürzenden Gebäudes abbekommen und erstickten. Die höheren Affen konnten aus ihren Käfigen befreit werden und verschwanden auf Nimmerwiedersehen. Einer von ihnen tauchte Monate später im Erzgebirge auf. Ein Gibbon, dem es gelang, unter dem Schutt hervorzukriechen, streckte Sailer seine von den Pfoten abgetrennten Armstumpen entgegen. Von dem Leidensausdruck auf dem Gesicht des Affen übermannt, zog Sailer seine Pistole und schoß ihn nieder. Alle Vögel verbrannten. Nur kurz war ihr gellendes Schreien zu vernehmen. Die Terrasse der südamerikanischen Tiere neben dem Vogelhaus erhielt einen direkten Sprengbombeneinschlag. Auf den umstehenden Bäumen hingen nur noch Fleischfetzen. Das Antilopenhaus brannte ab. Einige Yaks konnten gerettet werden. Lehmann, der Raubtierwächter, drang in das brennende Bärengehege und fand seine geliebte Braunbärenmutter geblendet vor. Sie vertraute Lehmanns Stimme und überließ ihm ihre zwei Jungen. Sie wurden von einer Hündin angenommen, gesäugt und durchgebracht. Die Eisbärin hatte auf ihrem Fell schwere Verbrennungen davongetragen und hielt stumm ihre beiden Einjährigen unter ihren riesigen Tatzen geborgen, damit sie nicht in die Gefahr liefen. Normalerweise hätte niemand dieser Mutter ihre Erstlinge nehmen dürfen. Der alte Lehmann brachte dies zuwege und erlöste das todwunde Tier mit der Pistole. Die Jungen, die mit einer Milchflasche hätten ernährt werden müssen, verhungerten bald, weil keine Milch in den Ruinen Dresdens übrig war.

Am Morgen nach dem Doppelschlag prüften Sailer und die Wärter, welchen der verwundeten Tiere zu helfen war. Der Elefantenkuh traten die Eingeweide aus dem Leib. Das Junge war gleichfalls durch den Schleuderflug in den Wassergraben zu schwer verletzt. Beide wurden erschossen. Dazu waren inzwischen Soldaten beordert. Viele Tiere waren nämlich ins Freie entkommen, darunter Adler, Geier, Hirsche, Rentiere, Affen, und man fürchtete um die Sicherheit. Doch kehrten sie zur Futterstunde stets in den Zoo zurück und bettelten um Nahrung. Der Zoo besaß nichts mehr und war eine Stätte des Verderbens. Eine Schar Rhesusaffen ging ein an dem Wasser, das sie dort tranken. Die Chemikalien der Brandbomben hatten alles verseucht. Der Schimpanse Pitt, ein wegen seiner Kunststücke in ganz Dresden hochgerühmtes Tier, hatte aus den Trümmern ein Glas eingeweckter Früchte gezogen und dabei einen Bombensplitter in den Unterleib abbekommen. Das war das Werk der Zeitbomben. Pitt starb an Blutvergiftung. Die überlebenden Zebras, Steppenantilopen und Gnus erstickten an den Gasen, die ein schwelender Kohlenhaufen absonderte.

Am Mittag des 14. Februar von 12.17 bis 12.30 Uhr folgte ein dritter Angriff der 8. US-Luftflotte. Sie warf weitere 1600 Tonnen Brand- und Sprengbomben in die zerstörte Stadt und nahm präzise Ziele bei den Bahnanlagen unter Tieffliegerbeschuß. Die Geleise verliefen parallel zum Zoo. Einige Salven trafen die verbliebenen Tiere, die letzte Giraffe, viele Hirsche.

Gerettet wurden jene, die Dresden verließen. Durch Lücken im Zaun entschlüpften Rentiere, Büffel, Hirsche und Bisone. Sie tauchten in den Menschenmassen unter. Und ohne aufeinander zu achten, hastete die gequälte Kreatur aus der brennenden Stadt.

Im Mai 1942 hatte Churchill alle deutschen Städte, die Rüstung produzierten, zum Kriegsgebiet ausgerufen. Vier Wochen vor dem Hamburg-Angriff am 26. Juni 1943 warfen die Briten Flugblätter über Deutschland ab. Die Reichsregierung habe dem Volk Churchills Frontziehung verschwiegen: »Dieses Gebiet ist ein Schlachtfeld und wird es bis zur vollständigen Vernichtung seiner Kriegsindustrien bleiben. Was die Frauen und Kinder betrifft, so haben sie auf einem Schlachtfeld nichts zu suchen.« Sie blieben in dem Schlachtfeld wohnen, Zwanzig Monate später hatten selbst die Büffel eingesehen, daß dies ein Ding der Unmöglichkeit geworden war.

1993

Alexander und Margarete Mitscherlich

Der Führer war an allem schuld

Natürlich ist der Versuch, sich von der quälenden Erinnerung an Schuld und Scham abzusetzen, ein allgemeinmenschliches Bedürfnis. Der Rückzug vollzieht sich in der jeweils kulturspezifischen Weise. Der Satz »Andere Völker, andere Sitten« kann auch dahin verstanden werden: »Andere Völker, andere Abwehrtaktiken.« Die Faszination, die von Hitler, von seinen Forderungen, die er an die Nation stellte, ausging, hatte nicht nur mit Sadismus, sondern auch viel mit Masochismus, mit Unterwerfungslust zu tun, hinter der die viel bewußtseinsfernere Neigung zur Autoritätsschändung stand (man denke an Luthers Tonart, wenn er des Papstes gedachte). Da das Gehorsamsideal sehr bindend war, beschwor das Löcken wider den Stachel in Gedanken unerträgliche Schuldängste, die mit überschießender Unterwürfigkeit abgegolten wurden. Welches Volk wäre sonst bereit, die sich langsam als wahnhaft offenbarenden Ziele seiner Führung mit solcher Geduld, mit solcher Ausdauer auch in der Selbstzerstörung zu verfolgen?

Im allgemeinen gilt die Regel: Je stärker die Aggressionen eines Menschen sind, um so rigider und intoleranter pflegt seine Gewissensbildung zu sein. In jedem zwanghaft geübten Gehorsamsakt wird das Problem der Ambivalenz all unserer Gefühle nicht ausgetragen und gelöst. Es wird höchstens verleugnet, daß es eine solche Ambivalenz der Gefühle einem überhöhten, vergotteten Objekt gegenüber gibt. Das muß im psychischen Geschehen zu einer Vertiefung der Doppelwertigkeit und Zunahme der untergründigen Haßgefühle gegen dieses Idol führen. Der Teufelskreis besteht darin, daß die Abwehr dieser unerlaubten – und ja auch im alltäglichen Leben hochgefährlichen – Haßgefühle im Bewußtsein zu einer Verstärkung der Idealisierung und einer um so heftigeren Identifizierung mit dem Idol führt. Identifiziere ich mich mit ihm und erhöhe es nach Kräften, so spüre ich die von ihm ausgehende Unterdrückung nicht mehr als Last, sondern als Lust. Auf diesem Weg fällt dem Idol, in unserem Fall dem »Führer«, die Qualität der Einzigartigkeit zu. Ihm zu gehorchen wird ein Vergnügen, eine in die Geschichte eingehende Auszeichnung. Die Angst des schwachen Ichs, das sich dieser kollektiven Wahnverkennung nicht zu widersetzen vermag, geht dabei im subjektiven Bewußtsein verloren.

Nach dem Sturz des Idols meldet sich dann dieses schwache Ich wieder und bekennt, es sei einem Übermächtigen erlegen; und wie das schwache Kind sei es schuldlos an den Erziehungsfehlern der Erwachsenen. Sosehr sie es nachträglich zu beschönigen versuchte, Hitler hatte der deutschen Öffentlichkeit in Stadt und Land mit verschwindenden Ausnahmen möglich gemacht, an die Realisierbarkeit ihrer infantilen Omnipotenzphantasien glauben zu dürfen. Es waren archaische Triebrepräsentanzen*, denen Befriedigung versprochen worden war. Der Verzicht auf diese primärprozeßhaft erlebte Geborgenheit in einem gemeinsam geteilten Ich-

* Unter Triebrepräsentanz sind Affekte, ist die Abbildung von triebbestimmten libidinösen oder aggressiven Handlungen in der Phantasie zu verstehen. Wenn der Triebwunsch in seiner archaischen, der Selbstbefriedigung dienenden, vom Ich nicht modifizierten Form sich kundgibt, sprechen wir von Primärprozeß, im Gegensatz zum Sekundärprozeß, in welchem Triebbedürfnisse sich eine Sozialisierung, Kultivierung, Kritisierung durch das Ich und durch die sozialen Partner gefallen lassen mußten. Die Vereinigung der Vielen durch die Einsetzung des gleichen Ich-Ideals (wie das Freud in *Massenpsychologie und Ich-Analyse,* Ges. Werke XIII, gezeigt hat) verstärkt archaische Hoffnungen. Der Führer wurde als Ich-Ideal introjiziert, in das Selbst aufgenommen. Auf diese Weise gewinnt das Selbst (oder wie Freud hier noch formuliert hat: das Ich) an Wert: »Wenn das Ich Züge des Objektes annimmt (durch Identifizierung, Ref.), drängt es sich sozusagen selbst dem Es als Liebesobjekt auf, sucht ihm seinen Verlust zu ersetzen, indem es sagt: Sieh, du kannst auch mich lieben, ich bin dem Objekt so ähnlich.« (*Das Ich und das Es.* Ges. Werke XIII, 258.) Auf diese Weise erfolgt eine »Umsetzung von Objektlibido in narzißtische Libido«. (ib.)

Ideal brachte für große Teile der Bevölkerung eine erhebliche Beängstigung mit sich. Es herrschten Ratlosigkeit und Desorientierung. In der schon erwähnten Weise wurden sie durch den Versuch eines Rückgreifens auf unkompromittierte Autoritäten und durch den Abzug der Affekte aus der durch die Niederlage entwerteten Vergangenheit beantwortet.

Wir können jetzt also zusammenfassend formulieren: Die Unfähigkeit zur Trauer um den erlittenen Verlust des Führers ist das Ergebnis einer intensiven Abwehr von Schuld, Scham und Angst; sie gelingt durch den Rückzug bisher starker libidinöser Besetzungen. Die Nazivergangenheit wird derealisiert, entwirklicht. Als Anlaß zur Trauer wirkt übrigens nicht nur der Tod Adolf Hitlers als realer Person, sondern vor allem das Erlöschen seiner Repräsentanz als kollektives Ich-Ideal. Er war ein Objekt, an das man sich anlehnte, dem man die Verantwortung übertrug, und ein inneres Objekt. Als solches repräsentierte und belebte er aufs neue die Allmachtsvorstellungen, die wir aus der frühen Kindheit über uns hegen; sein Tod und seine Entwertung durch Sieger bedeutete auch den Verlust eines narzißtischen Objekts und damit eine Ich- oder Selbstverarmung und -entwertung.

Die Vermeidung dieser Traumen muß als unmittelbarster Anlaß der Derealisation gesehen werden. Erst in zweiter Linie folgt die Abwehr der Trauer um die zahllosen Opfer der Hitlerschen Aggression – einer Aggression, die wir so willig, so widerstandsschwach in der Identifikation mit ihm teilten. Hat man sich die Rangordnung dieser psychischen Prozesse einmal klargemacht, dann werden die Gründe für die Verständigungsschwierigkeiten zwischen den Deutschen und der übrigen Welt nach Kriegsende deutlicher. Die siegreichen Gegner hatten eine Aufwertung ihres Ich-Ideals erfahren, die Deutschen eine vernichtende Erniedrigung. Die Gegner konnten ohne Entwertungsgefühle die Realität anerkennen und um die Opfer dieses Krieges trauern; die Deutschen waren zunächst zentral in ihrem Selbstwert getroffen, und die

Abwehr des Erlebnisses einer melancholischen Verarmung des Selbst war die drängendste Aufgabe für den psychischen Apparat. Die moralische Pflicht, Opfer unserer ideologischen Zielsetzung mit zu betrauern – was der übrigen Welt eine Selbstverständlichkeit war –, konnte deswegen für uns vorerst nur ein oberflächliches seelisches Geschehen bleiben. Die Mechanismen, um die es hier geht, sind Notfallreaktionen, Vorgänge, die dem biologischen Schutz des Überlebens sehr nahe, wenn nicht dessen psychische Korrelate sind. Es ist also sinnlos, aus diesen Reaktionen sofort nach dem Zusammenbruch einen Vorwurf zu konstruieren. Problematisch ist erst die Tatsache, daß – infolge der Derealisation der Naziperiode – auch später keine adäquate Trauerarbeit um die *Mitmenschen* erfolgte, die durch unsere Taten in Massen getötet wurden. Mit anderen Worten: Man hätte sich auf Präzedenzfälle in der Geschichte berufen können, wenn die Sieger Gleiches mit Gleichem vergolten und Millionen Deutscher ermordet hätten; es wäre andererseits aber irrtümlich, zu erwarten, eine derart in ihren Wahnzielen bloßgestellte, der grausamsten Verbrechen überführte Population könnte sich in diesem Schock um anderes kümmern als um sich selbst.

Das Motiv für die Entwirklichung einer Zeit höchster Selbstaufwertung, die sich nun als mit größten Verbrechen unauflöslich verbunden erweist, ist demnach nicht nur Strafangst und Schuldabwehr, sondern auch die Abwehr des Eingeständnisses, daß man macht- und wertlos wurde und auf primitive Mechanismen der Befriedigung, nämlich auf die Lust aus dem Agieren infantiler Omnipotenzphantasien, verzichten muß. Wir gehen wahrscheinlich nicht in die Irre, wenn wir den immer wieder entstehenden Kult um eine unbefleckbare nationale Würde und Größe mit unserem Narzißmus, also mit einer sehr frühen, kindlichen Selbstverliebtheit, in Verbindung bringen.

1967

Stéphane Courtois

Kommunismus und Nationalsozialismus

Es geht hier nicht darum, irgendwelche makabren arithmetischen Vergleiche aufzustellen, eine Art doppelte Buchführung des Horrors, eine Hierarchie der Grausamkeit. Die Fakten zeigen aber unwiderleglich, daß die kommunistischen Regime rund hundert Millionen Menschen umgebracht haben, während es im Nationalsozialismus rund 25 Millionen waren. Diese einfache Feststellung sollte zumindest zum Nachdenken über die Ähnlichkeit anregen, die zwischen dem NS-Regime, das seit 1945 als das verbrecherischste System des Jahrhunderts angesehen wird, und dem kommunistischen besteht, dessen Legitimität auf internationaler Ebene bis 1991 unangefochten war, das bis heute in bestimmten Ländern die Macht innehat und nach wie vor über Anhänger in der ganzen Welt verfügt. Wenn auch viele kommunistische Parteien mit Verspätung die Verbrechen des Stalinismus anerkannt haben, haben die meisten Lenins Prinzipien doch nicht aufgegeben, und sie hinterfragen kaum ihre eigene Verwicklung in den Terror.

Die von Lenin erarbeiteten, von Stalin und seinen Schülern systematisierten Methoden lassen an die Methoden der Nazis denken, nehmen sie aber oftmals voraus. In dieser Hinsicht hatte Rudolf Höß, beauftragt mit der Errichtung des KZ Auschwitz und später Lagerkommandant, eindeutige Vorgaben: »Vom Reichssicherheitshauptamt wurde dem Kommandanten eine umfangreiche Berichtzusammenstellung über die russischen Konzentrationslager überreicht. Von Entkommenen wurde darin über die Zustände und Einrichtungen bis ins einzelne berichtet. Besonders hervorgehoben wurde darin, daß die Russen durch die großen Zwangsarbeitsmaßnahmen ganze Völkerschaften vernichteten.« Dennoch bedeutet die

Tatsache, daß das Ausmaß und die Techniken der Massengewaltausübung von den Kommunisten eingeführt wurden und die Nazis sich von ihnen inspirieren ließen, keineswegs, daß man eine direkte kausale Beziehung zwischen der Machtergreifung der Bolschewisten und dem Aufstieg des Nationalsozialismus herstellen kann.

Ende der zwanziger Jahre führte die GPU (so die neue Bezeichnung der Tscheka) das Quotensystem ein: Jede Region, jeder Bezirk mußte einen bestimmten Prozentsatz von Personen verhaften, deportieren oder erschießen, die »feindlichen« Gesellschaftsschichten angehörten. Diese Prozentsätze wurden zentral von der Parteileitung festgelegt. Planungswut und Statistikmanie betrafen nicht nur die Wirtschaft, sondern eroberten auch den Bereich des Terrors. Von 1920 an, seit dem Sieg der Roten über die Weiße Armee auf der Krim, wurden statistische beziehungsweise soziologische Methoden angewandt: Die Opfer werden nach genau festgelegten Kriterien ausgewählt, gestützt auf Fragebogen, denen sich keiner entziehen kann. Nach denselben »soziologischen« Methoden organisieren die Sowjets die Liquidationen und Massendeportationen in den baltischen Staaten und im besetzten Polen der Jahre 1939 bis 1941. Der Transport der Deportierten in Viehwaggons führte zu den gleichen »Aberrationen« wie bei den Nationalsozialisten: 1943/44, mitten im Krieg, ließ Stalin Tausende von Waggons und Hunderttausende von Soldaten der NKWD-Sondertruppen von der Front abziehen, um sicherzustellen, daß die kaukasischen Völker binnen weniger Tage deportiert wurden. Diese Logik des Völkermords – der nach dem französischen Strafgesetzbuch in der totalen oder teilweisen Vernichtung einer nationalen, ethnischen, rassischen, religiösen oder durch ein anderes willkürliches Kriterium bestimmten Gruppe besteht –, angewandt von den kommunistischen Machthabern auf als feindlich bezeichnete Gruppen, Teile ihrer eigenen Gesellschaft, fand in den Taten Pol Pots und seiner Roten Khmer ihren Höhepunkt.

Nationalsozialismus und Kommunismus bezüglich der Vernichtung von Menschen so nahe zusammenzurücken, mag schockieren. Aber es ist immerhin Wassilij Grossman (dessen Mutter von den Nazis im Ghetto von Berditschew umgebracht wurde, der den ersten Bericht über Treblinka veröffentlicht hat und zu den Autoren des »Schwarzbuchs« über den Untergang des sowjetischen Judentums gehörte), der in seinem Roman »Alles fließt ...« eine Figur über die Hungersnot in der Ukraine sagen läßt: »die Schriftsteller schreiben, und Stalin selbst, alle sagen das eine: ›Kulaken – Parasiten, sie verbrennen das Brot, sie morden Kinder.‹ Und man erklärte geradeheraus: die Wut der Massen gegen sie aufpeitschen, sie als Klasse vernichten, die Verfluchten. [...] Um sie zu töten, mußte man erklären: Kulaken – keine Menschen. Wie die Deutschen sagten: Juden – keine Menschen. Ebenso Lenin und Stalin: Kulaken sind keine Menschen.« Und über das Schicksal der Kulakenkinder sagt Grossman: »Genau wie die Deutschen, die die Judenkinder im Gas erstickt haben – ihr sollt nicht leben, ihr seid Juden.«

In beiden Fällen sind nicht so sehr Einzelpersonen das Ziel als vielmehr Gruppen. Der Terror soll eine als feindlich bezeichnete Gruppe auslöschen, die sicherlich nur einen Teil der Gesellschaft darstellt, aber als solcher von der Logik des Genozids getroffen wird. Somit ähneln die Mechanismen der Trennung und des Ausschlusses im »Klassen-Totalitarismus« ganz besonders denen im »Rassen-Totalitarismus«. Die künftige NS-Gesellschaft sollte auf der »reinen Rasse« aufgebaut werden, die künftige kommunistische Gesellschaft auf einem von jeglicher bürgerlichen Schlacke freien proletarischen Volk. Die Umgestaltung dieser beiden Gesellschaften wurde auf dieselbe Weise angestrebt, auch wenn die Ausschlußkriterien nicht die gleichen waren. Es ist daher falsch zu behaupten, der Kommunismus habe universalen Charakter: Wenn dieses Projekt eine weltumspannende Bestimmung hat, wird ein Teil der Menschheit für unwürdig erklärt, darin zu existieren, wie es auch im Nationalsozialismus geschieht. Der Unterschied besteht darin, daß eine Abtrennung nach Schichten (Klassen) erfolgt, statt einer rassischen und territorialen Trennung wie bei den Nazis. Die leninistischen, stalinistischen und maoistischen Verbrechen sowie die kambodschanische Erfahrung stellen somit der Menschheit – und den Juristen und Historikern – eine neue Frage: Wie ist das Verbrechen zu bezeichnen, das darin besteht, aus politisch-ideologischen Gründen nicht Einzelne oder begrenzte Gruppen Oppositioneller, sondern große Teile der Gesellschaft auszulöschen? Muß man einen neuen Begriff erfinden? Einige angelsächsische Autoren sind dieser Meinung und haben den Ausdruck »politicide« geprägt. Oder soll man so weit gehen wie die tschechischen Juristen, die die unter dem kommunistischen Regime begangenen Verbrechen kurzerhand als »kommunistische Verbrechen« bezeichnen?

1998

Brigitte Seebacher

Eine Zeit geht zu Ende – etwas Neues beginnt. Willy Brandt im September 1989

Als am Ende des Sommers die Fluchtbewegung anschwoll und der Druck auf die Grenzen immer noch wuchs, sprach Willy Brandt aus, was länger schon Ahnung gewesen war: »Ich will offen meinem Empfinden Ausdruck geben, dass eine Zeit zu Ende geht.« Die Bundestagsrede am 1. September 1989, dem 50. Jahrestag des Kriegsausbruchs, hatte er in den französischen Ferien entworfen und hohe Sorgfalt darauf verwendet. Erbetene und unerbetene Ratschläge gingen ein. Günter Grass forderte »verantwortungsvolle Vorkehr, damit Polen nach jahrzehntelanger ideologischer Abhängigkeit nicht abermals in Abhängigkeit, diesmal vom westlichen Kapital gerät«. Am Vorabend der Rede versuchte Bahr, ihm den entscheidenden Satz von der zu Ende gehenden Zeit auszureden. W. B. ließ sich oft Sätze abhandeln, Sätze, die man so und auch anders sagen konnte. Nach einem launigen Bericht über die Anmutung versicherte er sogleich: Ich werde sagen, was ich sagen will. Wie immer wenn er andern Tags im Bundestag redete, arbeitete er bis in den späten Abend hinein am Text und las ihn mir dann vor.

Mit dem Wort vom Ende einer Zeit bezeichnete W. B. das Ende der Politik der kleinen Schritte. Jener kleinen Schritte, durch die der Zusammenhalt der getrennten Familien und damit der Nation hatte gewahrt werden sollen. Er hütete sich, von einem nun möglichen großen Schritt zu sprechen. Aber schon Mitte September, auf dem Parteitag der niedersächsischen SPD, fand er, dass der Flüchtlingsstrom »auch neue Fragen nach dem Verhältnis zwischen den Teilen Deutschlands« auslöse: »Wird, wenn das so weitergeht, der Ruf nach einem gemeinsamen deutschen Staat lauter werden, als man dies noch vor kurzem für möglich gehalten hätte?« Noch deutete nichts darauf hin, dass die Sowjetunion ihre deutsche Kriegsbeute herausrücken würde, warum sie also provozieren. Aber dass das ganze Europa in den Blick rücken musste und Deutschland mit ihm und dass es nicht bleiben konnte, wie es war, sprach er vor dem Bundestag deutlich aus. Den Landsleuten in der DDR sollte nichts vorgeschrieben und auch nichts verbaut werden. Über die Landsleute in der Bundesrepublik, zumal in seiner eigenen Partei, die Ressentiments gegen Übersiedler schürten, ärgerte er sich maßlos. An ihre Adresse war die Mahnung gerichtet, die er noch oft wiederholen sollte: »Im Bewusstsein unserer Menschen wachzuhalten, dass die Nachbarn im anderen Teil Deutschlands zwar das kürzere Los gezogen, aber den Krieg nicht mehr als wir verloren haben, bleibt ein Gebot der Stunde.« Er bekräftigte: »Ein Gebot unserer Selbstachtung«. Und schlug unter dem Beifall wiederum des ganzen Hauses den Bogen. Lebensliebe nannte er das Geschenk an die Überlebenden des Krieges. »Um Lebensliebe und Freiheitswillen zu bitten – das ist die Pflicht, die uns die Erinnerung an den September '39 vermittelt.« Anfragen um Interviews und Beiträge häuften sich, aus Deutschland und aus aller Welt. Er nahm sie wahr. Mit Vergnügen.

Einen Anschluss der DDR an die Bundesrepublik wollte er sich nicht vorstellen, eine Erneuerung derselben aber erst recht nicht. Die hielt er schon jetzt, September 1989, für abwegig. Jede innere Reform musste früher oder später das Recht auf Meinungs- und Bewegungsfreiheit einschließen und das Ende dieses Teilstaates einläuten. Sein Herz schlug mit den Massen. Sie verhielten sich nicht anders als vor dem Mauerbau, und so, wie sie sich danach jederzeit verhalten hätten, wäre es nur möglich gewesen.

Die Staatsräson der DDR lag dort, wo sie immer gelegen hatte – in Moskau. Die DDR war und blieb ein Staat, der aus sich heraus nie bestanden hatte und nie bestehen würde. Unter

Gorbatschow erschien die Gefahr eines gewaltsamen sowjetischen Zugriffs weniger bedrohlich; der Ausreisedruck stieg in gleichem Maße. Die Flucht in die Prager Botschaft bildete nur einen vorläufigen Höhepunkt. Auch die Westreisen von DDR-Bürgern und keineswegs nur von Rentnern hatten sich am Ende der achtziger Jahre vervielfacht. Das Leben im geteilten Land war leichter geworden und das Zusammengehörigkeitsgefühl jedenfalls nicht geschwunden. Bundeskanzler Kohl hatte den ursprünglichen Impuls der Deutschland- und Ostpolitik aufgenommen und eine Politik betrieben, die W. B. – abzüglich einer ihm oft fremden Ausdrucksweise – billigte. Die DDR entzog sich, aus Selbsterhaltungstrieb, dem Reformdruck. Sie wandte sich von der Sowjetunion ab, ohne ihre existentielle Abhängigkeit leugnen zu können. In der Bundesrepublik fand sie materielle Hilfe, allerdings gegen den Preis menschlicher Erleichterungen. Dieser Preis wurde immer höher.

Die Friedens- und Bürgerrechtsgruppen, die sich mehr und mehr zusammenfanden und innere Reformen forderten, beschleunigten den Zerfall staatlicher Autorität. W. B. respektierte ihren Mut. Wer gegen die Diktatur anging und Risiken auf sich nahm, wer Licht auf die Zustände werfen und den Zerfall beschleunigen half, durfte auf Respekt rechnen. Aber der sektiererische Zug, der vielen Gruppen anhaftete, gefiel ihm nicht. Er hatte Bärbel Bohley empfangen, als sie zu Jahresbeginn 1988 ausgewiesen worden war. Wider Willen bestätigte sie ihn in der Überzeugung, dass die DDR sich nicht erneuern und nicht aus sich selbst heraus bestehen würde. Die spätere Lesart der Bürgerrechtler, 1989 die Verhältnisse umgewälzt zu haben, fand er absonderlich: Ja, ja, so habe ich mir immer die Revolution vorgestellt, mit der Kerze in der Hand. W. B. misstraute dem akademischen Streben der »Neuen Kräfte«, Zeit zu gewinnen und eine Reihenfolge nächster Schritte festzulegen: »So spielen sich geschichtliche Umbrüche in aller Regel nicht ab. Wer nicht improvisierend die

Herausforderung anzunehmen entschlossen ist, riskiert leicht, am Wegesrand zurückgelassen zu werden.« W. B. freute sich an den Bildern, die Massen von Menschen zeigten – in den Städten der DDR und auf den Straßen in Richtung Westen.

2004

ZWISCHENSPIEL

Michael Moore

Wie überlebt man die globale Erwärmung?

- Überlegen Sie, welche gewöhnlichen Haushaltsartikel beim Schmelzen der Polkappen als Floß dienen könnten. Konzentrieren Sie sich auf Artikel aus synthetischem Material, denn das ist im allgemeinen wasserbeständig.
- Auch ein Blick nach draußen kann nützlich sein – die aufblasbaren Liegen mit eingebautem Getränkehalter werden im Ozean genauso gut schwimmen wie in Ihrem Swimmingpool. Wer behauptet, daß eine Katastrophe nicht auch Spaß machen kann?
- Studieren Sie die topographischen Karten Ihrer Umgebung und ermitteln Sie die höchste Erhebung, legen Sie die kürzeste Route dorthin fest. Veranstalten Sie Evakuierungsübungen.
- Investieren Sie in Plastikbeutel mit Reißverschluß und diese gelben wasserfesten Kameras.
- Erkundigen Sie sich beim örtlichen Sportverein nach Schwimmkursen. Nehmen Sie Unterricht. *Jetzt.* Seien Sie besonders aufmerksam, wenn es ums Wassertreten geht.
- Verlegen Sie Ihr Urlaubsziel von Florida nach Montana. Sagen Sie Ihren Kids, sie sollen in Zukunft ihre Besäufnisse nicht mehr am Strand, sondern in den Bergen veranstalten.

2002

DEN DINGEN AUF DEN GRUND GEHEN

Naturwissenschaften

Richard P. Feynman

Eine verrückte Situation: Atome zertrümmern

Zur Zeit arbeite ich an einem sehr speziellen Problem der Physik, auf das wir gestoßen sind. Ich will es kurz beschreiben. Bekanntlich besteht alles aus Atomen; soweit sind wir schon, die meisten Leute wissen das und auch, daß jedes Atom einen Kern hat, der von Elektronen umkreist wird. Wie sich diese Elektronen außen herum verhalten, weiß man inzwischen ganz genau; man versteht die Naturgesetze, soweit dies im Rahmen der Quantenelektrodynamik möglich ist, von der bereits die Rede war. Anschließend stellte sich die Frage, was im Atomkern abläuft, wie die Teilchen aufeinander einwirken, wie und warum sie zusammenbleiben. Eines der Nebenprodukte dieser Frage war die Entdeckung der Kernspaltung, die die Entwicklung der Atombombe möglich machte. Die Erforschung der Kräfte, die die Kernteilchen zusammenhalten, war allerdings eine langwierige Angelegenheit. Anfangs dachte man, es handle sich um einen Austausch irgendwelcher Teilchen im Innern; erfunden hat diese Pionen oder Pi-Mesonen genannten Teilchen Yukawa; man sagte voraus, wenn man Protonen – das Proton ist eines der Teilchen im Kern – gegen einen Kern prallen läßt, schleudern sie solche Pionen heraus. Und es stimmte, solche Teilchen kamen tatsächlich heraus.

Aber nicht nur Pionen sind herausgekommen, sondern auch noch andere Teilchen, und allmählich sind uns die Namen ausgegangen – Kaonen (K-Mesonen) und Sigmas und Lamdas und so weiter; insgesamt bezeichnet man sie jetzt als Hadronen. Wir haben dann die Reaktionsenergie immer weiter heraufgesetzt und immer mehr unterschiedliche Arten von Teilchen erhalten, bis es schließlich Hunderte davon gab. Das Problem bestand nun – in den vierziger bis in die fünfziger Jahre und eigentlich bis heute – natürlich darin, das Muster oder System zu entdecken, das dem Ganzen zugrunde liegt. Allem Anschein nach gab es eine Unmenge interessanter Beziehungen und Muster zwischen den Teilchen, bis man schließlich eine Theorie entwickelte, laut der alle diese Teilchen in Wirklichkeit aus etwas ganz anderem bestehen, nämlich aus Quarks – beispielsweise bilden drei Quarks ein Proton –, und wo das Proton eines der Kernteilchen und das Neutron ein weiteres ist. Es gab verschiedene Quarks – anfangs genügten drei, um die Hunderte von Teilchen zu erklären; sie wurden als *u*-Typ, *d*-Typ und *s*-Typ bezeichnet. Zwei *u*s und ein *d* ergaben ein Proton, zwei *d*s und ein *u* ein Neutron. Wenn sie sich im Kerninnern in eine andere Richtung bewegten, handelte es sich um irgendein anderes Teilchen. Dann tauchte folgendes Problem auf: Wie genau verhalten sich die Quarks, und was hält sie zusammen? Man dachte sich also eine Theorie aus, die ganz einfach ist; eine ziemlich genaue – nicht ganz genaue, aber ziemlich ähnliche – Analogie zur Quantenelektrodynamik, in der die Quarks den Elektronen, die als Gluonen bezeichneten Teilchen – die zwischen den Elektronen hin und her wandern, so daß sie einander elektrisch anziehen –, den Photonen entsprechen. Die entsprechende Mathematik dazu sieht ebenfalls sehr ähnlich aus; allerdings werden einige Begriffe ein wenig anders definiert. Die Gleichungen erriet man anhand von Grundsätzen, die so schön und so einfach sind, daß der Unterschied in der Form der Gleichungen nicht willkürlich, sondern ganz genau festgelegt ist. Willkürlich ist lediglich die Anzahl der verschiedenen Arten von Quarks, nicht jedoch das Wesen der zwischen ihnen wirkenden Kraft.

Doch etwas ist ganz anders als in der Elekrodynamik, in der man zwei Elektronen beliebig weit voneinander wegziehen kann; wenn sie sehr weit voneinander entfernt sind, wird die Kraft schwächer. Würde dies auch für Quarks gelten, wäre eigentlich zu erwarten, daß Quarks herauskommen, wenn man Dinge heftig genug aufeinanderprallen läßt. Statt dessen kam jedoch, wenn man ein Experiment durchführte, bei dem die Energie groß genug war, daß Quarks hätten freigesetzt werden können, ein großer Strahl heraus – das heißt, alle Teilchen bewegten sich ungefähr in der gleichen Richtung wie die Hadronen, waren also keine Quarks. Aufgrund der Theorie war klar: Wenn Quarks herauskommen, müssen sie neue Quarkpaare bilden, die in kleinen Gruppen auftreten und Hadronen bilden.

Die Frage lautet nun, warum es sich in der Elektrodynamik so ganz anders verhält, warum diese winzigen Unterschiede, diese kleinen Ausgangsbedingungen, die in den Gleichungen anders sind, so unterschiedliche, so völlig andersartige Wirkungen hervorrufen. Dies überraschte die meisten Leute so sehr, daß man anfangs glaubte, die Theorie sei falsch. Doch je genauer man sie überprüfte, desto eindeutiger stellte sich heraus, es ist sehr wohl möglich, daß diese zusätzlichen Begriffe derlei Auswirkungen haben. Wir befinden uns nun in einer Lage wie nie zuvor in der Geschichte der Physik – obwohl, eigentlich ist die jeweilige Ausgangssituation zu jedem Zeitpunkt immer ganz anders als alles Vorhergehende. Wir haben eine Theorie, eine umfassende, eindeutige Therorie für all diese Hadronen, und wir haben ungeheuer viele Experimente und kennen jede Menge Einzelheiten, warum können wir also die Theorie nicht einfach überprüfen, um festzustellen, ob sie richtig ist oder nicht? Denn unsere Aufgabe besteht nun darin, die Schlußfolgerungen aus dieser Theorie zu berechnen. Wenn die Theorie stimmt, was sollte dann passieren, und ist das tatsächlich eingetreten? Nun, in diesem Fall liegen die Schwierigkeiten beim ersten Schritt. Es ist sehr schwer herauszubekommen, was passieren sollte, falls die Theorie gültig ist. Wie sich herausgestellt hat, stellt uns die Mathematik, die erforderlich wäre, um die Folgerungen aus der Theorie zu berechnen, vor derzeit unüberwindliche Schwierigkeiten. Derzeit – einverstanden? Mein Problem liegt daher auf der Hand: Ich versuche, eine Möglichkeit auszuarbeiten, aus dieser Theorie Zahlen abzuleiten, um sie wirklich sorgfältig, nicht nur qualitativ, zu überprüfen, damit ich sehe, ob möglicherweise das richtige Ergebnis herauskommt.

Ein paar Jahre lang habe ich versucht, mathematische Tricks zu erfinden, die es mir ermöglichen, die Gleichungen zu lösen, aber das hat nichts gebracht. Daher bin ich zu dem Schluß gekommen, wenn ich das machen will, muß ich zuerst mehr oder weniger genau wissen, wie die Antwort wahrscheinlich aussieht. Es ist schwierig, dies einigermaßen einleuchtend zu erklären, doch ich mußte eine qualitative Vorstellung davon bekommen, wie das Phänomen abläuft, ehe ich eine passende quantitative Vorstellung entwickeln konnte. Anders gesagt: Man hat nicht einmal annähernd verstanden, wie das Ganze funktioniert. In der letzten Zeit, seit ein, zwei Jahren, habe ich mich also darum bemüht zu verstehen, was da ungefähr vor sich geht – allerdings noch nicht quantitativ –, in der Hoffnung, daß dieses ansatzweise Verständnis sich irgendwann in der Zukunft zu einem präzisen mathematischen Instrument, einer Methode, einem Algorithmus verfeinern läßt, um von der Theorie zu den Teilchen zu kommen. Sie sehen, wir befinden uns in einer komischen Situation: Diesmal suchen wir nicht nach einer Theorie; wir haben eine – eine sehr, sehr gute Kandidatin sogar –, sondern wir sind an der Stelle hängengeblieben, an der wir die Theorie mit Experimenten vergleichen und beobachten müssen, was dabei herauskommt, um dann die Theorie zu überprüfen. Wir haben uns bei dem Problem festgefahren, wie diese Ergebnisse aussehen sollen. Mein Ziel, mein sehnlicher Wunsch ist es nun, eine Möglichkeit auszuarbeiten, die Schlußfolgerungen aus dieser Theorie herauszufinden *(lacht)*. Irgendwie eine verrückte Situation, eine Theorie zu haben, deren Auswirkungen man nicht berechnen kann ... derlei ertrage ich nicht, ich muß es herausfinden. Eines Tages, vielleicht.

2001

Robert B. Laughlin

Das Zeitalter der Emergenz

Zu den nützlichen Regeln für eine glückliche Lebensführung gehört, es mit neuen Zeitaltern nicht zu übertreiben. Ich bin alt genug, mich an einige von ihnen zu erinnern, insbesondere das Zeitalter des Wassermanns, das eigentlich zu dem Zeitpunkt, an dem Astrologen seinen Beginn erklärten, längst vorüber war: am 23. Januar 1997, 17.35 Uhr Greenwich-Zeit. Das Versprechen neuer Zeitalter ist vor allem deswegen ein vertrautes Merkmal der modernen Gesellschaft, weil die meisten von uns Optimisten sind und an ein helleres Morgen glauben, weshalb sie leichte Ziele für skrupellose Verkaufstechniken sind. So brachte beispielsweise das Zeitalter des Wassermanns nicht wie erhofft Erleuchtung, Frieden und Liebe, sondern berufliche Ängste und Familienpflichten, gewürzt mit Aids, Billigjobs, »lessness« (»Weniger ist mehr«) und biologischer Kriegsführung. Sobald ein neues Zeitalter ein wenig verwittert und an Wert verliert, beginnt es – wie ein neues Heim oder Auto – verdächtig wie das auszusehen, an dessen Stelle es getreten ist.

Die Anziehungskraft neuer Zeitalter entspricht dem Impuls, nach der ultimativen Wahrheit zu suchen, was wir alle hin und wieder tun. Gerade eben habe ich zum Beispiel der Versuchung nachgegeben und bin im Internet gesurft. Zusätzlich zu den üblichen christlichen Seiten fand ich Verweise auf ultimative Wahrheit und Nirwana, ultimative Wahrheit und Nazis in Südamerika, ultimative Wahrheit und Außerirdische aus dem Weltall, ultimative Wahrheit und Koran, ultimative Wahrheit über Cary Grant, Online-Magazin zur ultimativen Wahrheit, ultimative Wahrheit in russischen Rock 'n' Roll-Bands, ultimative Wahrheit bei Videos ab 18 und ultimative Wahrheit des Kapitalistischen Utilitaristischen Entspiritualisierten Universums. Die ultimative Satire auf diesen Impuls ist Douglas Adams' *Per Anhalter durch die Galaxis*, wo der Computer Deep Thought verkündet, er habe nach 7,5 Millionen Jahren harter Arbeit die Antwort auf die große Frage des Lebens, des Universums und von Allem gefunden. Die Antwort, sagt er, sei zweiundvierzig. Dann erfahren die versammelten Wissenschaftler von Deep Thought, das sei zwar die Antwort, doch die *Frage* sei nicht klar, weshalb sie ihn anweisen, einen noch größeren Computer, nämlich die Erde, zu konstruieren, um die Frage herauszufinden. Die Erde wird erbaut und denkt dann drei Milliarden Jahre über das Problem nach. Leider wird sie fünf Minuten vor dem Zeitpunkt, zu dem sie bereit ist, ihre Lösung zu verraten, von Vogonen zerstört.

Ultimative Wahrheit ist leicht in satirischer Form abzuhandeln, weil diese Vorstellung von den meisten Menschen als zentraler Aspekt des Lebens, aber die meiste Zeit auch als einigermaßen nutzlos für praktische Zwecke angesehen wird. Jemand, der von der ultimativen Wahrheit besessen ist, bettelt darum, um sein Geld erleichtert zu werden – ein Archetypus, wie er ultimativ von *Candide* verkörpert wird. Auch ihre Bedeutung ist verworren. So steht sie manchmal für eine moralische Vorschrift wie die Goldene Regel, die anzuwenden ist, wenn die Regeln eines vernünftigen Pragmatismus versagen, und damit den ethischen Kern einer Persönlichkeit bestimmt. Das ist eindeutig nützlich, zieht aber die Kritik auf sich, es handle sich um Software, die im Kopf zu Hause und demnach den ultimativen Wahrheiten der zugrunde liegenden Chemie und Physik unterworfen sei. Dann bezeichnet man als ultimative Wahrheit bisweilen auch allgemeine Vorfälle von Bedeutung, etwa die Einsicht, dass Parkplätze nur dann verfügbar sind, wenn man sie nicht benötigt. Und schließlich steht sie für die tieferen Gesetze der Natur, aus denen alles andere hervorgeht – wenn diese mit allgemeinen Lebensregeln verwechselt werden, kommen Absurditäten wie »zweiundvierzig« zustande. Demnach liegt es in unserer Natur, uns mithilfe absoluter Wahrheit zu orientieren, aber verwirrt und unentschieden vor der Frage zu stehen, was das eigentlich ist.

Zu den interessantesten Beiträgen der Wissenschaft zum Denken gehört die Entdeckung, dass in der Natur auf niedrigeren Ebenen ein ähnlicher Konflikt auftritt. Man könnte vorbringen, dass dies vernünftigerweise der Fall sein sollte, doch die Einfachheit bestimmter Systeme versetzt uns in die Lage, darüber hinauszugehen und zu *beweisen*, dass dies der Fall ist. Während übernatürliches Eingreifen stets schwierig kategorisch zu widerlegen ist, wissen wir mit Sicherheit, dass auf dieser Ebene keine Notwendigkeit dafür besteht und dass all diese wundersamen Verhaltensweisen als spontane Ordnungsphänomene erklärt werden können, die aus darunterliegenden Gesetzmäßigkeiten hervorgehen. Außerdem wissen wir, dass eine einfache und absolute Gesetzmäßigkeit wie die Hydrodynamik sich zwar aus grundlegenden tieferen Gesetzen entwickeln kann, zugleich aber insofern von ihnen unabhängig ist, als sie gleich bliebe, wenn man die zugrunde liegenden Gesetze ändern würde.

Denkt man ernsthaft über diese Effekte nach, so führt einen das zu der Frage, welches der Gesetze das ultimativere ist – die Details, aus denen alles hervorgeht, oder das transzendierende emergente Gesetz, das sie hervorbringen. Diese Frage ist semantischer Natur und kann somit nicht absolut beantwortet werden, aber sie stellt eindeutig eine primitive Version des moralischen Rätsels dar, das die angebliche Unterordnung der Gesetze des Lebens unter die Gesetze der Chemie und der Physik aufwirft. In ihr zeigt sich in allegorischer Form, wie ein Mensch problemlos die eine Seite meistern kann, ohne irgendetwas über die andere Seite zu erfahren. Die erkenntnistheoretische Barriere ist nicht mystischer, sondern physikalischer Natur.

Der Widerstreit zwischen diesen beiden Konzeptionen des Ultimativen – dem Gesetz der Teile oder dem Gesetz des Kollektivs – ist sehr alt und in wenigen Minuten des Nachdenkens oder in einem beiläufigen Gespräch nicht lösbar. Man könnte sagen, er repräsentiert die Spannung zwischen zwei Polen des Denkens, welche den Vorgang des Verstehens der Welt auf ähnliche Weise antreibt, wie die Spannung zwischen Tonika und Dominante eine klassische Sonate weitertreibt. Für einen bestimmten Zeitraum der Geschichte mag einer der Pole stärker sein als der andere, doch dessen Vorherrschaft ist zeitlich begrenzt, weil das Wesen der Handlung der Widerstreit selbst ist.

Sosehr mir die Vorstellung von Zeitaltern auch missfällt, so gut lässt sich meiner Ansicht nach vertreten, dass die Wissenschaft mittlerweile von einem Zeitalter des Reduktionismus in ein Zeitalter der Emergenz übergegangen ist, eine Ära, in der die Suche nach letzten Ursachen der Dinge sich vom Verhalten der Teile auf das Verhalten des Kollektivs verlagert. Ein spezieller Augenblick, in dem dieser Übergang vollzogen wurde, lässt sich schwer ausmachen, weil er graduell verlief und durch die Fortdauer von Mythen ein wenig verdunkelt wurde, doch es kann nicht bezweifelt werden, dass das herrschende Paradigma inzwischen die Organisation ist. Deshalb wird von Studenten der Elektrotechnik beispielsweise nicht mehr verlangt, die Gesetze der Elektrizität zu lernen – sie sind sehr elegant und erhellend, aber für das Programmieren von Computern belanglos. Deshalb sind Stammzellen in den Schlagzeilen, enzymatische Funktionen dagegen auf das Kleingedruckte auf Seifenpackungen beschränkt. Deshalb sind Filme über Marie Curie und Lord Rutherford out, während *Jurassic Park* und *Twister* in sind. Die Protagonisten dieser Filme befassen sich nicht mit mikroskopischen Angelegenheiten, sondern mit launenhaften Ordnungsphänomenen – so wie in: »Arrrggghhh! Es kommt genau auf uns zu!«

Ironischerweise hat gerade der Erfolg des Reduktionismus dazu beigetragen, den Weg für seinen Niedergang zu pflastern. Wie die sorgfältige quantitative Untersuchung mikroskopischer Teile im Lauf der Zeit zumindest auf dem primitiven Niveau gezeigt hat, sind Prinzipien kollektiver Ordnung nicht einfach nur eine kuriose Nebenhandlung, sondern *alles* – die wahre Quelle physikalischer Gesetzmäßigkeit, vielleicht sogar einschließlich der grundlegenden Gesetze, die wir kennen. Weil unsere Messungen so genau sind, können wir mit Überzeugung erklären, dass die Suche nach einer einzigen ultimativen Wahrheit an ihr Ende gelangt, gleichzeitig aber gescheitert ist. Denn die Natur ist, wie sich nun enthüllt, ein gewaltiger Turm aus Wahrheiten, wo mit größer werdenden Messskalen jede von den jeweiligen Vorfahren abhängt und dann über diese hinausgeht. Wie Kolumbus oder Marco Polo sind wir aufgebrochen, um ein neues Land zu erkunden, haben aber stattdessen eine neue Welt entdeckt.

Der Übergang zum Zeitalter der Emergenz setzt dem Mythos von der absoluten Macht der Mathematik ein Ende. Leider ist dieser Mythos in unserer Kultur immer noch tief verwurzelt. Das zeigt sich regelmäßig in der Presse und in populären Medien, welche für die Suche nach ultimativen Gesetzen eintreten, weil sie die einzige wissenschaftliche Tätigkeit sei, die sich lohne – ungeachtet der starken und überwältigenden experimentellen Beweise, dass genau das Gegenteil der Fall ist. Den reduktionistischen Mythos können wir dadurch widerlegen, dass wir die Korrektheit der Regeln beweisen und dann sehr kluge Leute auffordern, von ihnen ausgehend etwas vorherzusagen. Ihre Unfähigkeit, das zu tun, ähnelt der Schwierigkeit des Zauberers von Oz, Dorothy nach Kansas zurückzubefördern. Im Prinzip ist er dazu imstande, aber es müssen ein paar widerwärtige technische Einzelheiten klappen. In der Zwischenzeit muss man sich mit leeren Beteuerungen und der Aufforderung begnügen, nicht auf den Mann hinter dem Vorhang zu achten. Das eigentliche Problem besteht darin, dass Oz ein anderes Universum als Kansas ist und es keinen Sinn ergibt, von einem zum anderen zu gelangen. Der Mythos, kollektives Verhalten folge aus der Gesetzmäßigkeit, geht in der Praxis genau in die falsche

Richtung. Stattdessen folgt Gesetzmäßigkeit aus kollektivem Verhalten, ebenso wie andere daraus hervorgehende Dinge wie etwa Logik und Mathematik. Unser Geist kann das, was die physische Welt macht, nicht deshalb antizipieren und meistern, weil wir Genies sind, sondern weil die Natur das Verständnis erleichtert, indem sie sich selbst organisiert und Gesetzmäßigkeit hervorbringt.

2007

Steven Weinberg

Was uns bevorsteht

Sicherlich wird das Universum seine Expansion noch eine Zeitlang fortsetzen. Und wie sieht anschließend sein weiteres Schicksal aus? Die Prognose, die uns das Standardmodell liefert, ist zweideutig: Es kommt ganz darauf an, ob die kosmische Dichte größer oder kleiner ist als ein bestimmter kritischer Wert.

Wenn die kosmische Dichte *kleiner* ist als die kritische Dichte, dann hat das Universum, wie wir in Kapitel II gesehen haben, eine unendliche Größe und wird sich bis in alle Ewigkeiten weiter ausdehnen. Unsere Nachfahren – wenn es sie dann überhaupt noch gibt – werden erleben, wie die thermonuklearen Reaktionen in all den Sternen allmählich aufhören und nur noch Asche dieser oder jener Art zurücklassen: schwarze Zweigsterne, Neutronen-Sterne, möglicherweise Schwarze Löcher. Die Planeten werden weiter ihre Bahnen ziehen und dabei unter Abstrahlung von Gravitationswellen ein wenig langsamer werden, aber innerhalb eines endlichen Zeitraumes nicht zur Ruhe kommen. Die Temperatur der kosmischen Hintergrundstrahlung und der Neutrinos wird weiterhin in umgekehrter Proportion zum Umfang des Universums sinken, doch verschwinden wird diese Strahlung nicht; selbst die heutige 3°-K-Mikrowellen-Hintergrundstrahlung ist für uns ja kaum noch meßbar.

Wenn die kosmische Dichte dagegen *größer* ist als der kritische Wert, dann ist das Universum endlich; es wird schließlich aufhören, sich weiter auszudehnen, und sich statt dessen mit wachsender Geschwindigkeit wieder zusammenziehen. Wenn die kosmische Dichte beispielsweise doppelt so groß ist wie ihr kritischer Wert und wenn der gegenwärtig allgemein angenommene Wert der Hubble-Konstante (15 Kilometer/

Sekunde pro Millionen Lichtjahre) richtig ist, dann ist das Universum jetzt 10 000 Millionen Jahre alt; es wird weitere 50 000 Millionen Jahre fortfahren zu expandieren und danach zu kontrahieren beginnen. Die Kontraktion ist nichts anderes als eine Umkehrung der Expansion: nach 50 000 Millionen Jahren wird das Universum wieder seine gegenwärtige Größe erreicht haben, und nach weiteren 10 000 Millionen Jahren wird es sich einem einzigartigen Zustand von unendlicher Dichte nähern.

Zumindest während der Anfänge der Kontraktionsphase werden die Astronomen (sofern es welche gibt) sich damit amüsieren können, gleichzeitig Rotverschiebungen und Blauverschiebungen zu beobachten. Das beobachtete Licht wird, wenn es von benachbarten Galaxien stammt, zu einer Zeit emittiert worden sein, in der das Universum größer war als zum Zeitpunkt der Beobachtung, und deshalb wird dieses Licht zum kurzwelligen Ende des Spektrums, also zum Blauen hin, verschoben erscheinen. Licht von extrem fernen Objekten wird dagegen zu einer Zeit emittiert worden sein, als das Universum sich noch in den Anfängen seiner Expansion befand, als es noch kleiner war als zum Zeitpunkt der Beobachtung, und deshalb wird dieses Licht zum langwelligen Ende des Spektrums, also zum Roten hin, verschoben erscheinen.

Die Temperatur des kosmischen Hintergrunds der Photonen und Neutrinos wird mit der Expansion und anschließenden Kontraktion des Universums zunächst sinken und dann steigen, immer in umgekehrter Proportion zur Größe des Universums. Wenn die kosmische Dichte gegenwärtig doppelt so groß ist wie ihr kritischer Wert, dann wird das Universum nach unseren Berechnungen bei seiner größten Ausdehnung genau doppelt so groß sein wie derzeit, und folglich wird die Temperatur des Mikrowellen-Hintergrundes dann genau die Hälfte des derzeitigen Wertes von 3° K, also etwa 1,5° K, betragen. Wenn dann das Universum zu kontrahieren beginnt, wird die Temperatur anfangen zu steigen.

Zunächst wird nichts Alarmierendes geschehen: Über Tausende von Jahrmillionen wird die Hintergrundstrahlung so kühl sein, daß es sehr große Mühe machen wird, sie überhaupt festzustellen. Wenn sich das Universum dagegen wieder auf ein Hundertstel seiner gegenwärtigen Größe zusammengezogen hat, wird die Hintergrundstrahlung am Himmel zu dominieren beginnen: Der nächtliche Himmel wird so warm sein (300° K) wie unser gegenwärtiger Himmel bei Tage. 70 Millionen Jahre später wird das Universum noch einmal um das Zehnfache kontrahiert sein, und unsere Erben und Rechtsnachfolger (sofern es sie überhaupt gibt) werden den Himmel unerträglich hell finden. Die Moleküle in der Atmosphäre der Planeten und Sterne sowie im interstellaren Raum werden beginnen, sich in ihre konstituierenden Atome aufzulösen, und die Atome werden in freie Elektronen und Atomkerne zerfallen. Nach weiteren 700 000 Jahren wird die Temperatur des Kosmos bei 10 Millionen Grad liegen; dann werden sich auch die Sterne und Planeten in eine kosmische Suppe aus Strahlung, Elektronen und Kernen auflösen. Innerhalb weiterer 22 Tage wird die Temperatur auf zehntausend Millionen Grad ansteigen. Jetzt werden die Atomkerne beginnen, sich in ihre Bestandteile, die Protonen und Neutronen, aufzulösen, und damit das ganze Werk der Kernsynthese innerhalb und außerhalb der Sterne wieder zunichte machen. Kurz darauf werden aus Kollisionen zwischen Photonen in großer Anzahl Elektronen und Positronen entstehen, und der kosmische Hintergrund der Neutrinos und Antineutrinos wird erneut in der thermischen Gemeinschaft mit dem Rest des Universums aufgehen.

Können wir diese traurige Geschichte wirklich ganz bis zu ihrem Ende fortsetzen, bis zu einem Zustand von unendlicher Temperatur und Dichte? Hat die Zeit wirklich ein Ende – etwa drei Minuten, nachdem die Temperatur auf einige Milliarden Grad gestiegen ist? Selbstverständlich können wir das nicht mit Gewißheit sagen. All die Ungewißheiten, auf die wir im vorigen Kapitel gestoßen sind, als wir versuchten, die erste Hundertstelsekunde zu ergründen, werden uns erneut zu schaffen machen, wenn wir uns der letzten Hundertstelsekunde zuwenden. Vor allem muß bei Temperaturen von über 100 Millionen Millionen Millionen Millionen Millionen Grad (1032° K) das gesamte Universum in quantenmechanischen Begriffen beschrieben werden, und niemand kann sich vorstellen, was dabei geschieht. Dazu kommt noch, daß unsere ganze Darstellung vielleicht längst nicht mehr gültig ist, wenn wir auf die Probleme der Quantenkosmologie stoßen, falls nämlich das Universum nicht wirklich isotrop und homogen ist.

Es gibt Kosmologen, die aus diesen Ungewißheiten eine gewisse Hoffnung herleiten. Vielleicht wird das Universum so etwas wie einen kosmischen »Stoß« bekommen und wieder zu expandieren beginnen. In der »Edda« heißt es, daß nach der letzten Schlacht der Götter und Riesen bei Ragnorak die Erde durch Feuer und Wasser zerstört wird, doch die Wasser weichen zurück, Thors Söhne tauchen mit dem Hammer ihres Vaters aus der Hölle auf, und die ganze Welt beginnt wieder von vorn. Wenn es aber tatsächlich so sein sollte, daß das Universum erneut expandiert, dann wird auch diese Expansion schließlich zum Stillstand kommen und von einer erneuten Kontraktion abgelöst werden, die wiederum in einem kosmischen Ragnorak endet, dem sich ein weiterer Stoß anschließen wird, und so wird es in alle Ewigkeit weitergehen.

Sollte das unsere Zukunft sein, dann kann man annehmen, daß es auch unsere Vergangenheit war. Die gegenwärtige Expansion des Universums wäre dann nur eine Phase, die sich an die letzte Kontraktion und den letzten Stoß anschließt. (Tatsächlich haben Dicke, Peebles, Roll und Wilkinson in ihrer Arbeit von 1965 über die kosmische Mikrowellen-Hintergrundstrahlung angenommen, daß dem gegenwärtigen Zustand eine vollständige Phase der kosmischen Expansion und

Kontraktion voraufging, und wenn man ihnen folgt, muß das Universum sich so weit kontrahiert haben, daß die Temperatur auf mindestens zehntausend Millionen Grad stieg, damit die in der vorigen Phase gebildeten schweren Elemente zerfallen konnten.) Wenn man noch weiter zurückblickt, kann man sich vorstellen, daß sich ein endloser Kreislauf von Expansion und Kontraktion bis in die unendliche Vergangenheit erstreckt, ohne daß es je einen Anfang gegeben hätte.

Manche Kosmologen finden dieses Modell eines schwingenden Universums aus philosophischen Gründen anziehend, vor allem wohl, weil es – wie das »steady state«-Modell – das Problem der Genesis geschickt umgeht. Allerdings stößt es auf einen schwerwiegenden theoretischen Einwand. Bei der Expansion und Kontraktion des Universums nimmt das Verhältnis zwischen Photonen und Kernteilchen (genauer gesagt, die Entropie je Kernteilchen) aufgrund einer gewissen Reibung (der sogenannten »Massenviskosität«) in jedem Zyklus geringfügig zu. Soweit wir wissen, müßte das Universum also bei jedem neuen Zyklus mit einem anderen, geringfügig erhöhten Verhältnis zwischen Photonen und Kernteilchen beginnen. Im Augenblick ist diese Verhältniszahl groß, aber nicht unendlich, so daß man kaum annehmen kann, daß das Universum zuvor eine unendliche Reihe von Zyklen durchlaufen hat.

Doch wie auch immer all diese Probleme gelöst werden mögen und welches kosmologische Modell sich auch immer als zutreffend erweisen mag – für uns wird es nicht besonders tröstlich sein. Der Vorstellung, daß wir ein besonderes Verhältnis zum Universum haben, daß unser Dasein nicht bloß eine Farce ist, die sich aus einer mit den ersten drei Minuten beginnenden Kette von Zufällen ergab, sondern daß wir irgendwie von Anfang an vorgesehen waren – dieser Vorstellung vermögen wir Menschen uns kaum zu entziehen. Ich befinde mich, während ich diese Worte niederschreibe, auf dem Heimflug von San Francisco nach Boston, 10000 Meter hoch über Wyoming. Die Erde unten wirkt sehr freundlich und anheimelnd: hier und da ein paar Wolken, die wie Flaumfedern aussehen, Schnee, den die untergehende Sonne in rötliches Licht taucht, Straßen, die das Land in gerader Linie durchschneiden und die kleinen Städte miteinander verbinden. Man begreift kaum, daß dies alles nur ein winziger Bruchteil eines überwiegend feindlichen Universums ist. Noch weniger begreift man, daß dieses gegenwärtige Universum sich aus einem Anfangszustand entwickelt hat, der sich jeder Beschreibung entzieht und seiner Auslöschung durch unendliche Kälte oder unerträgliche Hitze entgegengeht. Je begreiflicher uns das Universum wird, um so sinnloser erscheint es auch.

Doch wenn die Früchte unserer Forschung uns keinen Trost spenden, finden wir zumindest eine gewisse Ermutigung in der Forschung selbst. Die Menschen sind nicht bereit, sich von Erzählungen über Götter und Riesen trösten zu lassen, und sie sind nicht bereit, ihren Gedanken dort, wo sie über die Dinge des täglichen Lebens hinausgehen, eine Grenze zu ziehen. Damit nicht zufrieden, bauen sie Teleskope, Satelliten und Beschleuniger, verbringen sie endlose Stunden am Schreibtisch, um die Bedeutung der von ihnen gewonnenen Daten zu entschlüsseln. Das Bestreben, das Universum zu verstehen, hebt das menschliche Leben ein wenig über eine Farce hinaus und verleiht ihm einen Hauch von tragischer Würde.

1977

Harald Lesch und Harald Zaun

13,7 Milliarden Jahre vor heute

Das Nichts. Kein Leben. Kein Raum. Keine Zeit. Keine Ausdehnung. Kein Inhalt. Höhe, Länge, Breite und Volumen waren nicht existent. Kein Zeitpfeil flog, keine Uhr tickte. Nichts explodierte zu irgendeinem Zeitpunkt an einem bestimmten Ort. Nichts strahlte oder blitzte, nichts knallte 13,7 Milliarden Jahre vor Christus. Nur ein unendlich kleiner, unendlich dichter, unendlich heißer Punkt erfüllte das Nichts mit nicht näher definierbaren Teilchen und Kräften.

Als vor Urzeiten unsere Welt sozusagen ihr Licht erblickte, gab es weder eine Mutter-Welt noch schwirrten irgendwelche Lichtphotonen durch die blutjunge Weltgeschichte. Und doch war am Anfang nicht das absolute Nichts. Irgendwer oder irgendetwas befreite das Nichts am Beginn allen materiellen Seins aus seiner Nichtigkeit. Wer oder was dabei als Regisseur agierte, das Theater baute, die Requisiten besorgte und die Bühne zuschauergerecht platzierte, auf der auch unsere Spezies seit geraumer »Zeit« ihr Gastspiel zelebriert, steht noch nicht einmal in den Sternen, die als Folge des sogenannten Urknalls (Big Bang) die samtene Schwärze des Alls ein wenig mit Licht beleben. Sicher ist nur, dass der Urknall als denkbar gewaltigste Ouvertüre des ersten kosmischen Aktes ein grandioses Schauspiel eröffnete, dessen Schlussakt bestenfalls sein Schöpfer kennt, aber sicherlich keine Menschenseele, geschweige denn eine außerirdische.

Es war eine Premiere ohne Generalprobe, die kein Zuschauer sehen und beklatschen, kein Auditorium hören, kein Kunstkenner kritisieren und kein Chronist protokollieren konnte. Schließlich setzte sich der Big Bang völlig unspektakulär, vollkommen geräuschlos und absolut lichtfrei in Szene. Als der Urknall in die Welt trat, um dieselbe zu formen, gab es kein Davor, weil vor der Zeit keine Zeit, vor dem Raum keine Räumlichkeit existierte. Nein, Zeit und Raum waren vor 13,7 Milliarden Jahren noch in einem undefinierbaren, unermesslich kleinen punktartigen Etwas von unvorstellbar hoher Energiedichte und Temperatur gefangen: der Anfangssingularität. Das punktartige Gebilde war unmessbar klein, grenzenlos heiß, unendlich massereich und stand außerhalb des Jenseits und Diesseits – im Niemandsland zwischen Metaphysik und Physik. Zwar war die Singularität mitnichten in der Raumzeit eingebettet, trotzdem war sie das Herz des Urknalls. Mit ihr begann das All zu pulsieren.

Was sich allerdings im Dunkeln der kosmischen Vorgeschichte jenseits von Raum und Zeit im Einzelnen abspielte, bleibt, zum Leidwesen der Historiker des Universums, ein ungeschriebenes Buch mit acht Siegeln – für und bis in alle Ewigkeit. Zu sehr übersteigt das größte Mysterium des Seins unser Vorstellungsvermögen, zu gering ausgeprägt sind unsere Imaginationskraft und mathematische sowie philosophische Intelligenz. Wie konnte uns die Schöpfung auch mit einem nur auf vier Dimensionen konditionierten Gehirn bestücken, das einerseits komplexer und komplizierter strukturiert ist als das Universum selbst, andererseits aber trotz seiner Milliarden Neuronen und filigranen Netzwerke bis heute nicht fähig ist, den Ablauf des Big Bang zu erfassen? Mutet dies nicht alles wie eine bittere Ironie der kosmischen Geschichte an?

Apropos Geschichte: Beim Studium der Annalen der wissenschaftlichen Theorien über den Urknall begegnen wir einem erstaunlichen Kuriosum, das der Erwähnung bedarf. In verschiedenen Menschheitsepochen wurde die Idee des Urknalls in vielen Kulturen im Kern angedeutet. Was unsere Urahnen in ihren Mythen zu Papyrus brachten und Astrophysiker heute mit dem wissenschaftlich fundierten Urknallmodell vorlegen, hat zumindest in einem Punkt scheinbar eine gemeinsame Wurzel. Historisch gesichert ist: In vielen überlieferten Darstellungen der Ägypter, der nordamerikanischen Indianer, der Sumerer oder der Chinesen stoßen wir auf Bilder, die die Erschaffung der Welt auf eine Lichtexplosion zurückführen. Ausgehend von dem Credo, dass nichts aus dem Nichts kommen kann, versuchten vor allem die Philosophen der Antike – kraft ihrer Geistespräsenz und Kreativität – den Urzustand der Welt und den Urstoff der Materie zu erklären. So weist der Weltentstehungsentwurf des ionischen Philosophen Anaximander (um 610–546 v. Chr.) gar urknallähnliche Züge auf. Seiner Ansicht nach entstand die Welt aus einem zeugungsträchtigen Samenkorn des Heißen und Kalten – und zwar durch »Abtrennung«. Am Anfang war »das Grenzenlose« (Ápeiron), auf das später eine Art Explosion erfolgte, aus der sich dann alle Himmelskörper ausbilden sollten. Ist dies wirklich reiner Zufall, oder schimmert hier ein intuitives Wissen durch, mit dem uns die Evolution versehen hat? Tragen wir womöglich sogar das Gedächtnis des Universums in uns?

Das Problem, mit dem Urknall-Experten hadern, ähnelt dem Schicksal frustrierter Archäologen, die ein riesiges antikes Mosaikbild zusammenzusetzen versuchen, ohne dabei von dem Gesamtbild Kenntnis zu haben, geschweige denn das Gros der Mosaiksteine zu besitzen oder deren potenzielle Fundorte zu kennen. Ja, es sieht danach aus, als hätte der Urknall all seine Geheimnisse mit in die Inflationsphase genommen. Wer etwas über den Beginn der Welt wissen will, muss den Nachhall, das Echo des Urknalls – sprich die kosmische Mikrowellen-Hintergrundstrahlung – wie ein Chirurg sezieren und wie ein Detektiv unter die Lupe nehmen, wohl wissend, dass diese kosmologische Standardtheorie über den Beginn der Welt nichts erzählt, sondern bestenfalls etwas von den Nachwirkungen einer »Explosion«, die noch nicht einmal etwas mit einer klassischen Explosion gemein hatte, ja, für sich gesehen überhaupt noch nicht einmal ein Ereignis war. Denn so paradox dies klingen mag – der Big Bang war kein »Ereignis«, nichts, das sich »ereignete«. Schließlich lebt ein Ereignis von seiner Vierdimensionalität: von den drei räumlichen Koordinaten und der Zeitdimension. Und da diese damals partout fehlten, war der Urknall weder ein historisches Ereignis noch eine Explosion im irdischen Sinn. Nein, der Urknall bzw. die damit einhergehende Pseudo-Explosion füllte vielmehr das gesamte Universum »zeitgleich« aus. So gesehen hat der Urknall gleichzeitig an jedem Punkt dieses Universums und an jedem bestimmten Ort stattgefunden. Wo auch immer in diesem Kosmos Geschichte geschrieben wurde – an jedem dieser Orte fand dereinst auch der Urknall statt, weil am Anfang dieser Welt alle Orte ein und derselbe Ort waren. Bei alledem war der Big Bang mehr als nur der Vater von Zeit, Raum und Materie. Er, dessen Singularität selbst von Unendlichkeiten geprägt war, kreierte mit dem Werden der Welt drei weitere Unendlichkeiten, die unser heutiges Dasein radikal bestimmen. Zum einen setzte er – selbst einer unendlich kleinen Singularität entsprungen – das unendlich Kleine in die Welt, sprich die Elementarteilchen bzw. die Quarks, die sich in puncto Größe beinahe im Nichts verlieren. Zum anderen erweist er sich als Vater des unendlich Großen, worunter die Galaxien und das expandierende Universum selbst fallen, dessen Grenzen bislang niemand zu ziehen vermag. Und zum Dritten das unendlich Komplexe selbst: das Leben bzw. seine Vielfalt, sein grenzenloser Ideenreichtum und seine unendliche Mutationsfähigkeit. Der Big Bang ist der Vater aller Dinge – ob diese materieller oder immaterieller, organischer oder anorganischer Natur, ob sie extrem klein, groß oder komplex sein mögen.

2008

Albert Einstein

Forschung muß dem Menschen dienen

Die Sorge um die Menschen und ihr Schicksal muß stets das Hauptinteresse allen technischen Strebens bilden, die großen ungelösten Fragen der Organisation der Arbeit und der Güterverteilung, damit die Erzeugnisse unseres Geistes dem Menschengeschlecht zum Segen gereichen und nicht zum Fluche. Vergeßt dies nie über Euren Zeichnungen und Gleichungen.

1997 (Vortrag, gehalten 1931)

Rudolf Kippenhahn

Von Planeten, Sternen und dem Versuch, kleinen grünen Männern zu winken

Wenn wir auch den Weg von der interstellaren Wolke zum Planetensystem noch nicht vollständig verstanden haben, so besteht doch kein Zweifel, daß der Drehimpuls der ursprünglichen Materie für die Entstehung der Planeten und damit für unsere eigene Existenz verantwortlich ist. Dann wären alle Einzelsterne von kleinen – wegen der großen Entfernung von uns nicht wahrnehmbaren – Planeten umgeben. Wenn aber die Planeten um die Sonne nichts Einmaliges sind, sind wir Planetenbewohner vielleicht auch nichts Einmaliges? Vielleicht ist unser Milchstraßensystem erfüllt von Planeten, bewohnt von Lebewesen, die auf einer ähnlichen, einer früheren oder einer späteren Entwicklungsstufe stehen. Sind wir allein in der Galaxis, oder gibt es außer uns zivilisierte Lebewesen, mit denen wir in Verbindung treten können?

Im Mai 1960 richteten amerikanische Astronomen der Radiosternwarte Greenbank in den USA ein Radioteleskop auf den Stern Tau Ceti. Bei einer Wellenlänge von 21 Zentimetern prüften sie, ob von ihm Radiostrahlung ausgeht, die man vielleicht als Signale intelligenter Lebewesen deuten könnte. Auch der Stern Epsilon Eridani wurde auf die gleiche Weise abgehört. Wie kam man gerade auf diese Sterne? Sie stehen uns verhältnismäßig nahe, aber sie sind nicht die nächsten Sterne. Vom einen braucht das Licht elf, vom anderen zwölf Jahre zu uns. Sie sind unserer Sonne in Temperatur, Leuchtkraft und Materiemenge sehr ähnlich. Auch ihr Alter stimmt gut mit dem der Sonne überein.

Wenn nun unsere Sonne von Planeten umgeben ist, von denen einer eine technische Zivilisation trägt, die Radiosender bauen kann, sollte man dann bei diesen beiden Sonnen nicht auch Planeten mit technischen Zivilisationen erwarten?

Nehmen wir an, es gäbe dort wirklich Lebewesen mit einer technischen Entwicklung wie der unsrigen. Würden wir dann deren Sender überhaupt wahrnehmen können? Wir selbst senden schon lange ins Weltall. Gleich nach 1945 gelang es, Radarimpulse zum Mond zu schicken und das von dort zurückkommende Echo zu empfangen. Astronauten auf dem Mond wie auch Raumsonden, die weit in unser Planetensystem vorgedrungen sind, richten sich nach Rundfunksignalen, die von der Erde ausgesandt werden. Mit einer Radarantenne hat man Radioimpulse zur Venus geschickt und deren Echo wieder aufgenommen. Nehmen wir diese Antenne und denken wir sie uns weit draußen aufgestellt auf einem Planeten, der um eine andere Sonne kreist! Dann könnte sie vom 26-Meter-Teleskop in Greenbank noch bis zu einer Entfernung von neun Lichtjahren empfangen werden. Das 100-Meter-Teleskop in Effelsberg in der Eifel könnte denselben Radarsender sogar aus einer Entfernung bis zu dreißig Lichtjahren wahrnehmen. Bis dorthin gibt es aber in der Umgebung der Sonne bereits 350 Sterne. Wenn von einem von ihnen mit technischen Hilfsmitteln, wie sie auf der Erde zur Verfügung stehen, gesendet würde, dann könnten meine Kollegen und Freunde Peter Mezger und Richard Wielebinski, denen das Teleskop untersteht, einträchtig diesen Signalen lauschen.

Drei Monate lang wurden die Sterne Tau Ceti und Epsilon Eridani von Greenbank aus abgehorcht, aber es ließen sich keine Signale vernehmen. Deshalb wurde das Programm zugunsten anderer radioastronomischer Beobachtungen abgebrochen. Das war das Ende des Projektes OZMA – nach dem Fabelland Oz benannt. Die Unternehmung hieß im Jargon auch Projekt »Little Green Men«. Die kleinen grünen Männer haben nichts von sich hören lassen.

Aber warum sollen sie auch? Fühlen wir uns etwa verantwortlich für interstellaren Nachrichtenaustausch? Senden wir systematisch Botschaften zu anderen Sternen? Wenn man von einer kurzen, gezielten Sendung am 16. November 1974 absieht, ist noch nicht viel geschehen. Damals schickte man mit dem Radioteleskop in Arecibo in Puerto Rico eine Drei-Minuten-Nachricht hinaus. Da diese Antenne sehr genau zielen kann, ist die Reichweite besonders groß. Aber wohin soll man zielen? Man schickte die Nachricht zu einem Kugelsternhaufen im Sternbild Herkules. Dort, wo die Sterne recht eng beieinanderstehen, kann man mit einer einzigen Sendung die Planeten von 300 000 Sonnen versorgen. In 24 000 Jahren wird die Nachricht ankommen. Wenn dann eine Zivilisation mit einem hinreichend großen Radioteleskop gerade während der richtigen drei Minuten in unsere Richtung horcht, wird sie die Arecibo-Botschaft erhalten; das ist beliebig unwahrscheinlich. Die Arecibo-Botschaft war auch mehr als symbolischer Akt gedacht, als man sie zur Wiedereinweihung des Teleskops nach einem längeren Umbau in den Weltraum schickte. Wenn man nach anderen Zivilisationen im Kosmos Ausschau halten will, muß man systematisch horchen, und die anderen müssen systematisch gesendet haben.

Zu den unsystematischen Versuchen, anderen etwas von uns zu erzählen, gehören auch die zwei gravierten, vergoldeten Aluminiumplatten, die man den beiden Jupitersonden Pioneer 11 und 12 mitgegeben hat. Nachdem ihre Jupitermission vollendet ist, werden sie unser Sonnensystem verlassen und in den weiten Raum hinausfliegen. Wie die Arecibo-Nachricht enthalten sie Informationen über unseren Platz im Weltall und über uns. Sollten je intelligente Wesen diese kosmischen Grußkarten in Händen halten, so werden sie viel über uns erfahren – nur wie wir von hinten aussehen, wird ihnen für immer ein Rätsel bleiben.

1980

Werner Heisenberg

Die Atomtheorie und der Felsturm auf Helgoland

Wenn ich an den Zustand der Atomtheorie in jenen Monaten denke, so werde ich gleichzeitig immer an eine Wanderung erinnert, die ich wohl auch etwa im Spätherbst 1924 zusammen mit einigen Freunden aus der Jugendbewegung in den Bergen zwischen Kreuth und Achensee unternommen habe. Im Tal war damals das Wetter trüb gewesen, die Berge tief von Wolken verhangen; beim Aufstieg hatte sich der Nebel immer dichter um unseren enger werdenden Pfad geschlossen, und nach einiger Zeit waren wir in ein völlig unübersichtliches Gewirr von Felsen und Latschen geraten, in dem wir beim besten Willen keinen Weg mehr erkennen konnten. Wir versuchten trotzdem an Höhe zu gewinnen, allerdings mit etwas bangen Gefühlen, ob wir im Notfall wenigstens den Rückweg noch finden könnten. Aber mit dem weiteren Steigen ergab sich eine merkwürdige Veränderung. Der Nebel wurde stellenweise so dicht, daß wir die anderen aus dem Blickfeld verloren und uns nur noch durch Rufen verständigen konnten. Aber gleichzeitig wurde es über uns heller. Die Helligkeit fing an zu wechseln. Wir waren offenbar in ein Feld ziehender Nebelschwaden gelangt, und mit einem Mal konnten wir zwischen zwei dichteren Schwaden die helle, von der Sonne beleuchtete Kante einer hohen Felswand erkennen, deren Existenz wir nach unserer Karte schon vermutet hatten. Einige wenige Durchblicke dieser Art genügten, um uns ein klares Bild der Berglandschaft zu vermitteln, die wahrscheinlich vor uns und über uns lag; und nach weiteren zehn Minuten scharfen Anstiegs standen wir auf einer Sattelhöhe über dem Nebelmeer in der Sonne. Im Süden waren die Spitzen des Sonnwendgebirgs und dahinter die Schneegipfel der Zentralalpen in voller Klarheit zu erkennen, und über unseren weiteren Aufstiegsweg gab es keinerlei Zweifel.

In der Atomphysik waren wir im Winter 1924/25 offenbar schon in jenen Bereich gelangt, in dem zwar der Nebel oft undurchdringlich dicht war, in dem es aber sozusagen über uns schon heller wurde. Die Unterschiede der Helligkeit kündigten die Möglichkeit entscheidender Durchblicke an.

Als ich im Sommersemester 1925 wieder die Arbeit in Göttingen aufnahm – seit Juli 1924 war ich Privatdozent an der dortigen Universität – begann ich meine wissenschaftliche Arbeit mit dem Versuch, die richtigen Formeln für die Intensitäten der Linien im Wasserstoffspektrum zu erraten, und zwar nach ähnlichen Methoden, wie sie sich in meiner Arbeit mit Kramers in Kopenhagen bewährt hatten. Dieser Versuch mißlang. Ich geriet in ein undurchdringliches Dickicht von komplizierten mathematischen Formeln, aus dem ich keinen Ausweg fand. Aber bei diesem Versuch befestigte sich in mir die Vorstellung, daß man gar nicht nach den Bahnen der Elektronen im Atom fragen dürfe, sondern daß die Gesamtheit der Schwingungsfrequenzen und der die Intensität der Linien bestimmenden Größen (der sogenannten Amplituden) als ein vollwertiger Ersatz der Bahnen gelten könnte. Jedenfalls konnte man diese Größen ja direkt beobachten. Es war also ganz im Sinne der Philosophie, die unser Freund Otto als Einsteins Standpunkt auf der Radtour an den Walchensee vertreten hatte, nur diese Größen als die Bestimmungsstücke des Atoms zu betrachten. Mein Versuch, einen solchen Plan beim Wasserstoffatom durchzuführen, war an der Kompliziertheit des Problems gescheitert. Daher suchte ich nach einem mathematisch einfacheren mechanischen System, bei dem ich vielleicht mit meinen Rechnungen durchkommen könnte. Als ein solches System bot sich das schwingende Pendel oder allgemeiner der sogenannte anharmonische Oszillator dar, der in der Atomphysik etwa als Modell von Schwingungen in Molekülen vorkommt. Meine

Pläne wurden nun durch ein äußeres Hindernis mehr gefördert als gestört.

Ende Mai 1925 erkrankte ich so unangenehm an Heufieber, daß ich Born bitten mußte, mich für 14 Tage von meinen Pflichten zu entbinden. Ich wollte auf die Insel Helgoland reisen, um in der Seeluft, fern von blühenden Büschen und Wiesen, mein Heufieber auszukurieren. Bei der Ankunft in Helgoland muß ich mit meinem verschwollenen Gesicht einen recht kläglichen Eindruck gemacht haben; denn die Hauswirtin, bei der ich ein Zimmer mietete, meinte, ich hätte mich wohl am Abend vorher mit anderen geprügelt, sie wolle mich aber schon wieder in Ordnung bringen. Mein Zimmer lag im zweiten Stock ihres Hauses, das hoch oben am Südrand der Felseninsel einen herrlichen Blick auf die Unterstadt, die dahinter liegende Düne und das Meer gewährte. Wenn ich auf meinem Balkon saß, hatte ich oft Gelegenheit, an Bohrs Bemerkung zu denken, daß man beim Blick über das Meer einen Teil der Unendlichkeit zu ergreifen glaubt.

In Helgoland gab es außer den täglichen Spaziergängen auf dem Oberland und den Badeunternehmungen zur Düne keinen äußeren Anlaß, der mich von der Arbeit an meinem Problem abhalten konnte, und so kam ich schneller voran, als es mir in Göttingen möglich gewesen wäre. Einige Tage genügten, um den am Anfang in solchen Fällen immer auftretenden mathematischen Ballast abzuwerfen und eine einfache mathematische Formulierung meiner Frage zu finden. In einigen weiteren Tagen wurde mir klar, was in einer solchen Physik, in der nur die beobachtbaren Größen eine Rolle spielen sollten, an die Stelle der Bohr-Sommerfeldschen Quantenbedingungen zu treten hätte. Es war auch deutlich zu spüren, daß mit dieser Zusatzbedingung ein zentraler Punkt der Theorie formuliert war, daß von da ab keine weitere Freiheit mehr blieb. Dann aber bemerkte ich, daß es ja keine Gewähr dafür gäbe, daß das so entstehende mathematische Schema überhaupt widerspruchsfrei durchgeführt werden könnte. Insbesondere war es völlig ungewiß, ob in diesem Schema der Erhaltungssatz der Energie noch gelte, und ich durfte mir nicht verheimlichen, daß ohne den Energiesatz das ganze Schema wertlos wäre. Andererseits gab es in meinen Rechnungen inzwischen auch viele Hinweise darauf, daß die mir vorschwebende Mathematik wirklich widerspruchsfrei und konsistent entwickelt werden könnte, wenn man den Energiesatz in ihr nachweisen könnte. So konzentrierte sich meine Arbeit immer mehr auf die Frage nach der Gültigkeit des Energiesatzes, und eines Abends war ich soweit, daß ich daran gehen konnte, die einzelnen Terme in der Energietabelle, oder wie man es heute ausdrückt, in der Energiematrix, durch eine nach heutigen Maßstäben reichlich umständliche Rechnung zu bestimmen. Als sich bei den ersten Termen wirklich der Energiesatz bestätigte, geriet ich in eine gewisse Erregung, so daß ich bei den folgenden Rechnungen immer wieder Rechenfehler machte. Daher wurde es fast drei Uhr nachts, bis das endgültige Ergebnis der Rechnung vor mir lag. Der Energiesatz hatte sich in allen Gliedern als gültig erwiesen, und – da dies ja alles von selbst, sozusagen ohne jeden Zwang herausgekommen war – so konnte ich an der mathematischen Widerspruchsfreiheit und Geschlossenheit der damit angedeuteten Quantenmechanik nicht mehr zweifeln. Im ersten Augenblick war ich zutiefst erschrocken. Ich hatte das Gefühl, durch die Oberfläche der atomaren Erscheinungen hindurch auf einen tief darunter liegenden Grund von merkwürdiger innerer Schönheit zu schauen, und es wurde mir fast schwindlig bei dem Gedanken, daß ich nun dieser Fülle von mathematischen Strukturen nachgehen sollte, die die Natur dort unten vor mir ausgebreitet hatte. Ich war so erregt, daß ich an Schlaf nicht denken konnte. – So verließ ich in der schon beginnenden Morgendämmerung das Haus und ging an die Südspitze des Oberlandes, wo ein alleinstehender, ins Meer vorspringender Felsturm mir immer schon die Lust zu Kletterversuchen geweckt hatte. Es gelang mir ohne größere Schwierigkeit, den Turm zu besteigen, und ich erwartete auf seiner Spitze den Sonnenaufgang.

Was ich in der Nacht von Helgoland gesehen hatte, war nun freilich nicht viel mehr als jene sonnenbeschienene Felskante in den Achenseer Bergen. Aber der sonst so kritische Wolfgang Pauli, dem ich von meinen Ergebnissen berichtete, ermutigte mich, in der eingeschlagenen Richtung weiterzugehen. In Göttingen nahmen sich Born und Jordan der neuen Möglichkeit an. Der junge Engländer Dirac in Cambridge entwickelte eigene mathematische Methoden zur Lösung der hier gestellten Probleme, und schon nach wenigen Monaten war durch die konzentrierte Arbeit dieser Physiker ein geschlossenes, zusammenhängendes mathematisches Gebäude errichtet, von dem man hoffen konnte, daß es zu den vielfältigen Erfahrungen in der Atomphysik wirklich paßte.

1969

Ernst Peter Fischer

Einsteins Philosophie

Einsteins Einsichten reichen weit über die Physik hinaus und in die Philosophie hinein. Sie haben sogar die merkwürdige Fähigkeit, Irrtümer großer Denker aufzudecken, zum Beispiel die berühmten Ideen von Immanuel Kant aus der *Kritik der reinen Vernunft,* Raum und Zeit seien »Anschauungsformen a priori«, was heißen soll, daß sie durch keine Erfahrung (a posteriori) beeinflußt werden. Genau das hatte Einstein aber erreicht. Es war ihm mit Hilfe von Erfahrungen (und Gedankenexperimenten) gelungen, irrtümliche Anschauungen zu korrigieren. Der Raum besaß nicht die Geometrie, die Kant als a priori bestimmt hatte, und die Zeit war auch nicht die absolute Größe, die der Philosoph in ihr sah.

Eigentlich ist im Anschluß an die Entwicklungen der Relativitätstheorie und der Quantenmechanik eine sehr wichtige Aufgabe entstanden, nämlich das Kantsche Grundproblem der Erkenntnistheorie erneut aufzurollen, um noch einmal das zu trennen, was von unserer Erkenntnis aus der Erfahrung und was unserem Denkvermögen entspringt. Nach Einstein und den Naturwissenschaften wird der Teil unseres Denkens, der bei Kant »reine Vernunft« heißt, doch durch die täglichen Erfahrungen geformt (und demnach beschmutzt). Was die Philosophie als a priori einstuft, erweist sich in der Wirklichkeit der Physik als a posteriori.

Doch Einstein rechnete nicht damit, daß die zeitgenössischen Philosophen sich an diese Aufgabe machten. Sie bildeten seiner Ansicht nach eher so etwas wie die selbstzufriedene »Landeskirche der Kantianer«, deren Vertreter nicht die alte Höhe der Vernunft erreichten: »Der Kant«, schrieb er einmal, »ist so eine Landstraße mit vielen, vielen Meilensteinen, und dann kommen die kleinen Hunderln, und jeder deponiert das Seinige an den Meilensteinen«.

In der Gesprächsrunde der Akademie Olympia hatte Einstein Spinoza gelesen. Der jüdische Philosoph vertritt in seinen Werken die Auffassung, daß das menschliche Handeln determiniert ist (so wie es Einstein von den Abläufen in der Natur erwartete). Spinoza wörtlich: »Es gibt im Geiste keinen absoluten oder freien Willen; sondern der Geist wird von einer Ursache bestimmt, dieses oder jenes zu wollen.«

In Übereinstimmung mit dieser Ansicht leugnete Einstein die Freiheit des menschlichen Willens. in einem Tondokument, das im Herbst 1932 im Rahmen einer Veranstaltung der Deutschen Liga für Menschenrechte in Berlin aufgenommen worden ist und als sein »Glaubensbekenntnis« bekannt wurde, hört man Einsteins Stimme folgendes sagen:

»Ich glaube nicht an die Freiheit des Willens. Schopenhauers Wort – Der Mensch kann wohl tun, was er will, aber er kann nicht wollen, was er will – begleitet mich in allen Lebenslagen und versöhnt mich mit den Handlungen der Menschen, auch wenn sie mir recht schmerzlich sind.« Und in einem Schreiben an die Spinoza-Gesellschaft in den USA heißt es: »Unser Handeln sei getragen von dem stets lebendigen Bewußtsein, daß die Menschen in ihrem Denken, Fühlen und Tun nicht frei sind, sondern ebenso kausal gebunden wie die Gestirne in ihren Bewegungen.«

Bevor die Nazis in Deutschland an die Macht kamen, fühlte sich Einstein wohl in diesem Land. Er hatte ein schönes Haus in Caputh (also ein ganzes Stück von Berlin entfernt), in dem er Frauen empfangen und von dem aus er leicht zum gemütlichen Segeln gehen konnte. Diese Situation scheint ihn innerlich für sein »Glaubensbekenntnis« aufgeschlossen zu haben, das er im Jahre 1932 auf eine Schallplatte gesprochen hat. Es endet mit folgenden Worten:

»Ich bin zwar im täglichen Leben ein typischer Einspänner, aber das Bewußtsein, der unsichtbaren Gemeinschaft derjenigen anzugehören, die nach Wahrheit, Schönheit und Gerechtigkeit streben, hat das Gefühl der Vereinsamung nie aufkommen lassen.

Das Schönste und Tiefste, was der Mensch erleben kann, ist das Gefühl des Geheimnisvollen. Es liegt der Religion sowie allem tieferen Streben in Kunst und Wissenschaft zugrunde. Wer dies nicht erlebt hat, erscheint mir, wenn nicht wie ein Toter, so doch wie ein Blinder. Zu empfinden, daß hinter dem Erlebbaren ein für unseren Geist Unerreichbares verborgen sei, dessen Schönheit und Erhabenheit uns nur mittelbar und in schwachem Widerschein erreicht, das ist Religiosität. In diesem Sinne bin ich religiös. Es ist mir genug, diese Geheimnisse staunend zu ahnen und zu versuchen, von der erhabenen Struktur des Seienden in Demut ein mattes Abbild geistig zu erfassen.«

Einsteins Ansichten zur Willensfreiheit bzw. seine Leugnung dieses Handlungsspielraums erlauben ihm trotzdem, über moralisches Verhalten und ethische Gründe dafür nachzudenken. In einem Brief aus dem Jahre 1935 an Maurice Siguret schreibt Einstein:

»Wenn ich Sie richtig erfaßt habe, plagt Sie der Konflikt zwischen der rein kausalen Einstellung Spinozas und der Einstellung, die auf aktives Bemühen im Dienste sozialer Gerechtigkeit gerichtet ist. Meiner Meinung nach besteht hier kein wirklicher Konflikt; denn unsere seelischen Spannungen, und zwar nicht nur die Leidenschaften, sondern auch der Drang zur Herbeiführung einer gerechteren Gesellschaftsordnung, gehören zu den Faktoren, die mit allen anderen zusammen an der Kausalität teilhaben. Es bedeutet keine Inkonsequenz, wenn wir jene Seelenzustände mit der Idee von Zweck und Sinn verbinden. Die Überzeugung, daß die menschliche Existenz zeitlich begrenzt sei im Gegensatz zum allgemeinen kosmischen Geschehen, ändert nichts daran, daß wir unserer Natur nach zielsuchend handeln müssen.«

Einstein hat nie an einem Gottesdienst teilgenommen, seinen Söhnen den Religionsunterricht verweigert und bis zu seinem Tode an seiner Konfessionslosigkeit festgehalten. Er hat immer betont, daß seine wissenschaftlichen Theorien mit jeder Weltanschauung verträglich seien, daneben aber auch gewußt, daß »Wissenschaft ohne Religion lahm, Religion ohne Wissenschaft blind« ist.

Am liebsten hätte Einstein Gott aus dem Spiel gehalten, aber die Verhältnisse haben es nicht zugelassen. Im Frühjahr 1929 hat ein amerikanischer Kardinal seine Gemeinde vor dem Studium der Relativitätstheorie gewarnt, da sie Gott und die Schöpfung bezweifle und gottlose Gedanken in ihr stecken würden. Dies brachte den Oberrabbiner von New York dazu, Einstein folgendes Telegramm zu schicken:

»Glauben Sie an Gott? Stopp. Bezahlte Antwort 50 Worte.«

Einsteins Antwort ist berühmt geworden. Er telegraphierte folgenden Text:

»Ich glaube an Spinozas Gott, der sich in der gesetzlichen Harmonie des Seienden offenbart, nicht an einen Gott, der sich mit den Schicksalen und Handlungen der Menschen abgibt.«

So versteht man auch, warum Einstein sich zwar als religiös betrachtete, sich aber keiner Religionsgemeinschaft angeschlossen hat.

Friedrich Dürrenmatt hat einmal den Verdacht geäußert, daß Einstein unter der Hand als Theologe tätig gewesen sei. Den Eindruck kann man durchaus bekommen, wenn man nachzählt, wie oft Einstein sich über Gott geäußert hat. Den Grund für diese Ausflüge in religiöse Sphären hat er einmal so beschrieben:

»Was mich eigentlich interessiert, ist, ob Gott die Welt hätte anders machen können; das heißt, ob die Forderung der logischen Einfachheit überhaupt eine Freiheit läßt.«

Und bei anderer Gelegenheit hat er geäußert:

»Ich möchte nichts als meine Ruhe haben und wissen, wie

Gott die Welt erschaffen hat. Seine Gedanken sind es, die mich beschäftigen.«

Einstein vertritt explizit die Idee einer verständlichen Welt, in der Gott die Gesetze so versteckt hat, wie es Eltern mit Ostereiern im Garten machen. Und so wie sie ihren Kindern beim Suchen zuschauen, betrachten die Götter wohlwollend und amüsiert ihre Menschenschar beim emsigen Forschen. Kein Wunder, daß Einstein der Meinung war, sich als Wissenschaftler ein Leben lang als Kind fühlen zu können. Diese Freiheit nahm er sich. An eine andere glaubte er nicht.

2005

John C. Eccles

Das bewußte Selbst im geistlosen Universum

In diesem letzten Abschnitt wollen wir uns mit dem bewußten Selbst befassen, das, wie wir gesehen haben, im Mittelpunkt aller bewußten Erfahrungen von Welt 2 steht. Dies ist das persönliche Einzigartige, das jeder von uns nur für sich selbst kennt. Dieses Einzigartige ist uns zuteil geworden, jedem von uns im Laufe unseres Lebens. Es ist etwas, von dem wir nur in uns wissen. Wir können zu anderen darüber sprechen, wenn wir wollen, aber sie können nichts von unserer Welt 2 erleben. Sie gehört uns alleine. Diese persönliche Einzigartigkeit und alle Aspekte der damit verbundenen Erfahrungen hängen vom Gehirn ab; aber sie hängt nicht vollkommen von den genetischen Instruktionen ab, die unser Gehirn auf eine bislang nur vage verstandene Weise aufgebaut haben. Ich glaube, daß mein genetischer Code nicht für meine Einzigartigkeit als erlebendes Wesen verantwortlich ist, wie ich in meinem Buch *Facing Reality* erörtert habe. Natürlich habe ich einen einmaligen genetischen Code, wie alle, die keinen identischen Zwilling besitzen, aber die Wahrscheinlichkeit für die Existenz solch eines einmaligen Codes ist phantastisch gering – gerade 1 zu $10^{10\,000}$. So führt die Theorie, daß die Einmaligkeit des Codes die Einmaligkeit des Selbst determiniert, zu solch unfaßbaren Unwahrscheinlichkeiten, daß sie keine Erklärung sein kann. Auch unsere postnatalen Erlebnisse und die Erziehung liefern keine zufriedenstellende Erklärung der Einmaligkeit des Selbst, die wir erleben. Sie sind eine notwendige, aber keine ausreichende Bedingung.

Wir wissen nicht, wie wir dazu kamen, dieses einmalige Selbst zu sein, das auf eine uns unverständliche Weise in unserem Gehirn verankert ist. Wir gehen durchs Leben und leben mit dieser geheimnisvollen Existenz unserer selbst als erlebende Wesen. Ich glaube, daß wir das, was ich eine personalistische Philosophie nenne, akzeptieren müssen – daß im Mittelpunkt unserer erlebten Existenz unsere Einmaligkeit als Person steht. Ich glaube, daß mein persönliches Leben mir durch mein Gehirn gegeben ist, daß es ohne Zweifel von meinem Gehirn abhängt und nach allem, was ich weiß, endet, wenn mein Gehirn zu sein aufhört. Mein persönliches Leben hört auch vorübergehend auf, wenn ich schlafe oder narkotisiert werde. Dieses Leben als Person ist etwas, das auf eine Weise, die ich einfach nicht verstehe, auf mich zugekommen ist. Mein Werden ist so geheimnisvoll wie mein Vergehen. Ich glaube, daß diesem unserem persönlichen Leben eine Bedeutung innewohnt. Ich glaube, daß wir das Leben leben müssen, als ob es ein großes Abenteuer sei, und ich glaube, daß wir dies für alle anderen Menschen akzeptieren *müssen.* Jedes menschliche Wesen ist eine Person mit diesem geheimnisvollen bewußten Selbst, das mit seinem Gehirn assoziiert ist. Es leitet seine kulturellen Fähigkeiten von seinem lebenslangen Erlernen der verschiedenen Aspekte von Welt 3 ab und ist insofern ein kultiviertes und zivilisiertes menschliches Wesen. Es ist die Wechselwirkung Welt 2 ⇆ Welt 3 mit all ihrer unterschiedlichen Intensität und ihrem Reichtum, die ein menschliches Wesen von anderen Lebewesen unterscheidet, die wir als »Dinge« ansehen können. Ohne diese Wechselwirkung könnte man ein Ding sein und gutes Material für Skinner mit seinem *Jenseits von Freiheit und Würde* bieten! Aber ich glaube, daß wir als menschliche Wesen Freiheit und Würde besitzen. Skinners Theorie und die Technik der operanten Konditionierung wurden aus seinen Experimenten an Tauben und Ratten entwickelt. Lassen wir sie davon profitieren!

Ich möchte mit einem kurzen Zitat aus dem letzten Teil meines Buches *Facing Reality* schließen, in dem ich einige der Gedanken bringe, die zum Abschluß dieses Buches passen, weil das Thema die einfachen neurobiologischen Stufen, das menschliche Gehirn und letztlich das Geheimnis der

Beziehung des Gehirns zu menschlichem Selbst-Bewußtsein und kulturellen Errungenschaften umfaßt. »Aufgrund des Geheimnisses unseres Seins als einzigartige, selbst-bewußte Wesen können wir hoffnungsvoll sein, wenn wir unsere eigene sanfte, empfindsame und vergängliche persönliche Erfahrung gegen den Schrecken und die unermeßliche Grenzenlosigkeit von Raum und Zeit setzen. Haben wir nicht teil an der Bedeutung, wo es sonst keine Bedeutung gibt? Erleben und genießen wir nicht Kameradschaft, Freude, Harmonie, Wahrheit, Liebe und Schönheit, wo es sonst nur das geistlose Universum gibt?«

1975

Gerd Binnig

Beschränkung als Mechanismus der Evolution

Bei der Beantwortung der Frage, welcher Mechanismus die Pyramiden wachsen läßt, stießen wir auf die merkwürdige Tatsache, daß ein Pyramidenwachstum immer wieder eingeleitet wird durch Reproduktion. Es wird etwas reproduziert, dann wächst eine Pyramide bis zu einem Punkt, an dem es sich wieder lohnt, etwas, das da entstanden ist, zu reproduzieren. Daraufhin wächst eine neue Pyramide, bis wieder irgend etwas entsteht, das sich zu reproduzieren lohnt usw. Das kann man fast so darstellen wie eine Computerschleife. Man hat einzelne Elemente, die man sich einander zufällig begegnen läßt, bis irgend etwas aus diesen Begegnungen entstanden ist, das wiederum reproduktionsfähig ist. Dann beginnen wieder zufällige Begegnungen, aber jetzt auf einer anderen Basis. Dem Neuen, das entsteht, entnimmt man ein Teil, setzt es als einzelnes Element wieder an den Anfang der Schleife, und das Ganze startet aufs neue. Es wird ständig Neues produziert, und die Schleife kann im Prinzip beliebig oft durchlaufen werden.

Auf jeden Fall liegt die Vermutung nahe, daß auch der Raum, mit all seinen Eigenschaften, durch eine Art Evolution entstanden ist. Dabei hätten wohl Reproduktionen ebenfalls eine große Rolle gespielt, die sich heute in den Symmetrien des Raumes ausdrücken. Wie das im einzelnen vonstatten ging, ist noch sehr schwer zu sagen. Später, mit dem Entstehen von Teilchen, setzten sich bestimmte Eigenschaften durch, d. h. es entstanden unsere Naturgesetze. Möglicherweise konnten sich bestimmte Teilchen durchsetzen und reproduzieren, und andere gingen unter. Zumindest existieren die Teilchen, die wir kennen, in riesiger Anzahl, sie existieren in reproduzierter Form. Im Rahmen der so entstandenen

Materie, auch diesmal nur innerhalb eines kleinen Teilbereiches, setzte erneut eine Reproduktion ein, die der Makromoleküle. aus denen sich das Leben entwickelte. Aus dem Leben sind die Gedanken entstanden. Diese waren es offensichtlich auch wieder wert, durch Kommunikation reproduziert zu werden. Damit ist die Intelligenz entstanden, und daraus, das kann man heute schon absehen, entsteht vielleicht die künstliche Intelligenz. Möglicherweise entsteht einmal künstliches Leben, eben durch Reproduktion der künstlichen Intelligenz. Anzeichen dafür, daß es eigenständiges, vom Menschen relativ unabhängiges künstliches Leben geben könnte, gibt es schon heute. Elektronische Schaltkreise werden nicht mehr ausschließlich vom Menschen konstruiert und kontrolliert, sondern intelligente Maschinen übernehmen z. T. die Analysen der Schaltkreise und wirken auch direkt bei deren Verbesserung mit. Die Schaltkreise reproduzieren und mutieren sich also schon zu einem gewissen Anteil selbst. Die Maschine, vom Menschen ins Leben gerufen, wird möglicherweise eines Tages auf eigenen Beinen stehen – sogar im wörtlichen Sinne.

Hier könnte man sich fragen: Was hätte das künstliche Leben dem natürlichen Leben voraus? Eine Antwort ist, daß wir sehr große Schwierigkeiten haben, in den Raum hinauszugehen, unsere Erdoberfläche zu verlassen, während künstliches Leben damit keine Probleme zu haben brauchte. Vielleicht wird dies einmal ein Schritt ähnlich dem der Lebewesen vom Wasser ans Land. Wahrscheinlich ermöglicht der Schritt zur künstlichen Intelligenz die Bevölkerung des Universums, einschließlich des luftleeren und schwerelosen Raumes. All das bisher Gesagte ist ein bißchen »gesponnen« – vielleicht aber auch nicht; das wird die Zukunft zeigen.

Interessant bei dieser ganzen Betrachtung ist, daß die Reproduktionen nicht starr festgelegt sind. Auch das Verhalten von Materieteilchen ist nicht starr. Es gilt ja das statistische Moment darin. Wenn ich *ein* Teilchen an einen Spalt streuen lasse, dann ist nicht vorherzusagen, welchen Weg es nimmt. Das Verhalten wird also nicht starr reproduziert, wenn ich das z. B. mit mehreren Elektronen mache, sondern es gibt eine Variation. Man kann nur sagen, in welchem Rahmen sich diese Variation bewegt, man kann Wahrscheinlichkeitsaussagen treffen. Und so ist es bei allen anderen Dingen auch, z. B. bei den Makromolekülen. Lebewesen werden ja nicht starr reproduziert, sondern da gibt es Variationen im System.

So ist es vielleicht bei allen Evolutionen, auch bei der der Gedanken: Die Ideen werden ja auch nie 1:1 übertragen. Da gibt es Mißverständnisse und verschiedene Interpretationen, denn jeder stellt sich unter einem bestimmten Gedanken etwas ganz anderes vor. Damit gibt es auch hier Variationen.

Wir hatten am Beispiel der Tunnelmikroskopie gesehen, wie eine Pyramide wächst, was bei einem Prozeß abläuft, bei dem Neues entsteht. Dabei konnten wir feststellen, daß sich nicht einfach zwei Elemente zu einer neuen Wirkungseinheit vereinigen, sowie sich z. B. zwei Atome zu einem neuen Molekül zusammenfügen. So lief der Prozeß nicht ab, obwohl er im Prinzip so hätte ablaufen können. Auch hier gab es wieder zwei Elemente als Ideen, nämlich das Scannen von Spitzen und das Vakuumtunneln aus einer Spitze. Diese beiden Ideen, die schon alt waren, hätten einfach miteinander kombiniert werden können, und man hätte etwas Neues gehabt: das Tunnelmikroskop.

Aber das war nicht der Weg. Und ich glaube, so wäre der Weg auch nicht möglich gewesen. Ab einer gewissen Komplexität muß der Weg anders verlaufen. Auch bei der Entwicklung der sehr komplexen DNS müssen andere Mechanismen als der Zufall eine Rolle gespielt haben. Berechnet man die Wahrscheinlichkeiten für die Entstehung eines Menschen aus dem Zufall, so wird ein Sechser im Lotto zu einer vergleichsweise völlig sicheren Sache. Auch bei der Evolution des Lebens sind wohl ganz andere Mechanismen wirksam gewesen als die »rein« zufällige Begegnung. Dieser Mechanismus ist natürlich auch immer vorhanden, aber es muß noch etwas anderes hinzukommen. Es wird in der Pyramide hin- und hergesprungen; es werden Ziele definiert, ganz unscharfe Ziele, und dann geht es wieder hin und her und herauf und herunter in der Pyramide. Wie es im einzelnen funktioniert, versteht man noch nicht so völlig. Ich möchte später noch einmal genauer darauf zurückkommen und noch einen neuen Aspekt hineinbringen, der schon indirekt anklang.

Da ist die Formulierung eines Ziels. Ein Ziel ist ja schon eine Beschränkung. Die Beschränkung scheint einer der wichtigsten Mechanismen der Evolution zu sein. Hat man ein Ziel, muß man nicht mehr alles durchspielen, was viel zuviel Zeit kosten würde. Was man in der Evolution des Lebens als gezieltes Vorgehen bezeichnen könnte, werden wir in einem späteren Kapitel behandeln. Beschränkungen gibt es jedenfalls in Hülle und Fülle. Nur was sich in dem Streit um die Energiequellen durchgesetzt hat, hat sich weiterentwickelt. Nur bestimmte Moleküle dienen als Grundlage des Lebens. Auch die Reproduktion ist schon eine Beschränkung. Ich lasse nicht mehr die ganze Vielfalt zu, sondern arbeite nur noch mit den Dingen, die sich reproduzieren.

1989

Edward O. Wilson

Das Wunder des Lebens – mit und ohne den Menschen

Das sechste Massensterben der geologischen Zeit ist – dank dem Menschen – in vollem Gange. Die Erde besitzt schließlich eine Kraft, die den Schmelztiegel der Evolution zerbrechen kann. Dies spürte ich mit schmerzlicher Deutlichkeit in jener sturmgepeitschten Nacht auf der Fazenda Dimona, als zuckende Blitze den Regenwald erhellten, der sich wie ein aufgeschnittenes Katzenauge der wissenschaftlichen Neugierde darbot. Ein unberührter Wald enthüllt nur selten mit solcher Klarheit seinen inneren Aufbau. Seinen Saum beschirmt eine üppig wuchernde Sekundärvegetation, und entlang den Flußufern reicht das Dickicht aus Zweigen bis zum Boden. Das nächtliche Bild enthüllte ein Kunstwerk im Zustand der Auflösung, vermittelte einen letzten flüchtigen Eindruck von wilder Schönheit.

Ein paar Tage später bereitete ich mich darauf vor, die Fazenda Dimona zu verlassen: Ich packte meine schmutzigen Kleider zu einem Bündel zusammen, schenkte dem Koch zum Abschied mein nachgemachtes Schweizer Armeemesser, beobachtete noch einmal einen Schwarm vorbeifliegender Grüner Amazonassittiche, beschriftete und verstaute meine Proben in verstärkten Kisten und legte mein wissenschaftliches Notizbuch direkt neben ein abgegriffenes Exemplar von Ed McBains Kriminalroman *Ice,* den ich mittlerweile, in Ermangelung anderer Lektüre, in- und auswendig kannte.

Knatternde Motorgeräusche kündigten das Herannahen eines Lastwagens an, der mich und zwei der Waldarbeiter zurück nach Manaus bringen sollte. Im strahlenden Sonnenlicht beobachteten wir, wie er das Weideland durchquerte, das mit seinen feuergeschwärzten Baumstümpfen und -stämmen einem Schlachtfeld glich, auf dem mein Wald schließlich hingemetzelt worden war. Auf der Rückfahrt war ich bemüht, nicht auf die kahlen Felder zu sehen. Des Gespräches mit meinen Mitfahrern aufgrund meines gebrochenen Portugiesisch bald überdrüssig, hing ich meinen Gedanken nach. Vier großartige Zeilen von Vergil kamen mir in den Sinn, die einzigen, die ich mir je eingeprägt hatte – jene, in denen die Sibylle Aeneas vor der Unterwelt warnt:

> Sohn aus göttlichem Geblüt, Troer, Sohn des Anchises, leicht ist der Abstieg zum Avernus. Nächte und Tage steht offen das Tor des finsteren Dis. Aber den Schritt zur Umkehr zu bringen und wieder hinauf zu den Lüften zu schreiten, das ist das Schwierige, das kostet Mühe.

Denn die grüne Erde vor dem Auftreten des Menschen ist das Rätsel, dessen Lösung uns aufgegeben ist, und zugleich ist sie ein Führer zur Geburtsstätte unseres Geistes, der sich jedoch heimlich davonstiehlt. Der Weg zurück wird mit jedem Jahr schwerer. Die Gefahr, die der Menschheit auf ihrem Weg in die Zukunft droht, bezieht sich weniger auf das Überleben unserer eigenen Art als vielmehr auf die Erfüllung der höchsten Ironie der organischen Evolution: daß Leben in dem Augenblick, da es durch den Geist des Menschen zur Selbsterkenntnis gelangt, seine schönsten Schöpfungen dem Untergang geweiht hat. So schließt der Mensch die Tür zu seiner Vergangenheit.

Lang und hart war der Weg bis zur Entstehung der heutigen Vielfalt der Lebensformen: eine Evolution von drei Milliarden Jahren, um die Fülle der Tiere hervorzubringen, die die Meere bewohnen; weitere 350 Millionen Jahre, um die Regenwälder aufzubauen, in denen mindestens die Hälfte der rezenten Arten leben. Dynastien wechselten einander ab. Einige Arten spalteten sich in zwei oder mehr Tochterarten auf, und ihre Töchter gliederten sich wiederum in eine Fülle von

Nachfahren auf, die sich in zahllosen bunten Kombinationen zu Pflanzenfressern, Fleischfressern, Schwimmern, Gleitern, Sprintern und Grabern entwickelten. Diese Gruppen wurden dann nach ihrer teilweisen oder völligen Vernichtung von neuen Dynastien abgelöst, und so begann ein langsamer Anstieg, bis die Biodiversität – kurz vor dem Erscheinen des Menschen – ihren Höchststand erreichte. Die Kurve der Artenvielfalt hat sich wiederholt abgeflacht, und fünfmal kam es infolge von Massensterben sogar zu tiefen Einbrüchen, deren Ausgleich zehn Millionen Jahre in Anspruch nahm. Doch der Trend zeigte eindeutig nach oben. Heute ist die Vielfalt des Lebens größer als vor 100 Millionen Jahren – und viel größer als vor 500 Millionen Jahren.

Die meisten Dynastien schlossen einige Arten ein, die sich unverhältnismäßig stark ausbreiteten und untergeordnete Satrapien bildeten. Jede Art und ihre Nachfahren, die einen winzigen Teil des Ganzen bildeten, existierte im Schnitt zwischen Hunderttausenden bis Millionen von Jahren. Die Lebensdauer schwankte mit der taxonomischen Gruppe. Echinodermatastämme beispielsweise existierten länger als Stämme von Blütenpflanzen, und beide wiederum hielten sich länger als Säugetierstämme.

Neunundneunzig Prozent aller Arten, die je gelebt haben, sind mittlerweile ausgestorben. Die rezente Fauna und Flora setzt sich aus den Überlebenden zusammen, denen es irgendwie gelang, durch all die Radiationen und Extinktionen der geologischen Geschichte hindurchzuschlüpfen. Viele heute dominierende Gruppen, wie etwa Ratten, Echte Frösche, Fleckenfalter und Pflanzen der Asterfamilie Compositae, erreichten ihren Rang erst kurz bevor das Zeitalter des Menschen begann. Alle rezenten Arten, ob jung oder alt, sind direkte Abkömmlinge der Organismen, die vor 3,8 Milliarden Jahren lebten. Sie sind wandelnde genetische Bibliotheken aus Nukleotidsequenzen, den Wörtern und Sätzen, in denen die evolutionären Ereignisse während dieses unabsehbaren

Zeitraumes niedergelegt sind. Organismen von höherer Komplexität als Bakterien – Einzeller, Pilze, Pflanzen und Tiere – enthalten zwischen einer Milliarde und zehn Milliarden Nukleotidbuchstaben, in denen mindestens so viele Informationen gespeichert sind wie in der *Encyclopaedia Britannica.* Jede Art ist das Produkt von Mutationen und Rekombinationen, die zu komplex sind, als daß man sie durch bloße Intuition erfassen könnte. Ihr einzigartiges Gepräge verdankt sie einer riesigen Zahl natürlicher Selektionsereignisse, die die meisten Individuen vor Vollendung ihrer natürlichen Lebenserwartung töteten oder auf andere Weise an der Fortpflanzung hinderten. Aus phylogenetischer Sicht sind alle Arten unsere weitläufigen Verwandten, weil wir von gemeinsamen fernen Vorfahren abstammen. Wir benutzen noch immer das gleiche Alphabet, den Nukleinsäurecode, auch wenn er sich zu völlig unterschiedlichen Erbsprachen ausdifferenziert hat.

Das ist die tiefe und geheimnisvolle Wahrheit jeder Art von Lebewesen, ob groß oder klein, ob Käfer oder Unkraut. Die Blume in der rissigen Mauer ist ein Wunder. Wenn schon nicht in der Weise, in der Tennyson, der viktorianische Romantiker, das Wunder der umfassenden Erkenntnis (durch die ich »weiß, was Gott und was der Mensch ist«) pries, so doch gewiß als eine Konsequenz aus unserem modernen biologischen Wissen. Jede Art Lebewesen hat bis heute überlebt, weil sie eine Nadel nach der anderen einfädelte, brillante Überlebenstricks hervorbrachte und sich entgegen aller Wahrscheinlichkeit fortpflanzte.

Noch bemerkenswerter sind die Gemeinschaften, in denen sich Organismen zusammenfinden. Man ziehe die Blume aus der Mauerspalte heraus, schüttele die Erde an ihren Wurzeln auf die Hand und betrachte sie unter dem Mikroskop. In der schwarzen Erde wimmelt es von Algen, Pilzen, Nematoden, Milben, Springschwänzen, Würmern der Familie Enchytraeidae und Tausenden von Bakterienarten. Auch wenn diese Handvoll Erde nur ein winziges Fragment eines Ökosystems ist, so weist sie aufgrund der genetischen Codes ihrer Bewohner doch mehr Ordnung auf, als man auf der Oberfläche sämtlicher Planeten zusammengenommen finden kann. Es ist eine Probe jener Lebenskraft, die die Erde beherrscht – und das auch in Zukunft, ob mit oder ohne uns.

1995

Detlev Ganten, Thilo Spahl, Thomas Deichmann

Das Kreuz mit dem Kreuz

Im Jahr 1753 – lange bevor Darwin die gemeinsame Abstammung aller Lebewesen darlegte – erklärte der französische Naturforscher Georges Louis Leclerc de Buffon: »Man nehme das Skelett des Menschen, biege die Knochen des Beckens, verkürze die Knochen der Oberschenkel, Unterschenkel und Arme, verlängere die der Füße und Hände, schweiße die Finger- und Zehenglieder zusammen, verlängere die Kiefer und verkürze dabei das Schienbein und verlängere schließlich das Rückgrat: Dieses Skelett wird nicht länger die sterbliche Hülle eines Menschen darstellen, sondern das Skelett eines Pferdes sein.«

Buffon sprach aus, was schon damals jedem Anatomen auffallen konnte: Der Grundbauplan aller Säugetiere ist der Gleiche. Dennoch unterscheiden sich die Tiere erheblich in ihren körperlichen Fähigkeiten. Allein der Mensch glänzt nicht nur durch geistige Überlegenheit, sondern auch im Hinblick auf die körperliche Leistungsfähigkeit – zumindest was die Vielseitigkeit betrifft. Für alle Arten von körperlicher Betätigung finden wir Tiere, im Vergleich zu denen wir eine ziemlich schlechte Figur abgeben. Doch im Mehrkampf liegen wir weit vorn. Ein normaler Erwachsener kann ohne besonderes Training, was kein Tier schafft: 25 Kilometer am Stück wandern, 150 Meter schnell sprinten, 1500 Meter zügig joggen, auf einen hohen Baum klettern, über einen drei Meter breiten Graben springen, zwei Meter tief tauchen und 200 Meter einigermaßen flott schwimmen. Während unsere Schwimmfähigkeit wesentlich davon abhängt, dass irgendwann denkende Menschen die entsprechenden Techniken erfunden haben, ist die Fähigkeit zu laufen uns von Natur aus gegeben. Das Laufen ist ein zentraler Bestandteil unserer

Natur. Allerdings erst seit wenigen Millionen Jahren – erdgeschichtlich betrachtet also seit Kurzem.

Bevor die Savannen entstanden und wir uns aus dem Schutz der Bäume herauswagten, haben sich unsere Vorfahren rund 60 Millionen Jahre lang im Klettern geübt. Davor waren wir auf allen vieren am Boden unterwegs. Noch früher ganz ohne Beine im Wasser. Evolution bedeutet ständigen Umbau. Und Umbau bedeutet Kompromisse, denn am Grundbauplan ist nichts zu ändern. So haben beispielsweise alle Wirbeltiere höchstens sieben Halswirbel – selbst die Giraffe, obwohl ihr ein paar mehr schon nützlich sein könnten.

Auch unser Körper besteht aus Kompromissen. Beim letzten großen Umbau zum Läufer, der vor allem unsere äußere Statur betraf, mussten wir eine Reihe von Nachteilen in Kauf nehmen. Mit diesen müssen wir bis heute zurechtkommen. Viele von uns haben deshalb Probleme mit dem Rücken und den Gelenken.

Grob gesagt lässt sich die etwas missliche Lage wie folgt beschreiben: Wir tragen heute einen großen Kopf, der in den letzten zwei Millionen Jahren seine außerordentliche Größe erlangt hat, auf einem Rumpf mit flachem Brustkorb, der sich vor rund 15 Millionen Jahren als Anpassung an unsere damals bevorzugte Fortbewegungsweise, das »Schwinghangeln«, entwickelte, und unten enden wir mit unseren Laufbeinen, die sich vor rund fünf bis einer Million Jahren bildeten. Passt das alles zusammen? Nun, es muss eben. Wir haben uns daran gewöhnt. Allerdings: Sieben von zehn Deutschen plagen mindestens einmal im Jahr Rückenschmerzen. Bei Männern sind diese mit 14 Prozent die häufigste, bei Frauen mit 11 Prozent die zweithäufigste Ursache für Arbeitsausfälle. Mindestens ein Drittel aller vorzeitigen Rentenanträge wird wegen eines chronischen Rückenleidens gestellt. In Deutschland entstehen jedes Jahr Kosten von über 15 Milliarden Euro durch Rückenerkrankungen.

Die Probleme, die uns die Evolution beschert hat, sind

nicht von der Hand zu weisen. Sie entstehen im Wesentlichen aus zwei Gründen. Zum einen sind sie den Umbauten der Vergangenheit geschuldet. Und zum anderen der Tatsache, dass wir nicht mehr das Dasein als Läufer führen, an das wir uns zuletzt angepasst haben. Der zweite Grund, der Bewegungsmangel bei einer beträchtlichen Zahl von Menschen, dürfte der entscheidende Faktor für die Vielzahl von Rückenleiden sein.

Die Wirbelsäule ist der Dreh- und Angelpunkt unseres Körperbaus. Seit rund 500 Millionen Jahren sind alle Wirbeltiere – vom Fisch über den Frosch über die Eidechse und die Elster bis hin zu Kuh und Mensch – damit ausgestattet. Aber die Unterschiede sind erheblich. Das sieht man, wenn man das, was von der Forelle nach dem Essen auf dem Teller liegen bleibt, mit dem vergleicht, was wir auf dem Röntgenbild sehen, wenn wir den Arzt wegen Rückenschmerzen aufgesucht haben.

Die menschliche Wirbelsäule verfügt über sieben Hals-, zwölf Brust-, fünf Lenden- und fünf zum Kreuzbein zusammengewachsene Kreuzwirbel. Ganz unten hängt dann noch das Steißbein dran. Die längste Zeit der 500 Millionen Jahre reichte die Wirbelsäule vom vorderen zum hinteren Ende des Tiers, wurde also mehr oder weniger horizontal durch die Gegend getragen, was insbesondere im Wasser ganz andere Anforderungen an sie gestellt hat. Bei uns verbindet sie jedoch seit rund fünf Millionen Jahren nur das obere mit dem unteren Ende des Rumpfes. Die Wirbel werden seitdem durch die Aktivität der Muskeln und zu einem geringeren Teil auch durch das Gewicht des Körpers und des schweren Kopfes belastet. Das war nicht der Zweck des ursprünglichen Bauplans. Wir haben aber einige Anpassungen erfahren, die dieser Problematik Rechnung tragen. Die Wirbelsäule des Menschen hat eine sogenannte Doppel-S-Form. Diese entsteht erst nach der Geburt, denn im Mutterleib schwimmen wir ja noch. Sie ist abwechselnd zweimal nach vorn und zweimal nach hinten gewölbt. Die Wirbelsäule des Fötus hingegen beschreibt noch einen einzigen gleichmäßigen Bogen. Im dritten Lebensmonat, wenn der Säugling den Kopf hebt, bildet sich die entgegengesetzte Halskrümmung. Später, wenn sich das Kind aufrichtet, schließlich steht und geht, bildet sich die Krümmung im Lendenbereich und damit die endgültige Doppel-S-Form. Sie dient dazu, das Gewicht des Rumpfes mit seinem Schwerpunkt so über der Fläche der Füße zu positionieren, dass wir nicht umkippen. Und sie bietet eine Federung beim Gehen und Laufen.

Zwischen den einzelnen Wirbeln sitzen kleine Dämpfer, die Bandscheiben. Sie sind Überreste des Vorläufers des Rückgrats, der knorpeligen Chorda (deshalb gehören wir als Unterstamm der Wirbeltiere zum Stamm der sogenannten Chordaten). Die Bandscheiben heißen deshalb so, weil die gallertartigen Pölsterchen von einem Faserring (Band) zusammengehalten werden. Dieser Faserring kann mit den Jahren an Stabilität verlieren, und so steigt die Gefahr, dass er reißt und seitlich Gewebe vom weichen Kern herausrutscht, welches gegen Rückenmark oder Nerven drückt. Die Folge können Schmerzen sein, im schlimmsten Fall Lähmungserscheinungen. In Deutschland kommt das bei 150 000 Patienten pro Jahr vor, jeder fünfte davon wird operiert. Ein solches Verrutschen wird zum Beispiel durch falsches Heben ausgelöst. Voraussetzung ist jedoch, dass die Bandscheibe schon geschädigt ist, sonst passiert so etwas kaum.

Ein Blick in unsere Vergangenheit erklärt, weshalb wir anfällig für diese Verletzung sind. Es liegt zum einen an der permanenten Krümmung der Lendenwirbelsäule nach vorn, die Teil der beschriebenen Doppel-S-Form ist. Zum anderen ist die Wirbelsäule recht beweglich. Sie musste sich in der Vergangenheit nach links und rechts biegen lassen, um die schlängelnde Bewegung von Fischen, Lurchen und Schlangen zu ermöglichen. Und sie musste sich nach oben und unten (heute in aufrechter Haltung: vor und zurück) biegen lassen, damit sich Säugetiere auf ihren vier Beinen bewegen konnten, nachdem diese von der Seite unter den Körper gewandert waren. Dieses Erbe schleppen wir mit uns herum, weil die Evolution immer nur auf dem schon Bestehenden aufbauen kann. Die Wirbel verfügen zwar über ineinandergreifende Fortsätze, die schon entstanden, als einige Fische sich zu Landbewohnern entwickelten. Diese stabilisieren die Wirbelsäule etwas. Dennoch bleibt sie sehr beweglich, wozu auch die Bandscheiben als sogenannte unechte Gelenke beitragen.

Deshalb ist es wichtig, dass man beim Heben schwerer Gegenstände die Wirbelsäule möglichst gerade hält, um zu vermeiden, dass seitliche Kräfte angreifen können. Heben mit krummem Rücken belastet die Bandscheiben bis zu viermal stärker als in der aufrechten Position und kann sowohl zu Bandscheibenvorfällen als auch, seltener, zu Muskelverletzungen führen, da die entstehenden Biege- und Drehmomente von den Muskeln ausbalanciert werden müssen. Entsprechend sollten sich die Füße so nahe wie möglich an der Last befinden. Zum Heben der Last geht man am besten in die Hocke und stemmt sie aus den Knien heraus.

Letztlich ist das falsche Heben jedoch nicht Ursache, sondern nur unmittelbarer Auslöser eines Bandscheibenvorfalls. Wenn die Bandscheibe verrutscht, ist sie längst beschädigt. Ob man Bandscheibenprobleme bekommt oder nicht, hängt auch stark von den Genen ab – hauptverantwortlich ist wohl eine angeborene Bindegewebsschwäche. Dennoch kann man etwas zur Vorbeugung tun. Ungünstig sind Bewegungsmangel und Fehlhaltungen, vor allem bei der Büroarbeit. Wenn man sein Risiko verringern möchte, sollte man beachten: Viel bewegen, wenig sitzen! Und wenn schon sitzen, dann lieber hinlümmeln als aufrecht. Am wenigsten belastet man seine Wirbelsäule, wenn man locker zurückgelehnt sitzt, sodass der Winkel zwischen Sitzfläche und Oberkörper nicht 90, sondern 135 Grad beträgt. Auch ist eine Beugung nach vorn besser, als wenn man aufrecht sitzt.

Warum hat es die Evolution nicht geschafft, die Wirbelsäule so robust zu machen, dass nichts verrutschen kann? Schließlich muss ein Bandscheibenvorfall die Überlebenschancen unserer Vorfahren in der Savanne drastisch gesenkt haben. Müsste die natürliche Auslese nicht jede zufällige Rückgratversteifung begünstigen? Wohl kaum, denn mit einem Stock im Kreuz rennt es sich nicht gut. So ist es bei vielen Dingen: Verändert man ein Merkmal im Hinblick auf einen bestimmten Vorteil, leidet ein anderes. Letztlich sind alle unsere körperlichen Merkmale Kompromisse.

Rückenschmerzen im heutigen Ausmaß sind eine moderne Erscheinung – es wäre zu leicht, die Evolution verantwortlich zu machen. Sie hat sehr wohl Lösungen hervorgebracht. Die bei unseren Vorfahren für ihren Lebenswandel unabdingbare, gut ausgeprägte Rückenmuskulatur stabilisiert die Wirbelsäule auf vortreffliche Weise. Dabei spielt offenbar ein Muskel mit Namen Multifidus eine besondere Rolle, der sehr spezielle Eigenschaften hat und beim Übergang zum aufrechten Gang noch verbessert wurde. Er ist dünn und verläuft wie ein faseriger Stift entlang der Wirbelsäule. Im Gegensatz zu anderen Muskeln wird er nicht schwächer, wenn er gedehnt wird, sondern stärker.

In den allermeisten Fällen entstehen Rückenschmerzen nicht durch zu viel, sondern durch zu wenig körperliche Belastung. Es ist die schwache Rückenmuskulatur des Büroarbeiters und Autofahrers, die der Wirbelsäule nicht mehr genug Halt und Schutz bieten kann. Von den 20 Prozent der Deutschen, die keinerlei Sport treiben, leidet deshalb jeder zweite unter Rückenschmerzen. Unsere Vorfahren hingegen waren durch ihr tägliches Laufpensum besser gewappnet gegen solche Leiden. Regelmäßiger Sport ist also auch für uns der beste Schutz gegen Rückenprobleme.

2009

Hanns Hatt und Regine Dee

Spermien im Blütenrausch

Egal, ob wir das Wunder von Zeugung, Schwangerschaft und Geburt einem göttlichen Prinzip verdanken mögen oder der überschäumenden Kreativität einer Evolution, die immer aufs Ganze geht – es bleibt großartig und gibt uns noch heute viele Rätsel auf. Allein die Zeugung. Da machen sich 300 Millionen Spermien nach der Ejakulation in völliger Finsternis auf einen äußerst beschwerlichen Weg, um irgendwo im Innern des weiblichen Körpers einer winzigen Eizelle zu begegnen. Wie unwahrscheinlich ist dieses Rendezvous! Stellen wir uns einmal vor, ein Spermium wäre so groß wie eine Erbse und wir vergrößerten den Eileiter um denselben Faktor, dann würde er sich zu einer 30 Kilometer langen Röhre aufblähen, deren Durchmesser der Breite einer vierspurigen Autobahn entspräche. An einem Ende des langen Weges startet unsere kleine Spermiumerbse, am anderen Ende die ungefähr gleich große Eizelle. Beide müssen sich in dieser riesigen Röhre treffen.

Eines ist da zumindest sicher: Hinge ihre Begegnung vom Zufall ab, wären die Menschen längst ausgestorben. Ganz offensichtlich ist das aber nicht der Fall, und die Spermien repräsentieren ein international anerkanntes, bisweilen gefürchtetes Erfolgsprinzip. Warum funktionieren sie so zuverlässig? Wer manövriert sie durch die verschlungenen Kanäle zum Ziel? Wie orientieren sie sich in der vollständigen Dunkelheit? Sehen können sie nicht, hören ebenso wenig. Da geht es ihnen wie den Einzellern in den Tiefen des Urmeers. Und die verständigten sich mit ihresgleichen durch chemische Signale. Solche Wegweiser, so folgerten wir deshalb in unserem Labor in Bochum, sind die einzig denkbare Lösung: Lockstoffe, freigesetzt von der Eizelle oder anderen

Zellen des weiblichen Genitaltrakts. Das hieße natürlich, dass Samenzellen funktionierende Riechrezeptoren haben müssten. Eine kühne These, fehlte nur noch der Beweis!

Ein Samenerguss enthält einen faszinierenden Cocktail aus der Naturbar, dessen Geruch – wie Kastanienblüten – viele Autoren und Poeten beschreiben. Die Bäume signalisieren damit ihre Fruchtbarkeit und locken Insekten zum Bestäuben an. Erotik wird hier zur Chemie. Ob die Natur sich die bewährte Rezeptur für uns aufbewahrt hat, ihr die Ideen ausgegangen sind oder alles nur Zufall ist? Bekannte Forscher, wie Michael Stoddart, sehen darin sogar eine »Art sexueller Klammer zwischen der Pflanzen- und Tierwelt«. Der größte Teil des Ejakulats, das Zink und Magnesium, aber auch viele Enzyme und Energiestoffe enthält, entstammt der Samenblase und der Prostata, nur etwa ein Prozent der Gesamtmenge sind Spermien.

Spermien sind mit 60 Mikrometer die kleinsten Zellen des menschlichen Körpers. Dafür werden sie in Massen produziert und leisten Erstaunliches. Rund 1000 Samenzellen kann ein männlicher Hoden pro Sekunde herstellen, und das bis ins hohe Alter. Alle Berichte oder gar genaue Angaben, dass ihre Zahl limitiert sei, mann also vorsichtig und sparsam damit umgehen solle, entbehren jeder wissenschaftlichen Grundlage.

Produziert werden die Spermien im Hoden, genauer gesagt in den spaghettiähnlichen Samenkanälchen, die entrollt über 300 Meter lang wären. Dort sitzen die Vorläuferzellen, aus denen sie sich entwickeln und auf denen wir auch bereits Riechrezeptoren gefunden haben. Innerhalb von etwa drei Monaten reifen die Spermien heran und werden dann in die Welt entlassen. Ob sie wollen oder nicht, wie wir aus Woody Allens berühmtem Film »Was sie schon immer über Sex wissen wollten …« wissen. Die Hauptrolle spielt darin eine Samenzelle, die keine Lust hat, ihre heimelige Umgebung zu verlassen, und unter Zaudern und Schimpfen mit den anderen fortgespült wird. Wer weiß, vielleicht war sie noch nicht reif für ihre wichtige Aufgabe.

Jedes Spermium hat einen individuell geformten Kopf. Doch nur 30 Prozent von ihnen verfügen über eine »normale« Form, der Rest ist fehlerhaft. Ein Kollege aus der Andrologie sagte mir einmal, wenn ein Hengst oder ein Eber einen so schlechten Samen wie der Mann hätte, wäre er bereits auf dem Weg zum Schlachthaus. Da wir aber nicht auf Optimierung der Samenqualität gezüchtet sind wie die Nutztiere, scheint dies eine übliche Fehlerquote der Natur zu sein. Dafür leistet sie sich die Produktion im Überschuss, es reicht ja, wenn eine Samenzelle das Ei erreicht.

Im Millionenheer schwimmen die Spermien nach der Ejakulation mit den gesammelten väterlichen Erbinformationen durch den Vaginalbereich in den schmalen Gebärmutterhals der Gebärmutter. Dort müssen sie die Öffnung des Eileiters finden und ihn bis zur sogenannten Ampulle durchqueren, eine Verengung, die sie bis zum Eintreffen der Eizelle an der Eileiterwand festhält. Nur gesunde und vollständig befruchtungsfähige Spermien lösen sich dann und passieren die Ampulle, um die ihnen entgegentreibende Eizelle zu treffen. Wenige Hundert der ursprünglich 300 Millionen kommen überhaupt nur in die Nähe der Eizelle.

Während wir noch grübelten, welcher Lockstoff wohl zu einer solch enormen navigatorischen Höchstleistung anspornen könnte, hatte unsere hartnäckig forschende Diplomandin den Geistesblitz, von dem wir in dem Kapitel »Riechen ohne Nase« erzählt haben. Es war im Jahr 2003, als wir entdeckten, dass Spermien den Duft von Maiglöckchen riechen können, was uns weit bekannter machte als die Entdeckung der Riechrezeptoren vier Jahre vorher. Dass Frauen nach Blumen riechen und Männer darauf abfahren, war natürlich aufregender als irgendwelche fremd klingenden Rezeptornamen, mochten sie für Wissenschaftler noch so hinreißend klingen.

Lockstoffe dienen den Spermien als Wegweiser, das ist inzwischen wissenschaftlich gesichert. Spermien müssen diesen Lockduft aber nicht nur wahrnehmen, sondern darüber hinaus dessen Botschaft übersetzen können: Schwimm hier entlang! Mach voran! Bereite dich auf das Eindringen in die Eizelle vor! Genau an dieser Schnittstelle könnte eine zusätzliche Funktion der Riechrezeptoren liegen: Sie sollen den Spermien helfen, diese vielfältigen Aufgaben auszuführen. So befindet sich auf Chromosom 17 das Gen für den Rezeptor Nummer 4 und auf Chromosom 7 für den Rezeptor Nummer 5, die noch in der Lage sind, funktionsfähige Riechrezeptoren herzustellen, und zwar nicht nur in der Nase, sondern ebenso im Hoden. Beide Rezeptoren konnte unser Labor inzwischen tatsächlich im Halsteil eines Spermiums nachweisen, der unter dem großen Kopf mit den Erbinformationen sitzt. Im Hals steckt der »Motor«, der dafür sorgt, dass der lange Schwanz sich kräftig bewegt und vorwärts schwimmt. Er braucht zum Laufen nicht nur Energie, sondern vor allem Kalzium.

Die beiden Riechrezeptoren können zwei unterschiedliche Düfte erkennen: OR17-4, unser alter Bekannter, den betörenden Maiglöckchenduft und OR7-5 das fruchtige Myrac. Wir wissen allerdings, dass diese Rezeptoren nicht sehr wählerisch sind. Sie riechen nicht nur das in der Parfümerie benutzte synthetische Maiglöckchenmolekül, das wir ihnen präsentieren, sondern geben sich auch mit Düften zufrieden, deren Struktur eine gewisse Ähnlichkeit damit hat. Selbstverständlich lockt die Eizelle nicht mit unserem Chemieduft, sondern hat ihren eigenen natürlichen Geruch, den wir aber noch suchen. Jedenfalls konnten wir beobachten, dass unsere Düfte in den Spermien eine massive Erhöhung der Kalziumkonzentration bewirkten und sich damit gleichzeitig die Schlagfrequenz und -symmetrie des Spermienschwanzes veränderte, eine der wesentlichen Voraussetzungen für das Richtungsschwimmen.

Die Aufgaben der Düfte in menschlichen Spermien scheinen also vielfältiger zu sein, als wir bisher vermutet haben. Das zeigte sich auch an einem anderen Verhaltensexperiment. Lässt man Spermien in einem Parcours schwimmen und bietet ihnen aus einer bestimmten Richtung den Maiglöckchenlockstoff an, folgen sie nicht nur der Spur in Richtung auf die Duftquelle – hin zur vermeintlichen Eizelle –, sondern verdoppeln bei dieser Gelegenheit sogar noch ihre Geschwindigkeit. Macht man das gleiche Experiment mit dem Lockstoff Myrac, dann sieht man keinen Einfluss auf die Schwimmrichtung, aber einen deutlichen Effekt auf die Stärke des Geiselschlags.

Neueste Analysen in unseren Labors haben tatsächlich ergeben, dass in der Eileiterflüssigkeit und im Vaginalsekret verwandte Lockstoffe zu diesen Düften vorhanden sind. Außerdem konnten wir nachweisen, dass es neben den beiden bekannten Rezeptoren vermutlich mehr als 30 bis 40 weitere Riechrezeptoren aus der Nase in Spermienzellen gibt. Deshalb gehen wir inzwischen davon aus, dass die Eizelle ein ganzes Bouquet von Duftmolekülen abgibt, um die Spermien anzulocken, deren Verhalten zu beeinflussen und vor allem Veränderungen in den Spermienzellen auszulösen, die erst eine Befruchtung der Eizelle erlauben. Ob allerdings jedes Spermium die gleichen Riechrezeptoren trägt, ist noch unklar. Neuere Forschungsergebnisse weisen eher darauf hin, dass es Unterschiede gibt, was wiederum die Eizellen nutzen könnten, um nur bestimmte Spermien anzusprechen. Spannend wäre das vor allem dann, wenn eine Frau gleichzeitig den Samen von mehreren Männern in sich trägt und die Eizelle durch ihre Duftmischung gezielt die Spermien des »Super-Mannes« anlockt.

Von einigen Insekten wie Libellen und Bienen, die von mehreren Männchen mit Samenpaketen versorgt werden, kennen wir das Prinzip: Sie suchen sich das Paket mit den besten Samen aus und benutzen es immer wieder. Vielleicht wählen sich auch bei polygamen Säugetieren, die gleichzeitig von mehreren Männchen befruchtet sind, die Eizellen auf diese Weise den besten Erzeuger für die Nachkommenschaft aus. Das könnte bei einem Teil unserer nahen Verwandten, den Menschenaffen, der Fall sein und sogar beim Menschen selbst.

Natürlich hat die Eizelle nur Lockdüfte für die eigene Art. Fremde Spermien verstehen ihre chemischen Duftsignale nicht, weil ihnen die passenden Rezeptoren fehlen. Deshalb ist es nicht verwunderlich, dass man bei den Genomanalysen von Mensch und Menschenaffen (Schimpansen, Gorillas), die in weniger als einem Prozent ihrer Gene voneinander abweichen, die kleinste Diskrepanz im Gehirn (weniger als ein Prozent Unterschied), die größte dagegen im Hodengewebe findet (bis zu drei Prozent). Kreuzungen zwischen Affenarten oder gar mit dem Menschen sind offenbar nicht vorgesehen. Und dass es tatsächlich keine gibt, liegt wahrscheinlich wiederum an den Riechrezeptoren.

Nur wenn ein Spermium in der Lage ist, all die Duftbotschaften der artgemäßen Eizelle zu verstehen, kann es der Duftspur folgen. Nimmt es dagegen den Lockstoff nicht wahr, weil seine Riechrezeptoren defekt sind, zum Beispiel aufgrund einer Genmutation, wird die Befruchtung vermutlich beeinträchtigt oder sogar verhindert.

2008

Jacques Monod

Die Evolution der Ideen

Für einen Biologen ist es verlockend, die Evolution der Ideen mit der Evolution der belebten Natur zu vergleichen. Wenn auch das Reich des Abstrakten viel weiter noch über die belebte Natur hinausgeht, als diese die unbelebte Welt überschreitet, so haben doch die Ideen einige der Eigenschaften von Organismen behalten. Wie diese wollen sie ihre Struktur fortpflanzen und vermehren, wie diese können sie ihren Inhalt vermischen, rekombinieren und wieder abtrennen, wie diese haben sie schließlich eine Evolution, und in dieser Evolution spielt die Selektion ohne jeden Zweifel eine große Rolle. Ich gehe nicht so weit, von einer Selektionstheorie der Ideen zu sprechen. Aber man kann mindestens versuchen, einige der Hauptfaktoren zu bestimmen, die dabei eine Rolle spielen. Diese Selektion muß notwendig auf zwei Ebenen vor sich gehen: auf der Ebene des Geistes und auf der Ebene der Wirkung.

Der Wirkungsgrad einer Idee hängt von der Verhaltensänderung ab, die sie beim Einzelnen oder bei der Gruppe herbeiführt, wenn diese die Idee annehmen. Wenn eine Idee von einer Gruppe von Menschen angenommen wird und ihr mehr Zusammenhalt, mehr Zielstrebigkeit und mehr Selbstvertrauen vermittelt, dann verleiht sie ihr damit auch eine gesteigerte Expansionskraft, wodurch dann andererseits die Verbreitung der Idee gesichert wird. Der Verbreitungsgrad der Idee steht in keiner notwendigen Beziehung zu dem Anteil objektiver Wahrheit, den sie enthalten mag. Die verstärkte Macht, die für eine Gesellschaft in einer religiösen Ideologie liegt, hängt nicht eigentlich von deren Struktur ab, sondern davon, daß diese Struktur angenommen worden ist, daß sie sich durchsetzt. Deshalb läßt sich auch das Durchsetzungsvermögen einer solchen Idee nur schwer von ihrer Wirkungskraft trennen.

Das eigentliche Durchsetzungsvermögen einer Idee ist sehr viel schwieriger festzustellen. Sagen wir so, daß es von den geistigen Strukturen abhängt, auf die eine Idee trifft, und damit auch von den Ideen, die diese Kultur zuvor schon gefördert hat; es hängt aber sicher ebenso von gewissen angeborenen Strukturen ab, die zu identifizieren uns im übrigen ziemlich schwerfällt. Aber es ist deutlich zu erkennen, daß jene Ideen das größte Durchsetzungsvermögen haben, die den Menschen dadurch *erklären,* daß sie ihm seinen Platz in einem notwendigen Schicksalsablauf zuweisen, wo seine Angst sich löst.

Einige hunderttausend Jahre lang stimmte das Schicksal eines Menschen mit dem Los seiner Horde, seines Stammes überein, außerhalb dessen er nicht überleben konnte. Der Stamm konnte nur überleben und sich verteidigen durch seinen Zusammenhalt. Deshalb hatten die Gesetze, mit deren Hilfe die Geschlossenheit des Stammes organisiert und garantiert wurde, eine so ungeheure Gewalt über die einzelnen. Vielleicht konnte der Mensch die Gesetze manchmal übertreten, aber sicher hätte niemand daran gedacht, sie in Frage zu stellen. Bei der immensen Bedeutung, die derartige Sozialstrukturen für die Selektion notwendig annehmen mußten und die sie während so langer Zeiträume innehatten, kommt man schwerlich um den Gedanken herum, daß sie die genetische Evolution der angeborenen Kategorien des menschlichen Gehirns beeinflußt haben müssen. Durch diese Evolution mußte nicht nur die Bereitschaft gesteigert werden, das Stammesgesetz zu akzeptieren; sie mußte auch das *Bedürfnis* wecken, es durch eine mythische Erklärung zu begründen und ihm dadurch Herrschaftsgewalt zu verleihen. Wir sind die Nachfahren dieser Menschen. Von ihnen haben wir zweifellos das Bedürfnis nach einer Erklärung geerbt – jene Angst, die uns zwingt, den Sinn des Daseins zu erforschen. Diese Angst ist die Schöpferin aller Mythen, aller Religionen, aller Philosophien und selbst der Wissenschaft.

Was mich angeht, so zweifle ich kaum daran, daß dieses gebieterische Bedürfnis angeboren ist, daß es irgendwo in der Sprache des genetischen Code verzeichnet steht und sich spontan entwickelt. Außerhalb der menschlichen Gattung findet man nirgendwo im Tierreich sehr hoch differenzierte Sozialorganisationen, es sei denn bei bestimmten Insekten: den Ameisen, den Termiten und den Bienen. Die Stabilität der Institutionen hängt bei den sozial lebenden Insekten fast überhaupt nicht von einem kulturellen Erbe, völlig dagegen von der genetischen Überlieferung ab. Das soziale Verhalten ist gänzlich angeboren und automatisch.

Beim Menschen sind die gesellschaftlichen Institutionen rein kulturbedingt und werden niemals eine derartige Stabilität erreichen können. Wer wollte das übrigens auch wünschen? Die Erfindung der Mythen und Religionen und die Errichtung gewaltiger philosophischer Systeme waren der Preis, um den der Mensch als soziales Lebewesen hat überleben können, ohne sich einem reinen Automatismus zu unterwerfen. Aber das bloß kulturelle Erbe allein war nicht sicher und nicht stark genug, um die sozialen Strukturen abzustützen. Es brauchte eine genetische Unterlage, damit daraus die Nahrung wurde, die der Geist benötigt. Wäre es nicht so, wie wollte man erklären, daß die Religion bei unserer gesamten Art den Gesellschaftsstrukturen zugrunde liegt? Wie wollte man im übrigen erklären, daß in der unermeßlichen Vielfalt der Mythen, Religionen und philosophischen Lehren stets die gleiche Grund-»Form« wiederkehrt?

1971

Konrad Lorenz

Gänsekind Martina

Zwar liegen die nun zu beschreibenden Ereignisse fast genau ein halbes Jahrhundert zurück, doch sind die Aufzeichnungen verläßlich und meine Erinnerungen so lebhaft, daß ich ein anschauliches Bild vom Leben einer Graugans zu zeichnen glaube, wenn ich die Lebensgeschichte meiner Gans erzähle, die keineswegs nach dem Heiligen Martin, sondern nach unserer Freundin Martina benannt worden war. Nachdem zwei Schreiben, in denen ich den Fürsten Esterhazy um Grauganseier gebeten hatte, unbeantwortet geblieben waren, wandte ich mich an eine illegale Quelle. Mein Freund Prof. Dr. Otto H. Antimus, der Direktor des Schönbrunner Zoologischen Gartens, hatte keine Bedenken, aus derselben Quelle lebende Tiere zu beziehen, und so zögerte ich nicht, dies auch zu tun. Um ganz sicher Grauganseier zu erhalten, wandte ich mich an zwei verschiedene Männer mit der Bitte um solche. Unerwarteterweise entsprachen beide meinem Wunsche.

Von den 20 Grauganseiern, die ich nun zur Verfügung hatte, legte ich 10 unter eine verläßlich brütende Hausgans, die anderen unter eine Pute. Ich beabsichtigte, alle zwanzig Gössel von der Hausgans führen zu lassen, was wohl angegangen wäre. Es kam aber anders, man muß sagen, zum Glück! Als das erste Gänsekind geschlüpft und trocken war, konnte ich der Versuchung nicht widerstehen, das reizende Wesen unter der Amme hervorzuholen und näher zu betrachten. Währenddessen schaute es mich an und stieß nach einiger Zeit das laute einsilbige »Pfeifen des Verlassenseins« aus, das ich nach meiner Vorbildung durch Hausenten ganz richtig als Weinen zu deuten wußte. Daher antwortete ich mit einigen beruhigenden Tönen. Daraufhin wandte sich das Gänschen mir ganz zu, streckte den Hals vor und sagte ein mehrsilbiges

»Wiwiwiwi«. Auch den Übergang vom einsilbigen Pfeifen zum mehrsilbigen »Wi«-Laut verstand ich als Übergang vom Weinen zum freudigen Kontakt und interpretierte das Halsvorstrecken richtig als Gebärde der Begrüßung.

Wer hätte den Übergang vom verzweifelten Weinen zum freudigen Grüßen nicht *nochmals* beobachten wollen? So wartete ich stumm und unbeweglich, bis das Gänsekind aufs neue zu weinen begann, um es wieder durch freundliche Laute zu trösten. Schließlich aber hatte ich genug vom Babysitting, steckte das Gänschen zurück unter den Flügel der brütenden Hausgans und wollte weggehen. Ich hätte es besser wissen müssen:

Kaum hatte ich mich wenige Schritte entfernt, ertönte unter der Weißen heraus ein fragendes leises Wispern, auf das die Hausgans programmgemäß mit dem Stimmfühlungslaut »Gang gang gang« antwortete. Doch anstatt sich daraufhin zu beruhigen, wie dies jedes Gänsekind getan hätte, das nicht den Erfahrungen meiner kleinen Gans ausgesetzt gewesen war, kam diese entschlossen unter dem Bauch ihrer Amme hervorgekrochen, sah mit schiefgestelltem Kopf mit einem Auge zu ihr empor und lief laut weinend von ihr weg. Der einsilbige Laut, der vielen nestflüchtenden Vögeln zu eigen ist, klingt ungemein kläglich und auch für den Menschen unmittelbar mitleiderregend. Mit emporgerecktem Hals und ununterbrochen laut pfeifend stand das arme Kind auf halbem Wege zwischen der Hausgans und mir selbst. Da machte ich eine kleine Bewegung – schon verstummte das Weinen, und das Gänschen lief mit vorgestrecktem Hals, »Wiwiwiwi« grüßend, auf mich zu. Die charakteristische Unwiderruflichkeit des Prägungsvorganges bei Gänsen war mir damals noch nicht bewußt. So packte ich das Gössel und steckte es zum zweitenmal unter den Bauch der weißen Gans, aber es lief mir sofort wieder nach! Richtig auf den Füßen stehen konnte es noch nicht, nur auf den Fersen sitzen. Auch bei langsamem Gehen war es noch recht unsicher und wackelte heftig. Aber in seiner hohen ängstlichen Erregung beherrschte es doch schon die Bewegungsweisen des sehr raschen, schußartigen Laufens. Viele Nestflüchter, vor allem Hühnervögel, können viel früher laufen als langsam gehen oder gar stillstehen.

Begreiflicherweise rührte es mich in höchstem Maße, wie das arme Kind laut weinend hinter mir herkam, zwar noch stolpernd und sich manchmal überkugelnd, aber mit erstaunlicher Geschwindigkeit und einer Entschlossenheit, deren Bedeutung nicht mißzuverstehen war: Mich, nicht die weiße Hausgans, betrachtete es als seine Mutter.

Da es nicht mehr, sondern sogar weniger Arbeit macht, zehn junge Gänse aufzuziehen statt einer, nahm ich alle unter der Hausgans geschlüpften Gössel an mich und überließ ihr die zehn von der Pute erbrüteten. Nur Martina versuchte ich zunächst von den übrigen getrennt aufzuziehen, in der Annahme, sie dadurch besonders fest an meine Person zu binden. Ebenso meinte ich, daß junge Wildgänse, die von einer Hausgans und ausschließlich im engen Bereich unseres Gartens großgezogen wurden, weniger zum Wegfliegen, vor allem nach dem nahen Donaustrome, neigen würden.

Beides war völlig falsch. Wie sich bald herausstellte, lief mir das abgesonderte Gössel viel weniger gut nach als die Geschwisterschar in ihrer Gesamtheit. Allein war Martina ständig etwas »nervös«, d.h. fluchtbereit. Sie neigte zum Pfeifen des Verlassenseins und schien im ganzen weniger aktiv als die Gössel in der Schar. Der Rückstrom (feedback) sozialer Reize ist eben bei einem gesellschaftlich so hoch organisierten Lebewesen wie einer Graugans für die Aufrechterhaltung eines normalen Zustandes der Allgemeinerregung (general arousal) unentbehrlich.

Immerhin gewöhnte sich Martina allmählich daran, mir auch ohne die Begleitung ihrer neun Ziehgeschwister nachzufolgen, was ich zu erzwingen genötigt war, da ich nur eine Gans auf längere Faltbootfahrten mitnehmen konnte. Sie lernte schnell, »einzusteigen«, wenn sie nach längerem Schwimmen naß zu werden begann, was im Anfang häufig eintrat. Später, als mit dem Sprossen der Pelzdunen die Gans richtig wasserfest wurde, fuhr sie nur gelegentlich auf dem Boote mit.

Zu jener Zeit, also lange, ehe ich von richtigen Graugans-eltern lernte, was und wieviel man der geführten Kükenschar zumuten kann, beging ich, vor allem Martina gegenüber, manche Fehler, deren Rauhheit und Grausamkeit ich erst viel später einsah: Auf dem Wege von unserem Hause zur Donau muß man durch die Hauptstraße des Dorfes Altenberg, die von neugierigen Menschen, Hunden und lärmenden Fahrzeugen belebt ist. Anschließend führt der Weg durch eine Bahnunterführung. Auch die folgsamste Gans wäre der Aufgabe, diesen Weg zu durchlaufen, nicht gewachsen. Ich pflegte Martina kurzerhand unter den Arm zu klemmen und über die kritische Strecke zu tragen. Sie wurde durch dieses Verfahren nicht handscheu, kam mir vertrauensvoll grüßend entgegen und ließ sich greifen. Doch glaube ich jetzt zu wissen, daß Martina sich durch den Streß aufgrund dieser Behandlung einerseits schlechter entwickelte als ihre Ziehgeschwister, anderseits aber früher geschlechtsreif wurde.

Auch meine Meinung, daß die mit der Hausgans verbliebenen Gössel sich als ortsbeständiger erweisen würden als jene, die ich in der Gegend weit umherführte, erwies sich als völlig irrig. Von der Schar, die mit mir kilometerweite Ausflüge an die Donau machte, verflogen sich nur wenige, wogegen von den zu Hause verbliebenen Gösseln sich im Herbst, vor allem bei Nebelwetter, sehr viele verirrten.

1988

Irenäus Eibl-Eibesfeldt

Der Kuß

Wenn es sich beim Kuß um eine ritualisierte Fütterungsgeste handelt, die wir schon von unseren Primatenahnen übernahmen, dann sollte man erwarten, daß dieses Verhaltensmuster überall auf der Erde anzutreffen sei. Das ist aber nach Ansicht verschiedener Autoren nicht der Fall. Schon Darwin bemerkt dazu: »Wir Europäer sind an das Küssen als Zeichen der Zuneigung so gewöhnt, daß man es für die Menschheit angeboren halten könnte. Dies ist indessen nicht der Fall ... Jimmy Button, der Feuerländer, sagte mir, daß diese Gewohnheit in seinem Vaterlande unbekannt sei. Sie ist gleichfalls unbekannt bei den Neuseeländern, den Eingeborenen von Tahiti, den Papuas, den Australiern, den Somalis von Afrika und den Eskimos. Es ist aber insoweit angeboren oder natürlich, als es allem Anscheine nach von dem Vergnügen abhängt, mit einer geliebten Person in nahe Berührung zu kommen. In verschiedenen Teilen der Welt wird es durch das Reiben der Nase aneinander ersetzt«.

Überprüft man diese Angaben sorgfältig, dann muß man feststellen, daß sie nicht verläßlich sind. So haben verschiedene Autoren darauf hingewiesen, daß Papuas sich doch küssen. Sorenson und Gajdusek veröffentlichten ein Bild sich auf den Mund küssender Fore-Kinder. Nach Schultze-Westrum küssen Papua-Mütter des Mount-Bosavi-Gebietes ihre Kinder auf den Mund. Ich beobachtete bei den Bewohnern des mittleren Wahgi-Tales, den Woitapmin und den Kukukuku, daß Mütter ihre Kinder auf Wange und Kopf küßten, bei den Kukukuku eine Begrüßung durch Wangenkuß zwischen Vater und Sohn. Bei den Woitapmin, Kukukuku und den Bewohnern des Bosavi-Gebietes handelt es sich um Dorfgemeinschaften, die erst in allerjüngster Zeit von Patrouillen der

Regierung aufgespürt wurden und die sämtlich noch auf steinzeitlicher Stufe stehen. Man hat bei den bisherigen Erkundungen sich wohl zu sehr auf Befragungen verlassen und wahrscheinlich nur nach dem Kuß zwischen Mann und Frau im sexuellen Vorspiel gefragt, den man bei manchen Völkern schwer beobachten kann, da er, wie bei den Japanern, nur im geheimen ausgeübt wird. Fragt man zum Beispiel Japaner nach der Verbreitung des Kusses, dann bekommt man meist keine klare Antwort, oder es wird darauf hingewiesen, daß der Kuß von Europäern eingeführt wurde. Daß das nicht zutrifft, kann man alten japanischen Quellen entnehmen. In einer mittelalterlichen Schrift wird zum Beispiel davor gewarnt, den Zungenkuß auszuüben, wenn die Frau ihren Orgasmus erlebt, denn dann könnte sie einem die Zungenspitze abbeißen. Demnach dürfte der Kuß wohl schon immer ausgeübt worden sein. – Ebensowenig verläßlich sind die Auskünfte von Naturvölkern. Manches aus dem Intimbereich ist eben mit einem Tabu belegt, und darüber redet man nicht. Schließlich kann eine angeborene Regung auch unterdrückt werden, so daß der Kuß aus diesem Grunde im heterosexuellen Verkehr fehlen könnte. Daher empfiehlt es sich, die viel weniger mit Verboten belasteten Mutter-Kind-Beziehungen und die Grußriten zu studieren.

In diesem Zusammenhang ist auch eine Bemerkung des Völkerkundlers Bernatzik aufschlußreich. Er schreibt, daß die Akha in Hinterindien das Küssen im europäischen Sinne nicht kennen: »Wenn man dazu nicht die Küsse der Akha-Mutter rechnet, die mit ihren Lippen die Wangen ihres Kleinkindes berührt«. Bei den Semang in Malaya beobachtete der gleiche Autor, wie ein Vater seinen Knaben herzte, ihm aufmunternd zulächelte, Grimassen schnitt und ihm »schnaubende Küsse ins Gesichtchen« gab.

Oft küßt der Mensch andere Körperteile. Der Handkuß ist zum Beispiel nicht nur in unserer Kultur verbreitet. Die Barotse in Südafrika fassen einander zur Begrüßung mit den

Händen und küssen diese. Als Zeichen unterwürfiger Verehrung küßte man in verschiedenen Kulturen die Füße. Man kann auch jemandem einen Gruß zuschicken, indem man die eigene Hand bei Begrüßungen küßt (Kußhand). Bei den Römern grüßten Wanderer die Götterbilder auf diese Weise. Übrigens berühren rangniedere Schimpansen mitunter die zur Kontaktgewährung gereichte Hand eines Ranghohen mit dem Munde zum Beißkuß, wie man einem Film von Jane van Lawick-Goodall entnehmen kann.

1970

Erwin Schrödinger

Über Determinismus und Willensfreiheit

Als Belohnung für all die Mühe, die ich auf die Darlegung der rein wissenschaftlichen Seite unseres Problems *sine ira et studio* verwandt habe, gestatte ich mir hier, meine eigene, notwendigerweise subjektive Ansicht über die philosophischen Schlüsse, zu denen es Anlaß gibt, anzuführen.

Nach dem oben Vorgebrachten sind die raumzeitlichen Abläufe im Körper eines Lebewesens, die seiner Geistestätigkeit und seinen bewußt oder sonstwie ausgeführten Handlungen entsprechen, wenn nicht strikt deterministischer, so doch statistisch-deterministischer Art (auch in Anbetracht ihrer komplexen Struktur und der allgemein anerkannten Deutung der physikalischen Chemie). Dem Physiker gegenüber möchte ich betonen, daß nach meiner Ansicht, die allerdings verschiedentlich nicht geteilt wird, die *Unbestimmtheit der Quanten* bei diesen Vorgängen keine biologisch wesentliche Rolle spielt, ausgenommen vielleicht durch Steigerung des Zufallscharakters von Vorgängen wie der Reifeteilung, der natürlichen und der durch Röntgenstrahlen hervorgerufenen Mutation usw. – und das ist sowieso unbestritten.

Wir wollen diese Behauptung zunächst einmal als feststehende Tatsache betrachten, wie es wohl jeder unvoreingenommene Biologe tun würde, wenn nicht das wohlbekannte unangenehme Gefühl da wäre, das entsteht, wenn man »sich selber als bloßen Mechanismus erklären« soll. Man hat nämlich den Eindruck, daß sie der Willensfreiheit, die durch die unmittelbare innere Erfahrung verbürgt ist, widerspricht.

Unmittelbare Erfahrungen aber, so verschieden und ungleichartig sie auch sein mögen, können sich logischerweise gar nicht widersprechen. Wir wollen daher versuchen, ob wir nicht aus den folgenden beiden Prämissen den richtigen, widerspruchslosen Schluß ziehen können:

1. Mein Körper funktioniert als reiner Mechanismus in Übereinstimmung mit den Naturgesetzen.

2. Doch weiß ich auf Grund unbestreitbarer unmittelbarer Erfahrung, daß ich seine Bewegungen leite und deren Folgen voraussehe, die entscheidend und höchst bedeutsam sein können; in diesem Falle empfinde und übernehme ich die volle Verantwortung für sie.

Die einzig mögliche Folgerung aus diesen zwei Tatsachen ist die folgende: Ich – Ich im weitesten Sinne des Wortes, d. h. jedes bewußt denkende geistige Wesen, das sich als »Ich« bezeichnet oder empfunden hat – ist die Person, sofern es überhaupt eine gibt, welche die »Bewegung der Atome« in Übereinstimmung mit den Naturgesetzen leitet.

Wenn man einem Kulturkreis angehört, in dem gewisse Begriffe, die bei anderen Völkern einen weiteren Sinn hatten oder haben, eingeengt und spezialisiert worden sind, ist es gewagt, diesen Schluß in so einfachen Worten auszudrücken, wie es die Sache erfordert. Es klingt gotteslästerlich und wahnsinnig, wenn man sich der christlichen Ausdrucksweise bedient und erklärt: »Also bin ich der Liebe Gott.« Setzen wir uns aber für den Augenblick darüber hinweg und überlegen wir uns, ob die obige Folgerung nicht einem biologischen Beweise Gottes und der Unsterblichkeit zugleich am nächsten kommt.

An sich ist die Einsicht nicht neu. Die frühesten Aufzeichnungen datieren meines Wissens mindestens 2500 Jahre zurück. Seit den frühen großen Upanischaden betrachtet die indische Philosophie die Gleichsetzung *Atman = Brahman* (das persönliche Selbst ist dem allgegenwärtigen, allesumfassenden ewigen Selbst gleich) keineswegs als Gotteslästerung, sondern ganz im Gegenteil als die tiefste Einsicht in das Weltgeschehen. Das Streben aller Vedânta-Schüler war, kaum daß ihre Lippen Worte zu formen vermochten, darauf gerichtet, sich diesen größten aller Gedanken wirklich einzuverleiben.

Auch die Mystiker vieler Jahrhunderte haben unabhängig voneinander und doch in vollkommener Harmonie (den Partikeln eines Idealgases vergleichbar) die einzigartige Erfahrung ihres Lebens in Worten beschrieben, die sich zu dem Satz verdichten lassen: *Deus factus sum* (»Ich bin Gott geworden«).

Dem westlichen Denken ist diese Vorstellung fremd geblieben, trotz Schopenhauer und andern, welche sie vertraten, und trotz aller wahrhaft Liebenden, die beim Anblick des geliebten Wesens gewahr werden, daß Denken und Freuen ihnen gemeinsam und nicht nur ähnlich oder gleichartig sind. Allerdings sind sie meist zu sehr mit ihrem Gefühlsüberschwang beschäftigt, um noch klar denken zu können – und darin sind sie den Mystikern recht ähnlich.

Man erlaube mir einige weitere Bemerkungen. Bewußtsein wird nie in der Mehrzahl, stets nur in der Einzahl erlebt. Sogar in den pathologischen Fällen der Bewußtseins- oder Persönlichkeitsspaltung wechseln die zwei Personen, sie offenbaren sich nie gleichzeitig. In einem Traum spielen wir tatsächlich die Rollen verschiedener Personen zur gleichen Zeit, aber nicht ohne zu unterscheiden: Wir *sind* eine Person und handeln und sprechen als solche unmittelbar, während wir oft ungeduldig die Antworten oder die Reaktion einer anderen Person erwarten, ohne darauf zu achten, daß wir selbst ihr Reden und Handeln gerade so in der Hand haben wie unser eigenes.

Wie entsteht überhaupt die (von den Verfassern der Upanischaden so nachdrücklich bestrittene) Vorstellung der Vielheit? Das Bewußtsein findet sich in engster Beziehung und Abhängigkeit vom physikalischen Zustand eines begrenzten Teiles des Stofflichen, des Körpers. (Man beachte die geistigen Veränderungen während der körperlichen Entwicklung in der Pubertät, beim Altern, beim Vergreisen usw., oder man denke an die Wirkungen von Fieber, Rausch, Narkose, Gehirnverletzungen usw.) Nun gibt es eine große Vielzahl gleicher Körper. Daher liegt es nahe, sich Bewußtsein oder Geist in der Mehrzahl zu denken. Wahrscheinlich teilen alle einfachen und unverbildeten Menschen diese Denkweise mit den meisten westlichen Philosophen.

Von da zum Erfinden von Seelen – von so vielen Seelen, wie es Leiber gibt – ist es kein weiter Schritt, und die Frage liegt nahe, ob sie sterblich sind wie der Leib oder ob sie unsterblich und eines Eigendaseins fähig sind. Die erste Möglichkeit will uns nicht recht eingehen, während die zweite die Tatsachen, auf welche sich die Hypothese von der Vielfalt stützt, einfach vergißt, übersieht oder verleugnet. Aber es sind schon viel einfältigere Fragen aufgeworfen worden: Haben auch die Tiere Seelen? Man hat sogar gefragt, ob auch die Frauen oder nur die Männer eine Seele besitzen.

Folgerungen dieser Art erschüttern, auch wenn sie nur zögernd gezogen werden, das Vertrauen in die Vielheitshypothese, die allen offiziellen westlichen Glaubensbekenntnissen gemeinsam ist. Verfahren wir nicht noch viel unsinniger, wenn wir zwar ihren groben Aberglauben ausmerzen, aber doch ihre naive Vorstellung von der Vielheit der Seelen behalten und ihr durch die Erklärung »beikommen« wollen, daß auch die Seelen vergänglich seien und mit ihren Leibern zugrunde gingen?

Uns bleibt nur eines übrig: wir müssen uns an die unmittelbare Erfahrung halten, daß das Bewußtsein ein Singular ist, dessen Plural wir nicht kennen; daß nur *eines* wirklich *ist* und das, was eine Mehrzahl zu sein scheint, nur eine durch Täuschung (das indische *Maja*) entstandene Vielfalt von verschiedenen Erscheinungsformen dieses Einen ist. Die gleiche Illusion entsteht in einer Spiegelgalerie, und in der gleichen Weise stellten sich der Gaurisankar und der Mt. Everest als ein und derselbe, aber von verschiedenen Tälern aus gesehene Gipfel heraus. Nun haben wir allerdings den Kopf voll toller

Gespenstergeschichten, die uns daran hindern, eine so einfache Lösung anzuerkennen. Man sagt mir zum Beispiel, ich könne den Baum da draußen vor meinem Fenster gar nicht wirklich sehen. Durch einen listigen Trick (der erst in seinen verhältnismäßig einfachen Anfangsstadien erforscht sei) werfe der wirkliche Baum ein Bild seiner selbst auf mein Bewußtsein und meine Wahrnehmung betreffe nur dieses Bild. Wenn ein anderer an meiner Seite stehe und den gleichen Baum ansehe, so werde dieser ebenfalls sein Bild auf dessen Seele werfen. Ich sehe meinen Baum und er sieht seinen (dem meinen bemerkenswert ähnlichen) Baum, und was der Baum eigentlich an sich ist, wissen wir nicht. Für diese Überspanntheit ist Kant verantwortlich. Sobald man aber das Bewußtsein als ein *Singulare tantum* betrachtet, wird die Kantische Betrachtungsweise passenderweise durch die Feststellung ersetzt, daß offensichtlich nur *ein* Baum dasteht und all der Bilderzauber eine Spiegelfechterei ist.

Und doch haben wir alle den unbestreitbaren Eindruck, daß die Gesamtheit unserer persönlichen Erfahrungen und Erinnerungen eine Einheit bildet, die von derjenigen irgendeiner anderen Person durchaus verschieden ist. Wir nennen diese Einheit unser »Ich«. *Was ist dieses »Ich«?*

Bei näherem Zusehen wird es sich meines Erachtens herausstellen, daß es etwas mehr ist, als nur eine Anhäufung einzelner Gegebenheiten (Erfahrungen und Erinnerungen), nämlich sozusagen die Leinwand, *auf welcher* diese festgehalten sind. Und man wird bei eingehender Selbstprüfung gewahr werden, daß das, was man wirklich unter dem »Ich« versteht, eben jener Grundstoff ist, auf dem sie gesamthaft aufgetragen sind. Es kann geschehen, daß man in ein fernes Land verschlagen wird und alle Freunde aus den Augen verliert und fast vergißt; man wird neue Freunde gewinnen und sein Leben mit diesen ebenso intensiv teilen wie zuvor mit den alten. Die Erinnerung an das frühere Leben verliert im neuen Leben immer mehr an Bedeutung. Man mag dazu kommen, vom »Jüngling, der ich war«, in der dritten Person zu sprechen, und wahrscheinlich steht einem der Held des Romans, den man gerade liest, näher, jedenfalls scheint er einem viel lebendiger und vertrauter. Und doch liegt kein Bruch, kein Todesfall dazwischen. Und selbst wenn es einem geschickten Hypnotiseur gelingen sollte, alle früheren Erinnerungen in einem Menschen auszulöschen, so würde man doch nicht feststellen, daß er *ihn* getötet hat. In keinem Fall ist hier ein Verlust persönlichen Daseins zu beklagen.

Und das wird auch nie der Fall sein.

1987

Alan Weisman

Vom Untergang unserer Häuser

An dem Tag, an dem die Menschheit verschwindet, beginnt die Natur augenblicklich mit dem Hausputz. Sie putzt unsere Häuser vom Antlitz der Erde. Alle werden sie verschwinden.

Wenn Sie ein Haus besitzen, wissen Sie längst, dass das auch bei Ihrem Heim nur eine Frage der Zeit ist. Auch wenn Sie es sich nicht eingestehen, hat die unerbittliche Erosion bereits eingesetzt, angefangen bei Ihren Ersparnissen. Als Sie das Haus kauften, hat niemand erwähnt, was Sie darüber hinaus würden ausgeben müssen, um zu verhindern, dass die Natur es sich lange vor der Bank zurückholt.

Selbst wenn Sie in einer Siedlung leben, wo schwere Maschinen die Landschaft mit roher Gewalt ihrem Willen unterwarfen, wo die wildwuchernde natürliche Pflanzenwelt durch gefügige Rasenflächen und gesichtslose Bäumchen ersetzt und Feuchtgebiete einfach zubetoniert wurden – selbst dann wird Ihnen klar sein, dass die Natur nicht kleinzukriegen ist. Sie können Ihr bestens geheiztes Zuhause noch so gut gegen Wettereinflüsse isolieren, unsichtbare Sporen dringen trotzdem ein und machen sich irgendwann als Schimmelpilzbefall bemerkbar: Erschreckend, wenn Sie ihn entdecken, schlimmer noch, wenn nicht, weil er sich hinter der gestrichenen Wand verbirgt, wo er Rigipsplatten anfrisst, Stützpfeiler aufweicht und Fußbodenbretter zerstört. Oder Sie müssen hilflos die Invasion von Ameisen, Kellerasseln, Schaben, Hornissen oder sogar kleinen Säugetieren mitansehen.

Vor allem aber fürchten Sie, was in anderen Situationen unser Lebenselixier ist: Wasser; denn das versucht, sich überall Zugang zu verschaffen.

Der Regen holt sich zurück, was wir der Natur genommen haben. Zunächst nimmt er sich das hölzerne Rahmenwerk vor, bei Wohnhäusern der nördlichen Hemisphäre die häufigste Bauweise. Der Prozess beginnt am Dach, wo er es vermutlich mit Bitumen-, Schiefer- oder Tondachziegeln zu tun bekommt, deren Garantiezeit von zwanzig bis dreißig Jahren das erste Leck in der unmittelbaren Umgebung des Schornsteins allerdings nicht mehr verhindern kann. Wenn sich das Kehlblech an den nach innen geneigten Dachflächen, wo der Regen zusammenströmt, unter der unablässigen Einwirkung löst, läuft Wasser unter die Schindeln und breitet sich auf den darunterliegenden Schalplatten oder Holzfasern aus.

Die heutige Bauweise setzt auf leichte Materialien. Einerseits ist nichts dagegen einzuwenden: Wenn wir so kostengünstig und leicht bauen, verbrauchen wir weniger natürliche Ressourcen. Andererseits sind die dicken Bäume, denen die Gebäude aus dem europäischen und japanischen Mittelalter und der amerikanischen Frühzeit ihre Stützstreben und Tragbalken verdanken, selten und kostspielig geworden, sodass uns heute gar nichts anderes übrig bleibt, als kleinere Bretter und Späne zusammenzuleimen.

Das Kunstharz in Ihrem kostenbewusst gewählten Spanplattendach, ein wasserfester Mix aus Formaldehyd und Phenolpolymeren, wurde auch auf die frei liegenden Kanten der Platten aufgetragen, was gar nichts nützt, weil die Feuchtigkeit in der Umgebung der Nägel eindringt. Schon bald beginnen sie zu rosten und ihren Halt zu verlieren. Das führt nicht nur augenblicklich zu Lecks, sondern auch zu einer fatalen Beeinträchtigung der Stabilität. Abgesehen davon, dass die Platten die Unterlage der Deckung bilden, geben sie sich auch gegenseitig Halt. Die Versteifungen – vorfabrizierte Hölzer, die von Metallverbindungen zusammengehalten werden – haben die Aufgabe, eine Spreizung des Dachstuhls zu verhindern. Doch wenn sich die Verschalung auflöst, geht auch die Stabilität der Konstruktion verloren.

Da die Schwerkraft auf die Verschalung einwirkt, reißen

die Stifte, die die Metallverbindungen halten, aus dem nassen Holz, das jetzt mit einer flaumigen Schicht von grünlichem Schimmelpilz bedeckt ist. Unter dem Schimmel sondern dünne Fäden, sogenannte Hyphen, Enzyme ab, welche Zellulose und Lignin, also das Holz, zu Pilznahrung abbauen.

Das Gleiche geschieht mit dem Fußboden im Inneren. Wenn die Heizung ausgeht, platzen die Rohre, wenn es im Winter friert, und der Regen weht ins Haus, wo unter dem Aufprall von Vögeln oder dem Druck absackender Mauern die Fenster zersprungen sind. Selbst dort, wo das Glas noch heil ist, finden Regen und Schnee unaufhaltsam ihren Weg unter den Türschwellen ins Haus. Mit fortschreitender Fäulnis brechen die Tragebalken in sich zusammen. Schließlich lehnen sich die Wände zur Seite und das Dach stürzt ein. Ein Scheunendach mit einem 50 Zentimeter großen Loch ist innerhalb von zehn Jahren hin. Ihr Haus hält vielleicht fünfzig, bestenfalls hundert Jahre.

Während das Unheil seinen Lauf nimmt, treiben Eichhörnchen, Marder und Eidechsen im Inneren des Hauses ihr Unwesen und nagen Nisthöhlen in das Ständerwerk, ohne sich um die Spechte zu kümmern, die der Wand von der anderen Seite zu Leibe rücken. Auch wenn ihnen anfangs die angeblich unverwüstlichen Fassadenverkleidungen aus Aluminium, Vinyl oder den wartungsfreien Zementfaserprofilen das Leben schwer machen, brauchen sie nur ein Jahrhundert zu warten, bis die meisten dieser Werkstoffe am Ende sind. Die ursprüngliche Farbimprägnierung ist fast verschwunden. Während das Wasser sich unaufhaltsam seinen Weg in Schnittkanten hinein sucht und durch die Löcher sickert, die einst Nägel füllten, machen sich Bakterien über die organischen Bestandteile der Baustoffe her und lassen nur die Mineralien zurück. Abgefallene Vinylverkleidungen, deren Farben schon früh verblassten, sind jetzt spröde und brüchig, da ihre Weichmacher abgebaut sind. Das Aluminium hat sich besser gehalten, doch dort, wo sich auf seiner Oberfläche salzhaltiges Wasser sammelt, frisst dieses langsam kleine Löcher, in denen eine körnige weiße Schicht zurückbleibt.

Jahrzehntelang sind Ihre stählernen Heizungszüge und Kühlschächte, auch als sie den Elementen ausgesetzt waren, durch die Verzinkung geschützt gewesen. Doch in gemeinsamer Anstrengung ist es Feuchtigkeit und Luft gelungen, sie in Zinkoxid zu verwandeln. Sobald die Verzinkung zerfressen ist, zerfällt das ungeschützte dünne Stahlblech in wenigen Jahren. Schon lange zuvor sind die wasserlöslichen Bestandteile des Rigips im Erdreich versickert. Bleibt nur noch der Schornstein, wo der ganze Ärger begann. Nach einem Jahrhundert steht er zwar noch immer, doch seine Ziegel fallen nach und nach herab und zerbrechen, weil der Kalkmörtel unter dem Einfluss der Temperaturschwankungen bröckelig wird und zu Staub zerfällt.

Wenn Sie stolzer Besitzer eines Swimmingpools waren, so hat er sich jetzt in einen Blumenkasten verwandelt, wo entweder die Aussaat jener Ziersträucher und Bäume wächst, die einst nur Ihren Garten schmückten, oder heimische Laubhölzer, an den Rand der Siedlung abgedrängt, die dort auf ihre Chance zur Rückeroberung des Terrains lauerten. Wenn das Haus über einen Keller verfügt, so füllt sich auch dieser mit Erde und Pflanzenleben. Brombeersträucher und Wilder Wein ranken an stählernen Gasleitungen empor, die zu Rost zerfallen sein werden, bevor ein weiteres Jahrhundert verstrichen ist. Die weißen PVC-Rohre in Bad und Küche haben eine gelbliche Färbung angenommen und sind an der lichtzugekehrten Seite dünn geworden. Dort ist das Chlorid zu Salzsäure verwittert, die nun sich selbst und das Polyvinyl in ihrer Nähe auflöst. Nur die Kacheln im Badezimmer sind relativ unverändert, da gebrannte Keramik ähnliche chemische Eigenschaften hat wie Fossilien – auch wenn die Kacheln nun, mit faulendem Laub vermischt, am Boden liegen.

Was nach 500 Jahren noch vorhanden ist, hängt davon ab, an welchem Ort der Welt Sie leben. War das Klima gemäßigt, befindet sich ein Wald an der Stelle der Vorstadt; von einigen Hügeln abgesehen, ähnelt er allmählich wieder dem Ort, der er war, bevor sich die Stadtplaner darüber hermachten. Zwischen den Bäumen, halb verborgen unter dem sprießenden Unterholz, liegen die Aluminiumteile von Geschirrspülern und Kochtöpfe aus Edelstahl, deren Kunststoffgriffe rissig geworden, aber noch stabil sind. Im Laufe der kommenden Jahrhunderte wird sich – obwohl es kein Werkstoffprüfer mehr erfahren wird – endlich erweisen, wie lange es dauert, bis Aluminium korrodiert und zerfällt: Aluminium ist ein relativ neues Material, das den Frühmenschen unbekannt war – sein Grundstoff muss elektrochemisch bearbeitet werden, um das Metall zu gewinnen.

Die Chromlegierungen, die dem Edelstahl seine Elastizität verleihen, werden diese Aufgabe wahrscheinlich noch einige Jahrtausende lang erfüllen, vor allem wenn die Töpfe, Pfannen und Bestecke aus Kohlenstoff-Stahl unter Sauerstoffabschluss begraben liegen. Sollte irgendwer in hunderttausend Jahren diese Dinge ausgraben, wird ihn die Entdeckung so gebrauchsfertiger Werkzeuge unvermittelt auf eine höhere Evolutionsstufe katapultieren. Die Erkenntnis, diese wunderbaren Objekte nicht nachbauen zu können, wird sicherlich eine niederschmetternde Enttäuschung sein – oder in ihrer Rätselhaftigkeit der Ansatzpunkt einer neuen Religion.

In den Gegenden der Erde mit trockenem und heißem Klima werden die Kunststoffbestandteile des modernen Lebens rascher zerbröckeln, da die Polymerketten unter dem fortwährenden Beschuss von Ultraviolettstrahlung zerfallen. Angesichts geringerer Feuchtigkeit ist Holz dort haltbarer, während alle Metallteile, die mit den salzigen Wüstenböden in Berührung kommen, schneller rosten. Nun lassen römische Ruinen aber vermuten, dass dickes Gusseisen noch in den archäologischen Funden einer fernen Zukunft vertreten sein könnte, daher dürfte eines Tages der seltsame Anblick von Hydranten, die zwischen Kakteen aus dem Boden ragen, zu den wenigen Hinweisen gehören, dass es hier einmal Menschen gab. Wenn Backsteine und Rigipswände längst der Erosion zum Opfer gefallen sind, werden die schmiedeeisernen Balkon- und Fenstergitter, die sie einst schmückten, immer noch erkennbar sein, wenn auch löchrig wie Tüll: Der Rost, der sich durch das Eisen frisst, lässt nur dessen kristallines Gerüst zurück.

Früher errichteten wir unsere Gebäude oft auch aus den dauerhaftesten Stoffen, die wir kannten: Granitblöcken zum Beispiel. Die Ergebnisse sind noch heute Gegenstand unserer Bewunderung, doch wir machen inzwischen nur noch selten von dieser Technik Gebrauch, weil Abbau, Zuschneiden, Transport und Einpassen der Steine eine Geduld verlangen, die wir nicht mehr besitzen. Baumeister wie Antonio Gaudí, der in Barcelona im Jahr 1882 mit der Errichtung der noch immer unvollendeten Basilika *Sagrada Familia* begann, gibt es nicht mehr – niemand ist bereit, in Bauwerke zu investieren, die unsere Ururenkel in 150 Jahren vollenden werden. Ganz zu schweigen von den Kosten, die, da wir nicht mehr auf Tausende von Sklaven zurückgreifen können, sehr beträchtlich sind, vor allem im Vergleich mit einer anderen römischen Erfindung: dem Beton.

Heute verfestigt sich dieses Gemisch aus Kalkstein, Ton, Wasser und Zusatzstoffen während des Aushärtens zu künstlichem Gestein und wird mehr und mehr zur erschwinglichsten Option des *Homo sapiens urbanus*. Was wird also mit den Betonstädten geschehen, die heute mehr als die Hälfte der Menschheit beherbergen?

Bevor wir uns dieser Frage zuwenden können, müssen wir uns mit einer anderen beschäftigen, die das Klima betrifft. Wenn wir morgen verschwinden, wird die Eigendynamik bestimmter Kräfte, die wir bereits in Gang gesetzt haben, noch so lange fortwirken, bis Jahrhunderte später der Einfluss von Schwerkraft, Chemie und Entropie ein neues Gleichgewicht herstellt, das nur noch teilweise dem ähneln wird, das vor unserer Zeit herrschte. Dieses frühere Gleichgewicht beruhte darauf, dass ein erheblicher Teil des Kohlenstoffs, den wir inzwischen wieder in die Atmosphäre befördert haben, unter der Erdkruste eingeschlossen war. Statt zu verfaulen, könnten die Balkenkonstruktionen unserer Häuser konserviert werden wie die Planken der spanischen Galeonen, die dem steigenden Salzgehalt des Meerwassers ihre Erhaltung verdanken.

In einer wärmeren Welt würden die Wüsten möglicherweise noch trockener werden, während die Gegenden, in denen Menschen lebten, wahrscheinlich wieder von dem Element in Besitz genommen würden, das die Menschen ursprünglich angelockt hatte: fließendes Wasser. Von Kairo bis Phoenix entstanden Wüstenstädte dort, wo Flüsse Trockengebiete bewohnbar machten. Als ihre Zahl anstieg, unterwarfen die Menschen diese Wasseradern ihrer Kontrolle und leiteten sie in einer Weise um, die ein weiteres Bevölkerungswachstum ermöglichte. Doch mit den Menschen werden auch diese Veränderungen am natürlichen Lauf der Flüsse verschwinden. Den trockeneren, heißeren Wüstenklimata stehen dann feuchtere, stürmischere Großwetterlagen in den Gebirgen gegenüber, die reißende Wassermassen in die Ebenen schicken, Dämme überfluten, sich in die ehemaligen Überschwemmungsgebiete ergießen und alles begraben, was auf ihren alljährlich abgelagerten Schlammschichten erbaut wurde. Unter dieser Schicht könnten Hydranten, Lkw-Reifen, zertrümmertes Flachglas, Apartment- und Bürohochhäuser unbefristet fortbestehen, den Blicken allerdings ebenso gründlich entzogen wie einst unsere fossilen Brennstoffe.

Kein Denkmal wird ihr Grab kennzeichnen, nur die Wurzeln der Pappeln, Weiden und Palmen werden ihre Anwesenheit gelegentlich zur Kenntnis nehmen. Erst Ewigkeiten später, wenn die alten Gebirge abgetragen und neue aufgeworfen sind, werden junge Ströme neue Felsschluchten durch Sedimentschichten graben und dabei offenbaren, wer hier kurze Zeit weilte.

2007

Benoît Mandelbrot und Richard L. Hudson

Märkte sind sehr, sehr riskant

Turbulenz ist gefährlich. Was durch sie entsteht – der Druck oder die Geschwindigkeit von Wasser, der Mittelwert oder die Änderung von Kursen –, kann heftig und plötzlich umschlagen. Man kann sie nur schwer vorhersagen und sich noch schwerer dagegen schützen, doch am schwierigsten ist es, sie technisch zu beherrschen und von ihr zu profitieren. Im herkömmlichen Finanzwesen ignoriert man das natürlich. Dort unterstellt man, das Finanzsystem sei eine lineare, kontinuierliche und rationale Maschine. Diese Denkweise fesselt konventionelle Ökonomen in logischen Verstrickungen.

Sehen wir uns das sogenannte Rätsel der gerechten Risikoprämie an, das vor zwei Jahrzehnten von den beiden jungen englischen Wirtschaftswissenschaftlern Rajnish Mehra und Edward C. Prescott entdeckt wurde und seither als alter Scherz durch die gelehrte Literatur geistert. Woran liegt es, daß Aktien den Anleger, gemessen an den Durchschnittsrenditen, in der Regel so reich belohnen? Den Daten zufolge lieferten Aktien über den langen Zeitraum des 20. Jahrhunderts hinweg im Vergleich zu den als sicherer geltenden Geldanlagen wie etwa den US-Schatzanweisungen eine erhebliche »Gewinnprämie«. Inflationsbereinigte Schätzungen dieser Prämie schwanken je nach den untersuchten Daten zwischen 4,1 und 8,4 Prozent. Die herkömmliche Theorie bezeichnet das als unmöglich. Nur zwei Dinge könnten, sagt die Theorie, die Aktienkurse so aufblähen: Entweder ist der Markt so riskant, daß die Leute ansonsten nicht in Aktien investieren würden, oder sie *befürchten* lediglich, daß er so riskant ist, weshalb sie ihr Geld sonst nicht hier anlegen würden. Nun messen Wirtschaftswissenschaftler das Risiko des Marktes üblicherweise anhand seiner Volatilität – quantifiziert durch ihren alten Freund, die Glockenkurven-Standardabweichung. Dann rechnen sie und landen weit unten: Den herkömmlichen Formeln zufolge sollte die Risikoprämie nicht höher als bei etwa 1 Cent liegen. Sicherlich ein Fehler in den Daten?

Das war die Ansicht im Establishment der Ökonomen, als Mehra und Prescott die Frage erstmals aufwarfen. Sie benötigten sieben Jahre, bis sie ihren Aufsatz 1985 an den Türhütern der gelehrten Wirtschaftsjournale vorbeigeschleust hatten. Seitdem wurden Hunderte von Arbeiten verfaßt, in denen man versuchte, das Problem wegzuerklären. Diese Aufsätze gehen jedoch am Kern vorbei. Sie nehmen an, der »durchschnittliche« Profit des Aktienmarkts würde einem realen Menschen etwas bedeuten, doch in Wahrheit spielen die extremen Gewinne oder Verluste die größte Rolle. Schon ein aus dem Schnitt fallendes Jahr mit Verlusten von mehr als einem Drittel des Kapitals – was 2002 bei vielen Aktien der Fall war – würde selbst den kühnsten Anleger aus gutem Grund für längere Zeit vergraulen. Außerdem geht das Modell fälschlicherweise davon aus, daß die Glockenkurve ein realistischer Maßstab für das Risiko ist. Die realen Kurse springen, wie ich schon oft erklärt habe, sehr viel heftiger auf und ab, als die Gaußschen Standards unterstellen. In diesem Licht stellt die gerechte Prämie kein Rätsel dar. Echte Anleger wissen es besser als die Ökonomen. Sie erkennen instinktiv, daß der Markt sehr, sehr riskant ist – riskanter, als die Standardmodelle angeben. Und so fordern sie als Ausgleich für das eingegangene Risiko natürlich einen höheren Ertrag, den sie häufig auch bekommen.

Das gleiche Argument – die Leute begreifen instinktiv, daß der Markt riskant ist – erklärt zum Teil auch, warum so viel vom Wohlstand der Welt in sicherem Cash angelegt bleibt statt in einer riskanteren Möglichkeit. Das Mantra der Wall Street heißt Anlagestruktur: Die Entscheidung, wie man sein Portfolio zwischen Cash, Anleihen, Aktien und anderen Anlageklassen aufteilt, ist weit wichtiger als die speziellen Anleihen oder Aktien, die man auswählt. Die typische Maklerempfehlung – auf der Basis der Portfoliotheorie von Markowitz-Sharpe – lautet 25 Prozent Cash, 30 Prozent Anleihen und 45 Prozent Aktien. Nach einer Studie der OECD denken die meisten Menschen jedoch anders. Japanische Haushalte besitzen 53 Prozent ihrer finanziellen Werte in Form von Bargeld und nur 8 Prozent in Anteilscheinen (der Rest steckt in anderen Besitzformen). Europäer behalten 28 Prozent als Bargeld und 13 Prozent in Beteiligungen. Bei den Amerikanern sind es 13 Prozent Cash und 33 Prozent Aktien. Anders als ein Broker kümmern die meisten Anleger sich nicht um »Durchschnittsrenditen«. Ihnen erscheinen die seltenen, aus dem Durchschnitt fallenden Katastrophen weit bedrohlicher. Natürlich liegen gesunder Menschenverstand und Volksweisheiten oft falsch, sollten aber nie außer acht gelassen werden.

Letztlich ist es der finanzielle Ruin, den man befürchtet. Nun ist der Ruin ein häufig untersuchter Gegenstand der Risikoanalyse. Er tritt ein, wenn der Meßwert für Reichtum – der Umfang eines Aktienportfolios, die Kapitalreserve einer Bank, die Gewinne oder Verluste einer Versicherung – unter eine bestimmte erwünschte Schwelle fällt. Die Wahrscheinlichkeit, mit der das geschehen kann, ist berechenbar. Würden fortwährend Prämien eingenommen, ohne daß Ansprüche anfielen, so würde das die Gewinne jeder simulierten Gesellschaft auf einem schön gleichmäßig ansteigenden Pfad halten. Wenn dagegen Ansprüche erhoben werden, sieht jede Firma ihren Gewinn abstürzen. Sobald er unter Null fällt, geht der Versicherer seinem Ruin entgegen. Dies ist die Grundvoraussetzung; man kann in Diagrammform zeigen, was geschieht, wenn man seine Annahmen über das Funktionieren des Versicherungsgeschäfts ändert. Bei einem Diagramm folgen Umfang und Häufigkeit der Ansprüche einer Glockenkurve. Ein zweites zeigt eine realistischere skaleninvariante Wahrscheinlichkeit für Ansprüche. Nach der ersten würde fast jeder Versicherer florieren, die zweite zeigt einige Pleiten – fast wie im richtigen Leben. Ein riskantes Geschäft, die Versicherungen.

Die gleiche Art von Simulation läßt sich auch für Aktien, Anleihen oder andere Finanzkurse durchführen. Nach dem Standardmodell des Finanzsektors, wo die Kurse sich entsprechend der Glockenkurve ändern, liegt die Wahrscheinlichkeit für den Ruin bei 10^{-20}. In Worten: bei eins zu zehn Milliarden Milliarden. Bei solchen Risiken wird man eher von einem auf dem eigenen Haus niedergehenden Meteoriten pulverisiert, als daß man auf einem Finanzmarkt pleite gehen könnte. Wenn die Kurse dagegen heftig schwanken, wie ich das für den Baumwollmarkt gezeigt habe, dann schießt die Wahrscheinlichkeit für einen Bankrott steil hoch: Sie liegt in der Größenordnung von eins zu zehn oder eins zu dreißig. Welche Abschätzung der Pleitegefahr erscheint einem in Anbetracht des katastrophalen Schicksals vieler Baumwollfarmer am vernünftigsten?

2005

David Foster Wallace

Die Entdeckung des Unendlichen

§1a. So etwas wie Mathematikhistoriker gibt es wirklich. Zur Einstimmung ein nettes Zitat von einem solchen Historiker in den 1930ern:

Eine Schlussfolgerung scheint unausweichlich: Ohne eine konsistente Theorie des mathematisch Unendlichen gibt es keine Theorie der irrationalen Zahlen, ohne eine Theorie der irrationalen Zahlen gibt es keine mathematische Analysis, die in irgendeiner Form dem ähneln würde, was wir jetzt haben, und ohne Analysis würde schließlich der entscheidende Teil der Mathematik – einschließlich der Geometrie und großer Teile der angewandten Mathematik – aufhören zu existieren. Als wichtigste Aufgabe für den Mathematiker ergab sich daraus, eine befriedigende Theorie des Unendlichen aufzustellen. Cantor versuchte es, mit welchem Erfolg, werden wir sehen.

Die verführerischen Mathe-Ausdrücke spielen im Moment keine Rolle. Der Cantor der letzten Zeile ist Professor Georg F. L. P. Cantor, geboren 1845, ein naturalisierter Deutscher aus der Händlerschicht und anerkannter Vater der abstrakten Mengenlehre und der transfiniten Mathematik. Manche Historiker haben des Langen und Breiten darüber diskutiert, ob er Jude war. »Cantor« ist einfach das lateinische Wort für Sänger.

G. F. L. P. Cantor ist der bedeutendste Mathematiker des 19. Jahrhunderts und war eine sehr komplexe und leidvolle Persönlichkeit. Während eines großen Teils seines späteren Erwachsenenlebens war er immer wieder in psychiatrischen Anstalten und starb 1918 in einem Sanatorium in

Halle*. K. Gödel, der bedeutendste Mathematiker des 20. Jahrhunderts, starb ebenfalls infolge einer geistigen Erkrankung. L. Boltzmann, der wichtigste Physikmathematiker des 19. Jahrhunderts, starb durch Suizid. Und so weiter. Historiker und Populärwissenschaftler neigen dazu, viel Zeit auf Cantors psychiatrische Probleme und die Frage zu verwenden, ob und wie weit sie mit seiner Arbeit über die Mathematik von ∞ zusammenhängen.

Beim 2. Internationalen Mathematikerkongress in Paris (1900) stellte Prof. D. Hilbert, damals der führende Mathematiker weltweit, die transfiniten Zahlen Georg Cantors als »bewundernswerteste Blüte mathematischen Geistes« und »eine der höchsten Leistungen rein verstandesmäßiger menschlicher Tätigkeit« vor.

Hier folgt ein Zitat von G. K. Chesterton: »Dichter werden nicht verrückt, Schachspieler schon. Mathematiker werden verrückt und Kassierer, schöpferische Künstler sehr selten. Ich wende mich nicht gegen die Logik: Ich sage nur, dass diese Gefahr in der Logik, nicht in der Vorstellungskraft liegt.« Und hier noch ein Schnipsel aus dem Klappentext einer neuen populären Biographie Cantors: »Ende des 19. Jahrhunderts dämmerte ein außergewöhnlicher Mathematiker in einer Irrenanstalt … Je mehr er sich den Antworten näherte, die er suchte, desto weiter schienen sie entfernt. Das ließ ihn schließlich wie andere Mathematiker vor ihm verrückt werden.«

Die Fälle großer Mathematiker mit Geisteskrankheiten lösen bei modernen Pop-Autoren und Filmemachern starke Resonanzen aus. Das hat vor allem mit den eigenen Vorurteilen und Empfindlichkeiten der Autoren/Regisseure zu tun, die wiederum Funktionen dessen sind, was man als die speziellen archetypischen Muster unserer Zeit bezeichnen könnte.

* Das flussaufwärts von Leipzig gelegene Halle, im Wortsinn ein Salzbergwerk, ist vor allem als Heimatstadt Händels bekannt.

Diese Muster ändern sich selbstverständlich mit der Zeit. Der Typus des geisteskranken Mathematikers scheint nun in gewisser Weise das zu sein, was der fahrende Ritter, der verstorbene Heilige, der gequälte Künstler und der verrückte Wissenschaftler für andere Epochen gewesen sind: so etwas wie unser Prometheus, der sich an verbotene Orte begibt und mit Gaben zurückkehrt, die wir alle brauchen können, während er allein dafür bezahlt. Wahrscheinlich ist das, zumindest in den meisten Fällen*, ein wenig hoch gegriffen. Cantor aber entspricht dem Muster besser als die meisten anderen. Und die Gründe dafür sind weit interessanter als seine vielleicht vorhandenen Probleme und Symptome.**

Von Cantors Errungenschaften nur zu wissen ist etwas anderes, als sie zu verstehen. Dieses Projekt will Letzteres vermitteln, und dazu gehört, dass man sich die transfinite Mathematik als eine Art Baum vorstellt, dessen Wurzeln in den alten griechischen Paradoxa von Stetigkeit und Unverein-

* Das gilt jedoch auch für das andere, entgegengesetzte Klischee des Mathematikers als verbohrter kleiner, sich ungeschlechtlich fortpflanzender Fliegeträger. In der heutigen Archetypenlehre scheinen die beiden Klischeevorstellungen auf bedeutsame Weise gegeneinander ausgespielt zu werden.

** Es ist einigermaßen klar, dass er in Begriffen der modernen Medizin – zu einer Zeit, als niemand wusste, was das war – an einer manisch-depressiven Störung litt und dass sein zyklisches Schwanken zwischen den Gegensätzen durch berufliche Belastungen und Enttäuschungen, von denen Cantor mehr als genug abbekommen hatte, verstärkt worden ist. Für Klappentexte gibt das natürlich weniger her als das Genie, das an seinen Versuchen, mit ∞ zu ringen, irre wird. Wahr ist aber, dass Cantors Arbeit und sein Umfeld total interessant und schön sind, weshalb keinerlei Notwendigkeit besteht, das Leben des armen Teufels atemlos in die Sphären eines Prometheus hochzujubeln. Die eigentliche Ironie liegt darin, dass die Betrachtung von ∞ als einer Art verbotener Zone oder einer Straße zum Wahnsinn – eine sehr alte und mächtige Ansicht, welche die Mathematik über 2000 Jahre umgetrieben hat – durch Cantors eigene Arbeit umgestürzt wurde. Die Aussage, ∞ habe Cantor in den Wahnsinn getrieben, ist etwa so, als würde man den Tod des heiligen Georg dem Drachen anlasten: Das ist nicht nur falsch, sondern beleidigend.

barkeit liegen, während die Zweige in die modernen Krisen über die Grundlagen der Mathematik verwickelt sind – Brouwer und Hilbert und Russell und Frege und Zermelo und Gödel und Cohen *et al.* Im Moment sind die Namen weniger wichtig als das mit dem Baum – als die wichtigste Metapher für den Überblick sollten Sie sich den bitte merken.

§1b. Der oben angeführte Chesterton liegt in einer Hinsicht falsch. Zumindest trifft er es nicht genau. Die Gefahr, die er zu benennen versucht, ist nicht die Logik. Logik ist nur ein Verfahren, und Verfahren können keinen um den Verstand bringen. Eigentlich will Chesterton über eines der wichtigsten Merkmale der Logik – und der Mathematik – reden. Abstraktheit. Abstraktion.

Es lohnt sich, direkt auf die Bedeutung von *Abstraktion* zu kommen. Es könnte das wichtigste Wort für das Verständnis von Cantors Arbeit und der Umstände sein, die sie ermöglicht haben. Die grammatikalische Grundform ist das lateinische Adjektiv *abstractus* = abgezogen. Von den zum Beispiel im *Wahrig* angegebenen Bedeutungen trifft hier die folgende am besten zu: »Von der Wirklichkeit abgetrennt, begrifflich verallgemeinert, nur gedacht, unanschaulich, Ggs. *konkret.*« Interessant ist auch die Bedeutung »ideal, auf das Wesentliche reduziert« und schließlich »schwer verständlich«.

Hier ein Zitat von Carl B. Boyer, den man mehr oder weniger als Urgestein der Mathematikgeschichte* bezeichnen kann: »Aber was sind denn am Ende die ganzen Zahlen? Jeder glaubt beispielsweise zu wissen, was die Zahl drei ist – bis er oder sie versucht, sie zu definieren oder zu erklären.«

* Am oberen Ende der Nahrungskette in der Mathematikgeschichte findet sich neben Boyer nur noch Prof. Morris Kline. Die wichtigsten Werke von Boyer und Kline sind *A History of Mathematics* beziehungsweise *Mathematical Thought from Ancient to Modern Times.* Beide Bücher sind außergewöhnlich umfassend und gut und werden freizügig zum Spicken herangezogen.

Im Hinblick darauf ist es lehrreich, sich mit Mathelehrern für die untersten Klassen zu unterhalten, um herauszufinden, wie Kindern etwas über ganze Zahlen beigebracht wird. Zum Beispiel darüber, was die Zahl fünf ist. Erst gibt man ihnen, sagen wir, fünf Orangen. Etwas, was sie anfassen und festhalten können. Man fordert sie auf, sie zu zählen. Dann gibt man ihnen ein Bild von fünf Orangen. Dann ein Bild, auf dem die fünf Orangen mit der Ziffer »5« zusammengebracht werden, damit sie die beiden miteinander verknüpfen. Anschließend ein Bild, das nur noch die Ziffer »5« ohne Orangen zeigt. Nun werden die Kinder zu mündlichen Übungen angehalten, in denen sie anfangen, über die ganze Zahl fünf an sich zu sprechen, als eigenes, von den Orangen abgelöstes Objekt. Anders gesagt, sie werden systematisch hereingelegt – oder angeleitet, Zahlen als Gegenstände und nicht als Symbole für Gegenstände zu behandeln. Dann kann man ihnen Rechnen beibringen, das elementare Beziehungen zwischen Zahlen einschließt. (Sie haben sicher bemerkt, wie das parallel zu den Methoden verläuft, mit denen uns beigebracht wird, die Sprache zu verwenden. Wir lernen schon sehr früh, dass das Hauptwort »Fünf« die ganze Zahl 5 bedeutet oder symbolisiert. Und so weiter.)

Gelegentlich, sagen die Lehrer, hat ein Kind Probleme damit. Manche Kinder verstehen, dass das Wort »fünf« für 5 steht, fragen sich aber weiterhin 5 *was?* 5 Orangen, 5 Cent, 5 Punkte? Diese Kinder, die problemlos Orangen oder Münzen addieren können, werden in Rechentests dennoch schwa-

* Bei B. Russell findet sich in dieser Hinsicht ein interessanter Absatz … zur Mathematik der höheren Schulen, die nach dem Rechnen in der Regel den nächsten großen Sprung in Sachen Abstraktion bedeutet:
»Die Anfänge der Algebra machen in der Regel auch den intelligentesten Kindern sehr große Schwierigkeiten. Die Verwendung von Buchstaben ist etwas Geheimnisvolles, dessen einziger Zweck Mystifikation zu sein scheint. Es ist zuerst fast unmöglich, nicht zu glauben, dass jeder Buchstabe für eine bestimmte Zahl stehe, wenn nur der Lehrer das Geheim-

che Leistungen erbringen. Sie können 5 nicht als Objekt an sich behandeln. Sie landen dann oft im speziellen Mathe-Förderunterricht, wo alles in Ausdrücken von Gruppen oder Mengen realer Gegenstände gelehrt wird, nicht in Zahlen, »die von bestimmten Beispielen absehen«.*

Worauf es ankommt: Als die für unsere Zwecke grundlegende Def. von »abstrakt« wird die miteinander verkettete Folge »von der Wirklichkeit abgetrennt, begrifflich verallgemeinert, nur gedacht, unanschaulich« gelten. Verwendet man »abstrakt« in diesem Sinne, so ist es ein Ausdruck aus der Metaphysik. In der Tat enthalten alle mathematischen Theorien eine gewisse Art von metaphysischer Einstellung. Der Vater der Abstraktion in der Mathematik: Pythagoras. Der Vater der Abstraktion in der Metaphysik: Platon.

Deswegen sind die anderen Def. der Konversationslexika aber nicht belanglos. Nicht nur, weil moderne Mathematik insofern abstrakt ist, als sie äußerst unverständlich und obskur erscheint und es manchmal sogar schwerfällt, sie auch nur auf einem Blatt Papier anzusehen. Ebenso wesentlich für Mathe ist der Sinn, in dem die Abstraktion einer Sache bedeuten kann, dass man sie auf ihr absolut nacktes Wesen reduziert, etwa wie in der Zusammenfassung eines Artikels oder Buches. Insofern kann es darauf hinauslaufen, dass man intensiv über Dinge nachdenkt, über welche die meisten Menschen nicht intensiv nachdenken können – weil es sie verrückt macht.

2007

nis lüften wollte, für welche Zahl er steht. Tatsache ist, dass die Algebra zuerst den Geist lehrt, allgemeine Wahrheiten zu erwägen, die nicht nur für dieses oder jenes bestimmte Ding gelten sollen, sondern für jede Einheit einer ganzen Gruppe von Dingen. Auf der Fähigkeit, solche Wahrheiten zu verstehen und zu entdecken, beruht die tatsächliche oder mögliche Herrschaft des Geistes über die ganze Welt der Dinge; die Fähigkeit, sich mit dem Allgemeinen auseinandersetzen zu können, ist eine der Gaben, die eine mathematische Erziehung vermitteln sollte.«

ZWISCHENSPIEL

Ernst Barlach
Das Glück

Das Glück ist woanders zu Haus als bei mir und wirtschaftet und leuchtet mit blanken Augen bei andern Leuten. Und macht ihnen allen liebliche Gesichter zu und tut freundlich mit ihnen und bereitet den Kranken süße Umschläge ums Herz, und den Finsterblickenden liest sie die häßlichen Runzeln vom Gesicht, fleißig und sauber, daß der Blick frei wird und froh unter der glatten Stirn.

Aber der Urahne hilft sie Schritte machen über die letzten, sauren Tage.

Wer das Glück Lust hat zu sprechen und wens gelüstet, mit flinken Lockeworten liebliches Lächeln aus den Verstecken auf seine Wangen zu locken, und daß es aus den blanken Augen und hinter den lieben Glückslippen hervorlugt, der tut den Säbel um die Lende oder setzt seine Theaterfalten um die Mundwinkel oder bringt sonstwie seine Männlichkeit in goldenen Rahmen. Solche machen Besuche beim lieben Glück und sind da wohlgelitten und werden mit lieblichen Worten bewirtet. Die dürfen dann und wann sogar ihren Witz oder ihre Weisheit und Bravheit im Glückslächeln staunend bespiegeln.

Ja, ich wollte wohl, sie und ich machten gemeinsames Haus und sie ließe bei mir ihre blanken Augen leuchten. Dann wären alle fremden Leute draußen, und mein Reden und Tun hätten reiche Muße, im Lächeln ihres Gesichts ihr Abbild zu schauen.

Ich wollte wohl manches, was das liebe Glück und ich zusammen erlebten; ich wollte viele Stunden mit ihm verbringen, wenn es auch wollte.

Aber das Glück ist reiselustig – nicht fernfroh und gierig nach der blauen Weite, nicht wie ich zu Stunden, nein, es hat Heimatverlangen, aber seine Heimat ist meine nicht; ja, das Glück ist von dannen, dahin, wo ich fremd bin und wo es heimisch ist.

Dann kommen andre Umgürtete und Glattrasierte und spiegeln ihre Schläue in ihrem Lächeln, sie ziehen Festgedanken und Gelegenheitstugenden an und stecken künstlich gezüchtete Eigenschaften in die Knopflöcher. O, das Glück ist ja liebenswürdig und streichelt freundlich und lächelt, wenn ihre Ritter artige Empfindungen aus wattierter Brust vorzeigen, daß sie sich zahm und edel gebärden, Männchen machen, apportieren und durch Reifen springen wie andre wohldressierte Biester auch.

Ich liebe das Glück wie keiner sonst, das gute, freundliche, angenehme Glück. Ich möchte das Glück sein für das Glück und möchte, daß es mich liebte wie keinen sonst.

Was nicht besteht, ist gerade, was ich wünschte, was aber ist, daran ist keine Freude zu erleben.

Die Wirtschafterin meiner Tage, meine Haushälterin, das ist bis Mittag ungewaschen und grau, zänkisch und herrisch, die unvermeidliche Verdrießlichkeit. Hinter meinem Herde sitzt sie und haust und herrscht zwischen meinen vier Wänden – eine keifende, bei meiner Pflege altgewordene Person!

Und seit sie in der stillen Nacht meine Sehnsuchtsworte nach dem lieben Glück vernahm, träuft sie gallige Eifersucht zu allen Suppen, die über meinem Herdfeuer brodeln, und pfeffert meine Braten und beizt sie mit scharfen Gewürzen aus ihrem Küchengärtchen, daß es Ärgerblasen zieht auf meiner Zunge. Bitternisse sind meine Mahlzeiten, und Schärfe und Unrast im Blute verscheuchen die Träume vom lieben Glück – ein böses, herrisches, eifersüchtiges Weib, die Verdrießlichkeit, meine Haushälterin, eine magere, knöcherne Person!

Ich möchte sie vor die Tür setzen, vom Herdfeuer an die Kälte des Winterabends, ich möchte ihr kündigen und ihr das Gehalt auszahlen fürs nächste Quartal, daß sie nur gleich ginge! Aber sie ist, was man sonst eine alte, treue Seele nennt, und noch mein Großvater, den sie zu Tode pflegte, hat ihr im Testament den Posten in meinem Hause vermacht, keine bessere Wirtschafterin würde ich finden!

Er würde aus dem Grabe steigen und mir nachts mit den Fäusten drohen und Wache stehen und selbst die Glücksträume verscheuchen, tat ich doch die alte Verdrießlichkeit entlassen.

Ich möchte ihr Gift unter den Kaffee mischen und Bilsenkraut in die halbtauben Ohren träufen, aber sie ist so voll Gift und Bilsenkraut, so voll Gift und Galle, ihr ist nicht mit dem Schärfsten elend zu machen, nicht das Schlimmste straft sie an ihrer hämischen Seele.

Ich weiß, sie meinen, das Glück ist nicht für mich; sie wissen wohl, es ist lieblich und liebenswert und hat liebe Dinge für jedermann – aber für mich, sie glauben nicht, daß man das denken kann. Aber das Glück selbst sagt nichts, weiß nicht, wer es ist, und sucht im stillen auch sein Glück zu finden, sagt aber nichts.

Meine Wünsche finden den Weg wohl nicht, ihm in den Ohren zu nisten und flüsternd zu preisen, wie gern ich wollte, daß gerade es mein Glück sei!

Ich habe wachende Blicke, sie laß ich kreisen ums Glück, ich habe spürende Gedanken, die laß ich schwärmen auf seinen Wegen, und meine zudringenden Beobachtungen greifen auf jedes Augenleuchten, jeden schnellen Atemzug des Glücks und lugen umher nach den Gründen, wenn in seine

Wangen die Farbe hineinschlägt, und spüren nach Art und Gestalt der Anwesenden, wenn seine Augenbrauen auf die Stirn hüpfen und eine Schar krauser Falten vor sich herdrängen bis zu den Haarwurzeln herauf.

Ja, meine spürenden Blicke und meine treuen Beobachtungen melden mir, was das Herz mit Unruh vergiftet dem lieben Glück, welche Süßigkeiten vor allen es gerne hat und um was für Dinge es wohl seine Seligkeit unbedenklich vertauschen würde, käme nur wer, mit ihr darum zu feilschen.

Und ich bin nicht beim ersten und nicht beim zweiten, und unter meinem ganzen Kram, unter Erbstücken und Raritäten allerneuesten Geschmacks ist auch nicht eins, käme ich, ihrs für ihre Seligkeit anzubieten, daß sies anschaute und es nur prüfte, kein Ring und nichts!

Nicht öffnen ihre Ohren so die feinmaschigen Fangnetze, schreite ich vorüber, wie wenn Herr von Säbelschlepper, klirr, klirr, an seinen Fersen die Säbelscheide gut dressiert traben läßt, auch sitze ich nicht hoch als Zierde auf eines Rosses Rücken, und von meinen galanten Abenteuern tuscheln auch unsichtbare Gerüchte nicht den Damen beim Straßengange in die zarten Seelen, daß sie erröten und lange dem Flüstern nach- und nachsinnen.

Was man von mir weiß, macht keinem beizende Unruhe ins Geblüt, mein Leben geht brav und langsam voran, das reißt mit seinem schnelleren Trott nicht des Glückes Herzschlag zu schnellerem Laufe fort. Und wenn ihm bei tiefer Nacht die langsamen Minuten im Ohre summen wie Mückenschwärme und seine innersten Gedanken, die scheuen und bei Tage tief versteckten, sich hervorwagen, dann haben ihr andere so viel von ihren Schätzen vorzuprahlen, was sie Gleißendes und Echtes im Busen hätten, daß des Glücks zarter Sinn wohl unendlich lüstern ist, ihre ganze, wohlgepflegte, junge Seligkeit für ein oder das andere Prunkstück einzutauschen, käme nur einer, der tauschen möchte. Dann denkt sie so viel an andre, und was dieser und der aus der Fremde heimgebracht,

Schätzenswertes und Erseh(n)enswürdiges; ich und mein Trödel und meine Neugier, die ich auch leer in die Ferne getragen und hochgehäuft wieder heimgebracht, wir sind wohl schlecht angesehen vor des Glücks nächtlichem Sinnen und sind nicht im Kreise ihrer scheuen, innersten Glücksgedanken, wenn die langsamen Minuten ihr im Ohre summen wie Mückenschwärme.

Nicht immer summen die Minuten beim nächtlichen Tanz wie schwärmendes Mückenvolk; nicht immer säuseln sie und locken einem die verliebten Glücksgedanken aus der dunklen Herzhöhle herauf, die da im Warmen behaglich beieinander schlummern; nein, manchmal schickt die Nacht aus ihrem Zwinger andre Gezeiten, um mich zu wesen und mich zu bewachen. Dann sind es unheimliche Nachtstunden, die streichen im Dunkeln umher und strecken ihre Dolchkrallen hervor und sind brüllende wilde Bestien, haben bellende Mägen und Zähne, beißgierig auf zarte Gedanken, wie sie im Herzennest wohnen.

Das sind schlimme Nachtminuten, und wer seine Gedanken unter sie hinausschickt, der hat mutigere, als die Glücksritter sie haben, und solche Kampfgedanken, solche großgewachsenen Totschläger und Besteher nächtlicher Notstunden hausen ungeschlacht und nicht angeschmiegt und verträglich, in stärker gebauten Herzen, als in denen die zahmen Busenbewohner der Verliebten zahlreich hecken.

Das sind keine Glücksgedanken, sie werden schwerblütig und dickleibig bei Ruhe und unzufrieden bei Frieden. Sie sind unzierlich und ungezogen, stolz, rechthaberisch und herrisch und oft unwirsch bei bösen Launen, die großen, selbstherrlichen, unverträglichen Gedanken.

Wenn nun die Mitternacht ihre heulenden Minuten hetzt, lüstern zarte Glücksgedanken zu zerfleischen, und wenn die gehäufte dicke Finsternis alle Sehnsucht erdrückt und die blutjunge Hoffnung erstickt, dann bleiben doch die starken Gedanken aus noterprobten Herzen streitfrohe und kampfgewöhnte Gesellen; diese Siegerkämpfer in harten Sträußen, die haben schon an den fernen Grenzen geschweift, an den äußersten Säumen des Lebens, die haben schon ihre blinzelnden Augen hinüber in die gräuliche Wüstenei gerichtet, wo kein Leben mehr wächst und stirbt, wo keine jungen Quellen mehr rauschen und keine alten Ströme fließen. Die haben lange, schaudernde Blicke hinübergetan ins schwarze Nichts und entsetzt an den äußersten Gestaden des Lebens gestanden, wo die tote Unendlichkeit von allen Seiten starrt.

Seit ich weiß, wo das Glück haust und zu finden ist für Leute, die wissen, ihm sein scheues Lächeln aus den Verstecken auf die Wangen zu locken, seitdem heulen die Nachtstunden nicht mehr und schleichen nicht länger um mein Bett, meine Seele zu ängsten. Sie sind wie verzaubert und gezähmt, gehen auf Katzenpfoten mit eingezogenen Dolchkrallen und dehnen sich und strecken die Leiber auseinander und schmiegen sich längsseits vor Behagen zusammen, soviel ihrer sind nach Mitternacht.

Denn Träume von Glück sind bei mir in den schwärzesten Nächten, und Halbträume kommen, wenn auf der Straße draußen die dicke Finsternis um die Flackerflammen der Laternen lagert, sich ganz dicht herandrängt und gierig zuhorcht, was das Licht mit leiser Stimme für Märchen erzählt.

Dann haben die Halbträume Mut, denn bei Tage, da sind die Tagesgeräusche hinter ihnen drein wie Bullenbeißer, aber nach Mitternacht schwärmen sie und schleichen an den Häuserwänden längs; vorbei an den Laternen, die mit Lispelflammen der Finsternis Gespenstergeschichten zuraunen; herein zu mir, denn sie wissen, wie ich das Glück liebe und daß ich brav bin und verdiene, Glücksmärchen erzählt zu bekommen. Sie setzen sich zu mir, die lieben Träume, und die Nachtstunden schließen die Augen von Mühlrädergröße zu Haarstrichen und schnurren. Sie hören zu, was die Glücksträume schwätzen, und es ist ihnen, als striche die Herrin selbst, die Nacht, mit sanfter Hand übers Fell. Dann lagern sie sich im Kreise ums Bett und sind stille und liebe Tiere.

Die Träume aber plappern durcheinander und wissen gar nicht, was für Flunkerei ihnen aus dem Munde geht, und ich selbst weiß es am wenigsten. Ich denke ja zu gerne, es ist die blankste Wahrheit, wenn einer den andern zur Seite drängt und mit aussetzendem Atem wie im Kinderton Grüße bringt vom lieben Glück, heimliche und vertraute.

Aber der schlimmste Lügenschmied der Träume ist ein gefährlicher Unterhalter; ein schauspielernder Vortäuscher von allerlei, was das Glück von mir Gutes meinte und wie es immer nur an mich dächte und auf mich sinnte. Er weiß meinen Namen auf die allerverschiedenste schmeichelhafte Weise zu sagen und beteuert und verschwört sich, so hätte ers dem Glück abgelauscht, so täte es, wenn es allein ist. Er sagt mir die allergröbsten Schmeicheleien und lobt und preist mich, daß ich denken muß, so allerdings möchte ich dem Glück wohl gefallen.

Mit Eigenschaften umgürtet er mich und zieht mir so herrliche Kleider an und hält mir solche Schmeichelspiegel mitten im Nachtdunkel vor die Augen, daß sich keiner mit mir messen kann von denen, die Besuche machen beim Glück. Ja, wenn mir in stickdunkler Nacht, wo das wahrheitsliebende Tageslicht mit seinen Zollstäben aus Sonnenstrahlen fern ist, die flunkernden Glücksträume ums Bett sitzen, dann habe ich auch, wie das Glück gern hat, klirr, klirr, blitzende, wehrhafte Eigenschaften an den Fersen rasseln, dann bin ich auch mit Mut wattiert und habe mit Witz meine Mängel zu voller Rundheit und Glätte ausgeglichen, dann weile ich, wo das Glück am liebsten geht, und da die Träume bei uns sind, so schaffen wir schnell nach eigenen Plänen ein heimisches Paradies und sind da zusammen gute Kameraden und einsame Bewohner.

Bei solchen Traumwesen, wenn die Wache haltenden Schauerstunden der Nacht mit süßem Wundergift eingeschläfert sind und tiefe Stille und dicke Finsternis überall lagern, dann vergesse ich immer den Weg, den die Träume mit mir durchs Fenster nehmen, und behalte auch nicht im Gedächtnis, wieviele Minuten unser Paradies vorm Tore liegt. Aber die Träume wissen genau den Ort, wo das Glück mich erwartet, und verfehlen nie die rechte Zeit, mich hinzuführen.

Da sind wir denn wie im eigenen Garten, und alle fremden Leute sind draußen, und das liebe Glück teilt mit mir, was es an Schätzen im Innern besitzt, füllt zu und häuft auf, wo ich leer bin an Glück.

Und da mich ja die Träume stattlich aufgeputzt haben und angetan mit Überfluß an blanken Eigenschaften, wie sie vor allem scharf und bestechend dem Glück in die Augen funkeln, so bin ich wohl das Glück für das Glück, wie ich mir immer gewünscht habe, und es gibt alle seine Seligkeit unbedenklich hin und tauscht sie ein in einem paradiesischen Liebeshandel gegen allerlei Kleinigkeiten, die mir die Träume geliehen haben.

Wahrhaftig, im Traumparadiese, das ich nicht wiederfinden kann, obgleich ich gut Bescheid weiß in Stadt und Umgebung, da schenkt mir das Glück seine innersten Gedanken, und seine scheuesten Wünsche, die tief in den warmen Herzenskammern wohnen, wagen sich an des Paradieses wonnevolle Luft heraus, und ich darf mit ihnen spielen und kann sie bewundern, und werden schnell vertraut mit mir und behagen sich in meinen Händen, wenn auch meine Finger fast zu tolpatschig sind, die zarten Dinger zu streicheln.

Wenn morgens die Bullenbeißer wieder aufwachen, die traumverjagenden Tagesgeräusche, dann bin ich aus dem Traumparadiese längst wieder zurück, schlafe und habe ganz vergessen, wo der Rückweg war und wie lange ein mittelmäßiger Fußgänger braucht vom Paradiese ins Liegebett.

Aber daß Träume da waren, merke ich am stattlichen Flitterstaat und an den Bühneneigenschaften, mit denen sie mich angeputzt haben, daß ich dem Glück gefallen möchte und ihm lieb sei und es sich verführen ließe, paradiesischen Liebeshandel mit mir zu treiben und seine Schätze herzugeben, warm gehegt im tiefsten Innern.

Der hängt mir noch um die Schultern, wie der Tag an die Scheiben klopft und fragt, wie ich geschlafen habe und hei, was für einen lumpigen Theaterkram ich mir angetan hätte. Wenn ich das Glück in Wahrheit liebte, dann hegte ich allerdings wohl einen kleinen Begriff von meiner Liebsten, ich sollte mich schämen.

Und ganz mißmutig stand ich auf und bat den Spiegel an der Wand zwischen meinen beiden Fenstern, er solle mir doch die Wahrheit sagen, ob ich nicht so dem Glück gefallen möchte. Wahrsagen, das ist des Wandspiegels Beruf, dafür ist er angestellt auf Lebenszeit, und meiner hatte seine Lehrzeit gut benutzt. Geschliffen war seine Redeweise nun nicht, und er gehörte zu den Spiegeln, die denken, grob sein und aufrichtig sei gleich. Und so begann er denn ganz ausfallend zu schelten und nannte mich einen dummen Lümmel, nahm mich rauh bei den Ohren und wusch mir die aufgelegte Traumschminke von den Backen und riß mir die bunten Lappen und unechten Kleider von den Schultern. Sagte, der Tag hätte ganz recht, solche Liebsten, als wie ich meine begriffe, gäbe es überall, aber das echte Glück dächte sicher anders als ich meinte, ich sei ein rechter Sinner auf Dummheiten, häßlich wäre ich ja, auch wenn er nur ein bißchen näher zusähe, und es sei eine Schande für ihn, mit Kerlen wie mir Geschäfte zu machen.

So grob redete der Wandspiegel eine ganze Weile, er war leidenschaftlich auf seine Hantierung aus und behandelte mich gewissenhaft, wie es zünftig ist bei den Wandspiegeln. Rücksicht auf meine Eigenliebe nahm er keine, und meine Enttäuschung benannte er Empfindlichkeit.

Mir war der absprechende Geselle an diesem Morgen ganz zuwider; aber er war vereidigt auf die Wahrheit und sein Gemüt ohne Heuchelei, deshalb stampfte ich nur ein paarmal heftig mit der Hacke auf die Diele und tat, als geschähe es nicht aus Ärger.

Wenn ich gegen den Spiegel aufbegehrte, das wußte ich,

bekam ich doch Unrecht von jedermann, und selbst der Tag, mein wahrer Freund, gab große Stücke auf ihn. Da ging ich ärgerlich hinaus, machte lange Schritte und trat die Straße derb mit den Füßen. Sonst mußte ich meine schlechte Laune verstecken vor meinen Bekannten und meine Enttäuschung und heucheln, als säße mir keine Bitternis im Herzen, denn es nützte nichts, daß ich meinen Groll ausließ am Winde; er verstand mich nicht, obwohl wir Jugendfreunde gewesen waren. Er ließ sich nie von einem Spiegel behandeln und hätte laut gelacht, täte ich ihm vom lieben Glück erzählen und wie unglücklich ich wäre, ihm nicht zu gefallen.

Er kam aber und wollte mit mir gehen, zupfte mich am Mantel und wollte mich zur Wut reizen. Aber ich biß die Zähne aufeinander und tat, als wäre er gar nicht da, schlug auch nicht nach ihm, denn er war flinker als ich, und ich wußte, es war seine Weise, einem den Hut vom Kopfe zu schlagen, während man mit der Faust dahin traf, wo er schon nicht mehr stand. Dann konnte man ihm nachrennen, dem Herren, und machte sich lächerlich und atemlos.

O, ich kannte den Wind durch und durch, als Nachbarskinder hatten wir zusammengelebt und auf unserm Hof und in den Wäldern unseres Heimatstädtchens voneinander gegenseitig Schelmstreiche, Klettern und Laufen gelernt. Und da ich so unbekannt tat und nur vorsichtig meinen Hut an der Krempe festhielt, so warf mir der Wind eine ganze eisige Aprilwolke voll Hagel ins Gesicht und machte vom hohen Ufer herab einen mächtigen Satz grad ans Segelwerk eines seewärts gehenden Schiffes. Ihm war ja die blaue Ferne so bekannt, und er wußte, wo er mit mehr Lust seine Späße treiben konnte. Und so in weiches Segelleinen gebettet und von den Wellen geschaukelt, reiste er am liebsten. Aber mir stand nun gar kein Sinn nach der blauen Ferne, all mein Sinnen stand nach dem lieben Glück.

Da ich seitdem auf dem Wege über wenige Wochen meine Sohlen verschlissen habe, steht mein Sinn doch in die blaue

Ferne; denn da ist das Glück – davon ist sie, und ich sinne und sinne ihr nach.

Und sie will fern bleiben, denn sie denkt, das Pflaster und die Gänge, die würdig sind, von meinen Sohlen begangen zu werden, sind es von ihren nicht; und sicher hat sie Wünsche in die Ferne, aber so scharf meine Beobachtungen um sie streifen auf Kundschaftergängen und so nahe mein Spürsinn sie beschlich, ihre innersten Wünsche und ihre zartesten Sehngedanken haben sie nicht erblickt.

Alle meine Träume haben gelogen und sich unnütze Mühe gemacht, die reißenden Stunden der Nacht einzuschläfern und mich mit verbundenen Augen vors Tor in ein verlogenes Paradies zu führen, über das selbst mein Freund, der Tag, laut lachte; wohl konnten sie mir da allerlei Ähnliches vom lieben Glück vortäuschen, aber von seinen innersten Wünschen, von seinen wirklich innersten wußten sie nichts.

Da hat es mich in die blaue Ferne genommen, und vielleicht der Jemand, der mit ihnen spielen darf und dem sie alle schlummernden oder halbwachen oder ganz verschlafenen aus dem warmen Herzensnest hervorlangt und in die Hände gibt.

Und so, wie ich es täte, wird sie keiner bewundern und ihnen ein guter Reiseonkel sein, der immer etwas Süßes in den Taschen hat, woran zarte Wünsche ihre herzlichen Späße finden; so, wie ich wollte, wird keiner mit ihnen spielen nach ihrem buntesten Gefallen, denn ich liebe ja das Glück wie keiner, und sicher ist niemand so wie ich begierig, einen Blick in das heimelige Versteck der lieben Glückswünsche zu tun. Aber darauf ist ja nicht mehr zu hoffen, jetzt ist die ganze blaue Ferne das Versteck für das Glück, ein weltweites, und mein ganzes Sinnen steht in die blaue Ferne.

1960

JAHRHUNDERTE HÖREN

Musik

Alfred Brendel

Musik und Lachen

In seinem lesenswerten Schubertaufsatz von 1894 gesteht Antonín Dvořák, er könne Franz Schuberts Messen nicht zur wahren Kirchenmusik zählen. Allerdings, dies müsse er einräumen, sei die Auffassung dessen, was religiöse Musik sei oder nicht, national und individuell wohl ebenso verschieden wie der Sinn dafür, was komisch sei oder nicht.

Ein Cartoon aus der Tschechoslowakei zeigt einen Pianisten, der auf dem Podium am Flügel sitzt und lacht. Die Ursache seiner Heiterkeit ist vor ihm auf dem Notenpult des Flügels sichtbar: ein Notenheft mit dem Titel »A. Dvořák – Humoreske«. Wie die Zeichnung verrät, bleiben im Publikum alle Gesichter ernst. Der Pianist ist offenbar der einzige, den Dvořáks »Humoreske« zum Lachen reizt. Aber könnte denn das Publikum überhaupt lachen? Soll oder darf es lachen? (Wir sind doch schließlich in einem Konzert!) Und der Pianist da oben, höre ich jemand fragen, darf *der* etwa lachen?

Warum sind Humoresken nicht komisch? Das Wort Humoreske bezeichnete einmal ein literarisches Genre: ein Stück gutgelaunter, behaglicher (oder, um ein Wort Jean Pauls zu empfehlen, »selbstbehaglicher«) Prosa, das eine Bedrohung durch das Groteske ebenso ausschließt wie satirische Schärfe. Robert Schumanns schöne »Humoreske« unterscheidet sich von späteren Kompositionen dieses Namens noch durch ihren großen Stil; großzügig ist nicht nur ihr Umfang, sondern auch ihr Gefühlsreichtum. Jean Paul nannte Humor eine »glückliche Verbindung von Schwärmerei und Witz«. Sollte Schumann in seiner »Humoreske« ähnliches vorgeschwebt sein, so überträgt sich der Witz hier nicht als etwas Komisches, sondern als Sprunghaftigkeit, Laune, Caprice.

Allen jenen, die der Musik die Möglichkeit absprechen,

aus eigenen Kräften, nämlich ohne die Assistenz des Wortes oder der Bühne, komisch zu sein, bieten Humoresken von Schumann bis Rachmaninow und Reger willkommenes Beweismaterial. Auch Mozarts oft bemühter »Musikalischer Spaß« wird ihren Standpunkt kaum erschüttern: Ein Katalog kompositorischer Dummheiten wird darin satirisch vor den Hörern ausgebreitet, und die Interpreten dürfen außerdem ein paar greulich falsche Noten spielen. Ich sehe Kompositionsschüler der Mozartzeit vor mir, wie sie mit ihren Rotstiften – falls es damals schon welche gab – eine musikalische Ungehörigkeit nach der anderen abhaken.

Wo wäre aber nun, außerhalb der Sphäre des Liedes oder der Oper, komische Musik zu finden? Natürlich gibt es Stücke mit komischen Titeln. »Ouf! les petits pois« oder »Prélude inoffensif« nennen sich Klavierstücke eines Komponisten, der sich selbst weniger ernst nahm, als dies unter seinen romantischen Kollegen üblich war. Die Musik, die der alternde Gioacchino Rossini zur Unterhaltung seiner Pariser Gäste anfertigte, wirft keinerlei Schatten. Es gibt, in Rossinis »Sünden des Alters«, Stücke, die auch ohne ihre Titel komisch wären, was man von Erik Saties melancholischen Miniaturen wohl kaum behaupten kann.

Die überzeugendste komische Musik ohne jedes Hilfsmittel von außen verdanken wir den Wiener Klassikern und einigen Komponisten unseres Jahrhunderts. György Ligetis »Aventures et Nouvelles aventures« bleiben selbst dann ein unwiderstehliches Lachmittel, wenn die Hervorbringung aller dieser sonderbaren Laute oder Geräusche durch die Sänger oder Spieler nicht vor unseren Augen stattfindet. Man darf dieses Werk zur absoluten Musik zählen, weil es ohne Worte auskommt und der Bühne nicht unbedingt bedarf. Daß es menschliches Benehmen, menschliche Situationen und Reaktionen widerspiegelt, ist musikalisch keineswegs verboten; die Musik der Vergangenheit hat das immer wieder getan, wenn auch gewiß weniger drastisch.

Gerne hätte ich gewußt, ob das Publikum der Haydn-Zeit manchmal in Lachen ausbrach. Daß Musik ohne störende Nebengeräusche gespielt und angehört werden sollte, ist eine stillschweigende Übereinkunft des zivilisierten Konzertlebens geworden. (Warum diese Übereinkunft des Stillschweigens eher hustend als lachend durchbrochen wird, müßte erforscht werden.) Es fehlt nicht an Beweisen dafür, daß wenigstens ein Teil der Zeitgenossen Haydns und Beethovens am Komischen der Musik seinen Spaß hatte und es in den Werken der beiden Komponisten mit Vergnügen entdeckte. Ignaz Ernst Ferdinand Arnold beschreibt im Jahre 1810 Haydns komischen Stil mit folgenden Worten:

»Dieses Spiel der leichten Fantasie, die sich alle Kunstmittel unterthan zu machen weis, giebt dem kleinsten Fluge des Genius eine Kekheit und Dreistigkeit, die ... das Feld ästhetischer Kunst bis ins Unendliche erweitert, ohne Schaden oder Furcht zu bewirken ...

Die letzten Allegro oder Rondo ... bestehen im Ganzen mehrentheils aus kurzen, leichten Sätzen, die durch eine oft sehr ernsthafte und fleißige Bearbeitung den höchsten Grad des Komischen gewinnen ... Jeder Schein von Ernsthaftigkeit ist nur da, um uns die Leichtigkeit des angenehmen Tonspiels recht unerwartet zu machen und uns von allen Seiten zu necken, bis wir müde, zu errathen, was kommen wird, und zu begehren, was wir wünschen, und zu fordern, was billig ist, uns auf Diskretion ergeben ...«

Für den Haydn-Biographen Georg August Griesinger war »eine arglose Schalkheit, oder, was die Britten Humour nennen«, ein »Hauptzug in Haydns Charakter«; »leicht und vorzugsweise« entdeckte er »die komische Seite eines Gegenstandes«.

Als Albert Christoph Dies, ein anderer früher Haydn-Biograph, Haydn »über den Punkt der Neckerei in seinen musikalischen Produkten« befragte, erklärte ihm der Meister, es sei dies »ein Charakterzug von ihm, der ehemals von Gesundheitsfülle herrührte ... Man wird von einem gewissen Humor ergriffen, der sich nicht bändigen läßt.«

Über Beethoven berichtet Friedrich Rochlitz, daß jenem, »ist er einmal in Bewegung gesetzt, derbschlagende Witzworte, possierliche Einfälle, überraschende aufregende Kombinationen und Paradoxien immerfort zuströmen«. Was Rochlitz hier aufzählt, sind Möglichkeiten des Komischen, die uns in Beethovens Musik wiederbegegnen.

2005

Joachim Kaiser

Jede Mozart-Oper ist ein spezifischer Kosmos

Mozart »ist der größte Realist des musikalischen Dramas«, schwärmt Hermann Abert (in der von ihm völlig neu bearbeiteten Ausgabe von Otto Jahns grundlegendem Werk), und er fährt fort: »seine Gestalten stehen ausschließlich auf dem Boden der Wirklichkeit und sind allein auf sie bezogen.« Darf man das wirklich so einschränkungslos behaupten? Ging nicht andererseits auch Richard Wagner etwas weit, als er dem »Professor Nietzsche«, wie es Cosimas Tagebuch-Eintragung so plastisch festhält, mit der Überlegenheit des reifen Musikers gegenüber dem jungen Intellektuellen widersprach, sentimentalisch widersprach, und Figuren wie die Gräfin, die Susanne, den Figaro *zu leidenden, klagenden Wesen* verklärte?

Mozarts Meisteropern, zwischen 1781 und 1791 komponiert, sind mehr als die Summen von Charakteren. Sie nehmen es ja mit einer Formtradition auf, die in Mozarts Jugendjahren blühte, aber am Ende seines Lebens wohl etwas gealtert, fernergerückt war: mit der italienischen Tradition der Opera seria *(Idomeneo, Titus).* Sie erweitern die Opera buffa zum Welttheater von Shakespeare-Format *(Le nozze di Figaro, Don Giovanni, Così fan tutte).* Sie begründen eigentlich das deutsche Singspiel und steigern es ins Heiter-Erhaben-Humane *(Die Entführung aus dem Serail, Die Zauberflöte).*

Doch hat nicht, so dürfte mancher lebenslängliche Liebhaber dieser Werke jetzt hinzufügen, jede große Oper Mozarts ihren alles umgreifenden eigenen »Ton«, trotz der Verschiedenheit der in ihr auftretenden Figuren? Mit dem Ton soll nicht nur gemeint sein, daß diese Opern jeweils in einer bestimmten Haupttonart stehen, die sich von der Ouvertüre bis zum Finale spannt (was beispielsweise beim Musikdramatiker Wagner nicht der Fall ist). Doch auch wenn es nicht exakt beweisbar sein sollte: daß die Finali von *Cosí* in einem anderen Idiom, einem anderen »Ton« gehalten sind als die beiden großen Finali des *Figaro* oder gar des *Don Giovanni,* leugnet wohl niemand. Jede Mozart-Oper ist, trotz aller gelegentlichen Analogien und Mischtendenzen, ein spezifischer Kosmos. Die Figuren stiften diesen Kosmos, dessen Teil sie sind, durch ihr So-Sein und So-Singen mit. Nicht sie allein stiften ihn. Er ist, vom Vorspiel an, als Umgreifendes und durch alle Einzelheiten Vermitteltes, da. Ich möchte eine forcierte Metapher wagen für das, was sich nüchterner Verbalisierbarkeit zu entziehen scheint: In Mozarts Meisteropern stellt das jeweilige aus Instrumenten und Singstimmen sich tonsprachlich ergebende Idiom gewissermaßen die Wasser des Lebens her. In diesem Allgemeinen schwimmen, bewegen sich die Figuren, die zugleich ein Teil von ihm sind. Wie tief sie mit ihrem Wesensleib in dies Wasser reichen, wie charakteristisch-selbständig sie dabei zugleich auch aus ihm herausragen: aus dieser Unbestimmtheitsrelation konstituiert sich die Dialektik Mozartscher Musikdramatik.

1984

Michael Stegemann

Mozarts Innenleben

Vieles, was in Biographien über Mozarts Innenleben zu lesen ist, stützt sich auf seinen Briefwechsel mit dem Vater. Gerade deshalb sollte man freilich vorsichtig damit sein, diese Äußerungen für bare Münze zu nehmen; in vieler Hinsicht dürfte Mozart dem Vater »nach dem Munde« geschrieben und seine eigenen, ehrlichen Gedanken verborgen haben, um Konflikte zu vermeiden. So will zum Beispiel seine Nähe zu den Wiener Freimaurer- und Illuminatenkreisen schlecht zu dem abfälligen Urteil passen, das er 1778 in einem Brief an Leopold über den Tod Voltaires fällt: »daß nehmlich der gottlose und Erz-spizbub voltaire so zu sagen wie ein hund – wie ein vieh crepirt ist – das ist der lohn!« Immerhin gehörte der Baron Friedrich Melchior von Grimm – Mitherausgeber der *Correspondance littéraire* und einer der Köpfe der Aufklärung in Paris – damals zu Mozarts engstem Umgang.

Ähnlich ungewiß wie Mozarts tatsächliche Meinung über die Aufklärungsphilosophie im allgemeinen und Voltaire im besonderen sind auch seine politischen Ansichten. Dem Vater gegenüber gibt er sich als Patriot: »will mich Teütschland, mein geliebtes vatterland, worauf ich |: wie sie wissen :| Stolz bin, nicht aufnehmen, so muß in gottes Nammen frankreich oder England wieder um einen geschickten Teutschen Mehr reich werden; – und das zur Schande der teutschen Nation. – sie wissen wohl daß fast in allen künsten immer die Teutschen diejenigen waren, welche Excellirten –« Aber war er, der sich später einmal einen »erzEngelländer« nannte und zeitweise mit dem Gedanken spielte, für längere Zeit oder sogar für immer nach London zu übersiedeln, wirklich ein so überzeugter Deutscher …? Wahrscheinlich war Mozart letztendlich ein unpolitischer Mensch, sofern ihn Kriege und Regierungswechsel nicht unmittelbar betrafen.

Auch seine Religiosität, die in so vielen seiner Briefe zur Sprache kommt, versteckt sich oft hinter Formeln und Floskeln und bleibt dadurch irgendwie angreifbar. Selbst der vielzitierte Brief an den Vater vom 4. April 1787 wirkt eher wie ein »einstudierter« Predigttext im Geiste Moses Mendelssohns als wie ein echtes Seelenbekenntnis: »da der Tod |: genau zu nemmen :| der wahre Endzweck unsers lebens ist, so habe ich mich seit ein Paar Jahren mit diesem wahren, besten freunde des Menschen so bekannt gemacht, daß sein Bild nicht allein nichts schreckendes mehr für mich hat, sondern recht viel beruhigendes und tröstendes! und ich danke meinem gott, daß er mir das glück gegönnt hat mir die gelegenheit |: sie verstehen mich :| zu verschaffen, ihn als den *Schlüssel* zu unserer wahren Glückseeligkeit kennen zu lernen. – ich lege mich nie zu bette ohne zu bedenken, daß ich vielleicht |: so Jung als ich bin :| den andern Tag nicht mehr seyn werde.«

2006

Volkmar Braunbehrens

Mozart in Wien

Ist es mit den authentischen Lebenszeugnissen des erwachsenen Künstlers Mozart eher mäßig bestellt – im Gegensatz zur Jugendzeit –, so werden die blinden Stellen dieser Biographie schon seit dem frühen 19. Jahrhundert mit Legenden, Histörchen, Anekdoten überwuchert, die allesamt aus fragwürdigen Quellen, erst nach Jahrzehnten schriftlich fixierten mündlichen Erzählungen oder vom Hörensagen stammen und sich jeder historischen Überprüfung entziehen. In allzu unkritischer Weise haben diese Anreicherungen Eingang in die Mozart-Biographik gefunden und werden bis heute weitergeschleppt: ein liebgewordener und vertrauter Ballast, der das Mozart-Bild romantisch verklärt und der Vermarktung gewiß nützlich ist.

Daran hat auch die wissenschaftliche Mozart-Biographik ihren gehörigen Anteil. Sogar mit dem Namen Mozarts fügt sie sich bis heute den Marktgesetzen und hält wider besseres Wissen an dem romantischen Namen »Amadeus« fest, der selbst die neue Gesamtausgabe von Mozarts Werken verunziert. Mozart selbst hat sich nie Amadeus genannt, sondern höchstens Amadé (oder Amadeo) – als Übersetzungsversuch seines Taufnamens Gottlieb. Da hat es schon eher seine Richtigkeit, wenn sich die Fiktion des Theaters oder die Überredungskunst des Kinos mit dem Namen »Amadeus« verbindet und damit unüberhörbar ankündigt, mit dem tatsächlichen Leben Mozarts nichts gemein haben zu wollen. »Amadeus« steht für die Legenden, Ausschmückungen, Phantasien um Mozart.

Sie haben in diesem Buch keinen Platz. Und es wird auch nicht der Versuch unternommen, sie im einzelnen zu widerlegen. Wir wissen noch immer wenig über Mozart. Daran immer wieder zu erinnern scheint mir genauere biographische Ermittlung als die bloße Vermutung oder Wahrscheinlichkeit einzelner Lebensumstände. Mir scheint es an der Zeit, Mozarts Denkmal von Patina, Verkrustungen und späteren Ablagerungen behutsam zu reinigen, durchaus mit der Neugierde, die solche Restaurierungsarbeit begleitet. Selbst diese Reinigung ist 2006 offenbar noch immer nicht abgeschlossen.

Biographen versuchen immer, ein möglichst lückenloses Bild des Lebenslaufes »ihres Helden« zu zeichnen – es ist ihre Aufgabe. Oftmals schreiten sie jedoch über die Löcher gesicherten Wissens einfach hinweg, versuchen mit dem Begriff der Wahrscheinlichkeit abzudecken, was auch »unwahrscheinlich« abgelaufen sein kann, »psychologisieren«, obschon die Psyche eines Menschen die allergenaueste Kenntnis von ihm erfordert, schmücken aus, wo die Überlieferung besonders dürftig ist (was einer gutgemeinten Verfälschung gleichkommt), und verfolgen Leitideen, mit deren Führung sie »ihren Helden« wie an Marionettenfäden tanzen lassen. Jede Biographie ist in Gefahr, ihren Gegenstand zu verfehlen durch zu große Nähe, wo Distanz geboten wäre. Andererseits: zu große Distanz vermag nichts zu erklären …

Die äußeren Lebensumstände einer einzelnen Persönlichkeit zu verstehen bedarf der Kenntnis der historischen Lebensbedingungen, des zeitgenössischen Alltags ebenso wie der historischen Prozesse, die ihn bedingen. Banal gesprochen: Was passiert vor Mozarts Haustür, während er drinnen komponiert? Worüber wird im Wirtshaus, im Salon, während der Logenzusammenkünfte gesprochen, wenn Mozart dabeisitzt? Biographik ist immer zugleich Kulturgeschichtsschreibung. Das Thema »Mozart in Wien« ermöglicht diesen Blick aus der Nähe wie aus der Distanz in besonderer Weise.

Als Mozart-Biographie beschränkt sich dieses Buch auf die letzten elf Jahre dieses kurzen Lebens, die Zeit des erwachsenen Künstlers, der Wiener und Prager Opern, der großen Konzerterfolge ohne den Nimbus des Wunderkindes, die Zeit der eigenen Lebensplanung und -verwirklichung. Was diese Wiener Jahre nämlich besonders aufregend macht und in hohem Maße Auswirkungen auf sein musikalisches Werk hatte, ist ihr zeitgenaues Zusammenfallen mit der Alleinregierung Kaiser Josephs II. (1780–1790). Es ist die Zeit eines beispiellosen aufgeklärten Reformprogramms unter zentralabsolutistischen Vorzeichen, eines Versuchs, Vernunft und Aufklärung von oben durchzusetzen kraft der Macht des Souveräns. Die Eckpfeiler waren ein an werktätiger Frömmigkeit orientiertes Staatskirchentum, das sowohl dem Klosterunwesen als auch dem römischen Kircheneinfluß ein Ende zu bereiten suchte, die Aufhebung der Adelsprivilegien, die in dem Plan einer völlig neuen Steuergerechtigkeit gipfelte, und die Einführung von Individualrechten, die von der Aufhebung der Zensur bis zu Toleranzgesetzen für Minderheiten führten. Die europäischen Intellektuellen blickten fasziniert auf diese innenpolitische Entwicklung im Habsburgerreich. Das Josephinische Jahrzehnt ist zugleich aber die Zeit eines beispiellosen Verspielens dieser Hoffnungen bis zum Fiasko und zum drohenden Zerfall der Habsburgermonarchie, während in Frankreich – unter allerdings ganz anderen Voraussetzungen – die Französische Revolution begann und die Völker lehrte, ihr Schicksal selbst in die Hand zu nehmen.

Mozart hat diese historischen Prozesse mit wachem Bewußtsein verfolgt. Seine Wiener Opern enthielten so viel politischen Zündstoff, daß sie nur knapp an der Zensur oder dem gesellschaftlichen Verdikt vorbeischrappten. Sein Engagement für die Freimaurerei zu einer Zeit, als dieses längst nicht mehr opportun war, sondern der kritischen Beobachtung durch die Geheimpolizei unterlag, zeigt, daß Mozart sich zu deutlichem Bekenntnis herausgefordert fühlte. Als Musiker war er fast der erste, der als freier und unabhängiger Künstler für das musikalisch gebildete Publikum *aller* Gesellschaftsschichten schrieb. Dieses Buch ist deshalb zugleich eine Biographie des Josephinischen Jahrzehnts in Wien. Mozarts Lebenszeugnisse gewinnen vor diesem Hintergrund vielfach einen anderen Sinn, eine neue Deutung.

1986

Holger Noltze

Regisseure für Wagner

Wagners Werke, vielschichtig und bedeutsam, verlangen nach Deutung. Wie die Botschaft des Rings aufzufassen sei, wie »Erlösung dem Erlöser« am Ende von Parsival zu verstehen ist, warum Senta, »treu dir bis zum Tod!«, sich von der Klippe stürzt (Holländer): Dazu muss die Regie Stellung beziehen. Das gelegentlich strapazierte Wort von der »Werkstatt Bayreuth« meint auch dies: die Texte immer neu zu befragen, und es spricht für die Texte, dass sie auch für widersprüchliche Interpretationen offen sind.

Wobei gerade das Bayreuth Cosimas, Siegfried und Winifred Wagners statt auf Öffnung vor allem auf Bewahrung setzte: Man fühlte sich im Besitz der Wagner-Wahrheit. Die Zäsur kam mit Wieland Wagners szenischer Revolution ab 1951 (Neu-Bayreuth). Jetzt war zu sehen, was nicht mehr jedem gefiel; mächtig war der Widerstand gegen Wielands butzenscheibenfreie Sicht auf die Meistersinger 1956. Zur Trampelhalle der deutschen Kultur wurde das Festspielhaus (dessen Holzboden sich für lautstarke Protestbekundungen bestens eignet; auch Buhs werden gut gehört) endgültig mit der von orthodoxen Wagnerianern heftig skandalisierten Aufführung des Rings 1976 durch ein von Wolfgang Wagner engagiertes französisches Produktionsteam: den Wagner-Neuling Patrice Chéreau und den Dirigenten (und Komponisten) Pierre Boulez, Exponent einer entschiedenen »Moderne«. In und um das Festspielhaus, in Bayreuth und in den Medien wurde ein beispielloser Kulturkampf entfesselt. Was war geschehen? Er wolle »Wagner vom Podest holen«, hatte Chéreau angekündigt und damit die Entrüstung der selbst ernannten Wagner-Denkmalschützer provoziert, die hier nichts als »Herabsetzung« witterten. Chéreau erzählte eine Geschichte der Gegenwart; Natur kam, schon im 1. Bild, einem Stauwehr, als benutzte vor, die Rheintöchter erschienen als leichte Mädchen: »Unschuldig« wurde es erst, wo ganz menschlich geliebt wird, bei Siegmund und Sieglinde, Siegfried und Brünnhilde. Chéreau machte aus Sängern Darsteller und legte Urkräfte anderer Art frei, als man mit Mythen- und Speergefuchtel zu sehen gewohnt war. Was als »Missbrauch der Kunst« gegeißelt wurde, eine politisch-psychologisch präzise aufs Heute bezogene Regie, das wurde, als 1980 zum letzten Mal Götterdämmerung zu sehen war, 90 Minuten lang und mit 101 Vorhängen frenetisch gefeiert, und inzwischen bekommen Wagner-Freunde, wenn es um den »Jahrhundertring« geht, glasige Augen.

Fast 30 Jahre dauerte es, bis mit Christoph Schlingensiefs radikalem Bilderstrom in Parsifal 2004 Bayreuth wieder zu einem Ort erbitterter Auseinandersetzung um »Missbrauch der Kunst« wurde. Als nach dem letzten Bild, einem in Großaufnahme verwesenden Hasen, der Buhsturm losbrach, nahm der Dirigent den Regisseur bei der Hand, er mochte sich erinnert haben; es war Pierre Boulez.

2008

Alban Berg

Schönberg, der Lehrer

Das Genie wirkt von vornherein belehrend. Seine Rede ist Unterricht, sein Tun ist vorbildlich, seine Werke sind Offenbarungen. In ihm steckt der Lehrer, der Prophet, der Messias; und der Geist der Sprache, der besser als der Geist derer, die sie misshandeln, das Wesen des Genies erfasst, gibt dem schaffenden Künstler den Namen »Meister« und sagt von ihm, dass er »Schule macht«. Diese Erkenntnis allein könnte eine Zeit von der Prädestination Arnold Schönbergs zum Lehramt überzeugen, wenn sie eine Ahnung von der Bedeutung dieses Künstlers und Menschen hätte. Dass sie davon keine Ahnung hat, ist natürlich, denn hätte sie überhaupt die Fähigkeit, zu ahnen, Sinn für etwas zu haben, was ihrem Wesen so widerspricht wie alles Unzeitliche: sie wäre nicht das Gegenteil der Ewigkeit. Und doch kann man nur, in Voraussetzung jener Erkenntnis von der Berufung des Künstlers zum Lehramt im allgemeinen, Schönbergs Art zu unterrichten im besonderen richtig beurteilen. Untrennbar von seinem Künstlertum und seiner bedeutenden Menschlichkeit, wird diese einzig berechtigte Art zu lehren noch durch den ausgesprochenen Willen zu diesem Beruf gefördert, der, wie jeder grosse künstlerische Wille – wende er sich dem eigenen Schaffen, der Reproduktion, der Kritik oder schliesslich dem Lehrfache zu – das Höchste hervorbringen muss. Dieses aus solchen Voraussetzungen und Bedingungen entstandene Wunderwerk erschöpfend zu würdigen, hiesse das Rätsel der Genialität lösen und die Geheimnisse der Gottheit ergründen wollen, was an der Unmöglichkeit, das Masslose zu messen, Grenzenloses zu begrenzen, scheitern muss. Immer nur kann es ein Versuch bleiben, ein Versuch, der dem gleicht, Schönheit, Reichtum und Erhabenheit der Wellen des Meeres schildern zu wollen. Hingegeben seinen unendlichen Strömungen, wird der glückliche Schwimmer auf ihren höchsten Wogen hinausgetragen, der Ewigkeit zu, leicht und stolz jene verlassend, die an den Klippen ihrer geistig-seelischen Unfruchtbarkeit zerschellen oder im sichern Hafen ihrer Zeitlichkeit zurückbleiben.

1912

Hans Heinrich Eggebrecht

Zur Musik nach 1950

Steht die Neue Musik des 20. Jahrhunderts für uns heute insgesamt »am Rande der Geschichte«, so die Musik nach 1950 gleichsam an ihrem äußersten Rand. Da der zeitliche Abstand noch zu gering ist, um den geschichtlichen Stellenwert der Geschehnisse mit Sicherheit erkennen zu können, und zumal niemand schon wissen kann, wohin die Wege führen werden, sind die Erscheinungen und Ereignisse der letzten vierzig Jahre nur mit Zurückhaltung und Vorsicht und im Bewußtsein der Vorläufigkeit zu werten und zu gewichten.

Gleichwohl sind gewisse Ideen, Prozesse und Stationen, die die Musik nach 1950 kennzeichnen, in einigen Grundzügen schon relativ klar ersichtlich und somit bereits zu beschreiben und zu verknüpfen, und dies soll abschließend versucht werden. Dabei verzichte ich hier nun ganz auf die analytische Besprechung einzelner Werke und die Charakterisierung bestimmter Komponisten, da dies, wenn es nicht oberflächlich geschehen soll, den zur Verfügung stehenden Rahmen sprengen würde. Statt dessen bin ich darauf bedacht, einige Grundsätze und Grundfragen des kompositorischen Denkens der jüngsten Zeit anzusprechen, zu erklären und geschichtlich zu ordnen, wobei ich die Musik nach 1950 als eine Problemgeschichte des Komponierens zu erfassen suche.

Um »Neue Musik« im bisher definierten Sinn handelt es sich nach wie vor. Denn die Atonalität, die als das grundsätzlich Neue die Wende ins 20. Jahrhundert und dessen erste Hälfte gekennzeichnet hatte, beherrschte die zentrale Kompositionsgeschichte auch weiterhin. Sie prägt bis heute die Neuheit der Produktion gegenüber aller Musik zuvor und begründet die anhaltende Distanz des Publikums gegenüber der musikalischen Moderne. Für die Komponisten freilich ist die Atonalität inzwischen zur Selbstverständlichkeit geworden, und insofern ist sie selbst nicht mehr neu. Aber sie ist die Voraussetzung und das Fundament aller entscheidenden Neuheiten nach 1950, die auf der Basis der Atonalität mit ihr gemeinsam haben, daß sie auf eine Befreiung des kompositorischen Materials von den ihm anhaftenden geschichtlichen Bedeutungsablagerungen abzielen und somit – wie schon die Atonalität – einen radikalen Bruch mit der Tradition der abendländischen Musik darzustellen scheinen. Dies betrifft – wie wir sehen werden – fast alle zentralen Traditionskategorien, zum Beispiel den Kompositionsbegriff und den Begriff des musikalischen Werks, den Kunstbegriff allgemein, die Schriftlichkeit der Musik, die musikalische Zeit, die Relation zwischen Musik und Sprache, Instrumental- und Vokalmusik, das Verhältnis zwischen Komposition und Improvisation, Komponist und Interpret, Musik und Hörer, die Informationsprinzipien und den Verstehensprozeß von Musik, den Begriff der Musik insgesamt, bis hin zur intentionalen Erweiterung, Überformung oder Auflösung der Gültigkeit des Kennzeichens »abendländisch« überhaupt.

Hat man als Historiker eine Geschichte der Musik des Abendlands geschrieben und dabei aus den Befunden heraus immer wieder die Frage gestellt und zu beantworten versucht, was die Musik im abendländischen Sinne ihrem Prinzip nach sei, so könnte es scheinen, als schlüge die Neue Musik nach 1950 alle bisherigen Antworten entzwei und man müsse jene Frage angesichts der neuen Befunde völlig neu bedenken und neu zu beantworten suchen. Dies ist die Situation, die Beunruhigung des Geschichtsschreibers, der wir uns im folgenden zu stellen haben, wobei wir – ich wiederhole dies – dessen eingedenk bleiben dürfen und müssen, daß für jegliche Beurteilung der Musik der letzten vierzig Jahre die Zukunftsdimension uns fehlt: Niemand weiß, wie rückschauend von späteren Zeiten her die Musik unserer Zeit sich darstellen wird. Indessen – um dies im voraus zu sagen – bin ich davon überzeugt, daß sich die Musik dasjenige, was sie durch ihre Geschichte hin definiert, nicht so schnell aus der Hand schlagen läßt. Die Kurzlebigkeit der Radikalisierung von Traditionsbrüchen, die Sperrigkeit von Problemlösungen zufolge der Art der Problemstellungen selbst, das Fortleben von Traditionen auch in der heftigsten Traditionsopposition, die immer wieder zu konstatierende kompositorische Auseinandersetzung mit geschichtlicher Musik und das heute bereits vielfach zu beobachtende Zurückkehren zu tradierten Kategorien – all dies gebietet dem Historiker, der seinen Blick durch die Geschichte hindurch aufs Grundsätzliche lenkt, mit der Konstituierung von Sach- und Begriffszerschlagungen, Traditionsbrüchen und -auflösungen vorsichtig zu sein.

1991

Hans Werner Henze

Freiheit von Traurigkeit und Freiheit von sich selbst

Castel Gandolfo, Mitte August 1965

Carissima Ingeborg,

ich nutze die Gelegenheit einer Stunde ohne »Inspiration« (nämlich wenn ich fühle dass das, was kommen soll, noch nicht reif ist), um Dir zu antworten. Es muss wunderschön sein dort im Wald, mit dem Fluss etc. und es wird Dir sicherlich sehr gut tun, daher rührt es mich, dass Du nach Bayreuth kommen willst, und ich danke Dir, dass Du die Rede, die ich halten soll, durchsehen willst. Ich habe an dieser Rede sehr gearbeitet und sie an Grass geschickt, damit er sie ändert, wo er meint. – Es wird, fürchte ich, auch dieses ganze Hassgefühl darin sein müssen, das in mir hochkommt, wenn ich an diese dummen, fetten Landsleute denke – jedenfalls hoffe ich, dass man mich auch Dein Gedicht »Alle Tage« vorlesen lässt, das ich hineingebracht habe, und dass auch Du erlaubst, dass ich es lese. – hier herrscht Betriebsamkeit: Dimitri ist abgereist, jetzt bin ich völlig allein mit der Partitur der »Bassariden« – und mit Eisermann, meinem neuen Sekretär, der viel angenehmer ist als S. – Es gibt ziemlich traurige Tage, aber es kommen auch sehr fruchtbare und glückliche Perioden, und ich bin mit der Tragödie schon recht weit – und Du kannst Dir vorstellen, dass es nicht immer leicht ist, den Kopf oben zu behalten, gegenüber von Rom, das hier vor mir liegt und diesen Menschen beherbergt, den ich zu meinem Unglück sogar heute auf der Strasse gesehen habe, aber er mich nicht. und zuerst ergriff mich ein Gefühl der Zärtlichkeit, dann sah ich mit Staunen, dass er keinerlei Empfindung in mir hervorrief: inzwischen gehört alles mir, er existiert nicht mehr und hat nichts mehr, doch dann nach kurzer Zeit, regten sich ein grosser Schmerz und viele Fragen in mir, und heute arbeite ich nichts, weil meine Gedanken nicht gut sind – aber das wird vorbeigehen. Fortuna hat mir auch einen bildschönen Knaben geschenkt, der mit dem Fiat 500 manchmal abends kommt, um mich zu zerstreuen – hoffentlich auch heute Abend und so sollte ich mich nicht beklagen. Glück gibt es keins, aber in der Musik gelingt es mir hin und wieder, mich zu befreien. Denn ich glaube, dass es Freiheit ist, was man braucht, Freiheit von der Traurigkeit und Freiheit von sich selbst. so gebe ich mich mehr denn je der Arbeit hin, den Tönen. in denen sich alle Ideale der Schönheit und der Vollkommenheit verwirklichen lassen – das schöne Morgen des Geistes – und ich werde KÖNIG sein, wenn die »Bassariden« gelingen, und über den Tod triumphieren und der andere, der mich nicht auf meinem Weg begleiten wollte, bleibt hier, blutleer und blass, ein Nichts.

Ich sehe mit Freude, dass auch Du arbeitest: das ist sicherlich nicht nur Notwendigkeit und Therapie, sondern ein heftiger Drang der Gedanken selbst, und ich kann es gar nicht erwarten zu lesen, was sich die kleinen Lebewesen in diesem windischen Gehirn ausgedacht haben. – wenn Du wirklich beabsichtigst, nach Bayreuth zu kommen: ich werde am Abend des 3. September im 4 Jahreszeiten sein. Dort können wir uns sehen und das Manuskript durchgehen. Obwohl ich finde, Du tätest besser daran, mit Deinem Buch auf dem Land zu bleiben. Mir ist diese Unterbrechung wenig willkommen, nur dass ich sie als Markstein empfinde, um vorher einen Teil der Oper zu beenden, genau gesagt, die orchestral-chorale Ruhe, die eintritt, wenn die Mänaden Pentheus jagen.

Immer wieder habe ich Angst vor den schrecklichen Dingen, die in dieser Oper passieren: aber dann will mich das Schicksal immer genau in Harmonie mit der Musik bringen, die ich gerade machen muss …

Wisse, dass ich sehr glücklich wäre, Dich in München zu sehen, so könnten wir tags darauf zusammen nach Bayreuth fahren, am nächsten Tag werde ich wieder nach München zurückfahren, um für meine neue Wohnung einzukaufen – und ich nehme dann alles im Schlafwagen mit nach Rom.

Lass es Dir gutgehen und grüsse den Unbekannten, der so tüchtig zu sein scheint!

hans

2004

Extreme wandeln sich am Ende in ihr Gegenteil. Schoenbergs skandalträchtige Akkorde, Repräsentanten des gegen die bürgerliche Gesellschaft revoltierenden Wiener Künstlers, sickerten allmählich in die Musik von Hollywood-Thrillern und in den Nachkriegsjazz ein. Das überkompakte Zwölftonmaterial von Weberns *Klaviervariationen* mutiert im Laufe von ein oder zwei Generationen zu La Monte Youngs *Second Dream of the High-Tension Line Stepdown Transformer*. Morton Feldmans unbestimmte Notation führt über Umwege zu »A Day in the Life« von den Beatles. Steve Reichs allmähliche Prozesse infiltrieren Bestsellerplatten von Bands wie den Talking Heads oder U2. Dem alles verbindenden Netzwerk der Musik kann man nicht entkommen, selbst wenn Komponisten sich gegen die äußere Welt abzuschotten oder die Rezeption ihrer Werke zu kontrollieren versuchen. Viel zu oft wird die Musikgeschichte wie eine Art Mercator-Projektion des Globus dargestellt, ein zweidimensionales, scharf abgegrenztes Bild einer Landschaft, die in Wirklichkeit ein grenzenloses Kontinuum ist.

Zu Beginn des 21. Jahrhunderts hat es intellektuell wie emotional keinen Sinn, klassische Musik gegen Popkultur auszuspielen. Junge Komponisten sind mit Popklängen im Ohr aufgewachsen, und sie verwenden oder ignorieren dieses Erbe, je nach Gelegenheit. Sie suchen nach einem Mittelweg zwischen geistigem Leben und dem Lärm der Straße. Und einige der lebhaftesten Reaktionen auf die Kunstmusik des 20. und noch jungen 21. Jahrhunderts kamen aus der Poparena, wenn man diesen Begriff ein wenig weiter fasst. Die mikrotonalen Stimmungen von Sonic Youth, die opulenten harmonischen Konstruktionen von Radiohead, die gebrochenen, rasch wechselnden Zeitschemata des Postrock und intelligenter Tanzmusik, die elegischen Orchesterarrangements, mit denen Sufjan Stevens oder Joanna Newsom ihre Songs untermalen: All das führt die vor langer Zeit begonnene Konversation zwischen klassischen und populären Traditionen fort.

Die moderne Popmusikerin Björk ist tief beeinflusst vom klassischen Repertoire des 20. Jahrhunderts, das sie in der Musikschule aufgesogen hat – Stockhausens elektronische Werke, Messiaens Orgelmusik, den spirituellen Minimalismus Arvo Pärts. Wenn man unvoreingenommen Björks »An Echo, a Stain« hört, worin die Sängerin fragmentarische Melodien vor leisen Clustern von Chorstimmen deklamiert, und Osvaldo Golijovs Liedzyklus *Ayre* daneben stellt, der die multiethnischen Lieder des maurischen Spaniens mit pulsierenden Tanzrhythmen unterlegt, würde man womöglich Björks Werk für die »klassische Komposition« halten und Golijovs Musik für etwas anderes, europäischen Folkpop vielleicht. Eine mögliche Richtung, welche die Musik im 21. Jahrhundert einschlagen könnte, ist die »große Fusion«: intelligente Popmusiker und extrovertierte E-Musik-Komponisten, die in etwa die gleiche Sprache sprechen.

Strengere Geister werden ohne Zweifel weiterhin auf den grundlegenden Unterschieden des musikalischen Vokabulars bestehen und sich dabei auf die ehrwürdige Orchester- und Operntradition vom Barock über die Klassik und Romantik bis zur Moderne beziehen. Schon in den ersten Jahren des neuen Jahrtausends haben Komponisten Werke geschaffen, die den Vergleich mit Stücken der jüngeren und ferneren Vergangenheit herausfordern. Georg Friedrich Haas' gut einstündiges Ensemblewerk *in vain* könnte mit seiner Verbindung spektraler Harmonien und riesenhafter Brucknerscher Strukturen der österreichisch-deutschen Musik einen neuen Weg weisen. Kaija Saariahos Oper *L'Amour de loin* atmet die gleiche exquisite Atmosphäre wie Debussys *Pelléas*, wobei nun elektronische Mittel die geisterhafte Schönheit der Texturen bereichern. Und Peter Liebersons *Neruda Songs* können sich mit dem besänftigten, beseelten Lyrismus von Strauss' *Vier letzten Liedern* messen – Musik jenseits aller weltlichen Sorgen.

Wenn man der Komposition am Anfang des 21. Jahrhunderts eine gespaltene Persönlichkeit attestieren kann – manchmal will sie alles umfassen, manchmal will sie der Welt abhanden kommen –, so ist diese Zweideutigkeit doch absolut nichts Neues. Seit Jahrhunderten wird über die Vorzüge des Rückzugs aus oder Teilnehmens an der Welt gestritten. Im 14. Jahrhundert erregten die Komponisten der Ars Nova Widerspruch, weil sie weltliche Melodien in die Messe einführten. Um 1600 klang Monteverdis kraftvoll-melodischer Stil in den Ohren seiner Zeitgenossen, gewöhnt an die geregelte Polyphonie der Renaissance, roh und zügellos. Im Wien des 19. Jahrhunderts wurde der extrovertierte Glanz von Rossinis komischen Opern gegen die verrätselte Innerlichkeit von Beethovens späten Streichquartetten ausgespielt. Komposition kann dadurch nur gewinnen, dass dieser ewige Streit niemals entschieden wird. In einer Kultur ohne Zentrum bietet sich ihr die Gelegenheit, eine Art Patenrolle zu übernehmen – sie kann alles in sich aufnehmen, wie sie es in der Vergangenheit auch getan hat.

Vielleicht werden klassische Komponisten die unmittelbare Wirkung ihrer popmusikalischen Gegenüber nie mehr erreichen, doch in der Freiheit ihrer Einsamkeit können sie Erfahrungen von einzigartiger Intensität vermitteln. Wenn sie ausgedehnte Formen entwickeln, komplexe Kräfte bündeln, das ganze Spektrum von der Stille bis zum Lärm erschließen, dann weisen sie den Weg in, wie Claude Debussy es einmal genannt hat, »ein imaginäres Land, das sich also auf keiner Karte finden lässt«.

2009

Yehudi Menuhin

Wenig erreicht, aber (mein) Glück gefunden

Nachdem wir gemeinsam die Hälfte unseres Jahrhunderts durchmessen haben, werden sich der Leser und ich an dieser Stelle fragen, wo wir heute stehen. Was ist im Laufe dieser Jahre erreicht worden? Was ist auch aus den hochgemuten Bemühungen geworden, die menschlichen Schwächen zu überwinden, gegenseitiges Verständnis zu wecken und dem Frieden zu dienen?

Wenn ich diese Fragen so nüchtern wie möglich betrachte, muß ich zugeben, daß ich sehr wenig erreicht habe. Daß ich, ein Jude, in einem höchst kritischen Augenblick im besiegten Deutschland spielte, hat die deutsch-jüdische Versöhnung nicht beschleunigt. Vielmehr hat die Wiedergutmachung geholfen, den Staat Israel zu gründen, und israelische Panzerbesatzungen wurden bereits in Deutschland ausgebildet, als ich dort spielte. Was die Nahost-Krise unserer Tage betrifft, so haben meine Bemühungen (der geringe Ausschnitt, den ich übersehen kann) zu nichts weiter beigetragen, als eine Linie internationaler Toleranz zu wahren – wenn sie das überhaupt erreicht haben. Diese traurige Bilanz desillusioniert mich keineswegs, nur muß ich das Visier ein wenig senken. Ich habe gelernt, daß mein kindlicher Traum, der Menschheit Frieden zu bringen, viel zu anspruchsvoll war – denn ich bedachte nicht, daß Frieden und Glück für jedermann gar nicht miteinander vereinbar sind; dieser Traum war auch deshalb viel zu anspruchslos, weil ich, der gebildete Jude, meine Ansprüche nur auf die menschliche Gesellschaft richtete. Heute sehe ich ein, daß ich dem Leben Dank schulde. Dennoch, obwohl ich realistischer denke als früher, bin ich nicht weniger idealistisch. Noch immer glaube ich, daß die Musik zu verbinden und zu heilen vermag; noch immer glaube ich, daß man dem

Musiker vertrauen kann, daß er seinen Mitmenschen Trost spenden und sie zugleich an die Größe des menschlichen Geistes zu erinnern vermag; noch immer glaube ich so stark wie eh und je, daß in unserer begrenzten Welt begrenzte Anstrengungen einzelner gemacht werden müssen, um ein Ideal zu verwirklichen.

Auf bescheidenerer Ebene kann ich indessen mit einigem aufwarten. Was die Geige betrifft, so kann ich darauf verweisen, daß ich dieses Instrument von Tag zu Tag, von Jahr zu Jahr besser begriffen habe. Geigerische Meisterschaft errang ich mit sehr frühen Jahren, obwohl ich mein Können nicht immer behielt und es weder zu analysieren noch weiterzugeben verstand. Dazu bin ich heute in der Lage. Ebenso ist es mit den musikalischen Inhalten: zwar habe ich schon in meiner Kindheit das Repertoire für Geige gespielt, aber erst heute begreife ich es ganz bewußt mit jeder Faser meines Körpers. Das Dirigieren hat meinen Horizont und meine Phantasie erweitert und hat dem Drang nach minutiöser Perfektion der Fingerkuppen mit dem umfassenderen Anspruch der Interpretation großer Partituren ein Gegengewicht gegeben.

Demütig und dankbar muß ich anerkennen, wie bevorzugt ich gewesen bin: Abgesehen von dem frühen Tode eines Kindes habe ich das Unglück nur aus zweiter Hand kennengelernt. Alle Hauptprotagonisten, die in diesem Buch erwähnt werden, sind noch immer am Leben und bereichern mich durch ihre Zuneigung. Ich bin von plötzlichen Krisen, von Isolierung, von Haß und Zorn (den so viele Juden erdulden müssen) verschont geblieben. Die Eintönigkeit einer sinnlosen Existenz wurde mir erspart. Ein Netz freundschaftlicher Beziehungen verbindet mich mit den Freunden der Musik auf allen Kontinenten und hält selbst an Orten, an denen ich nie zuvor gespielt habe, die Vorfreude gegenseitigen Vertrauens bereit. Zumindest darf ich mich rühmen, daß ich mich wissentlich niemals dieses Vertrauens unwürdig erwiesen habe noch daß ich Freiheit dadurch suchte, daß ich den an mich gestellten Forderungen entfloh. Die wahren Freuden sind von den Pflichten gar nicht zu unterscheiden, die wahre Freiheit liegt in der Verantwortung, die wahre Sicherheit besteht in jenem täglichen Ringen um das Ideal, auf das der Musiker nie verzichten darf. Jeder Musiker besitzt seinen Schutzengel, angefangen mit jenem Zufall, der Zeit und Umstände günstig plant und die Saatkörner des Talentes fruchtbarer Erde anvertraut. Ein solcher glücklicher Zufall wurde mir beschert. Danach schützte mich von frühester Jugend an die Notwendigkeit, meine Begabung zu formen und zu »veredeln«. Veredlung aber bedeutet Verzögerung: der sofort gestillte Appetit ist allem Künstlerischen abhold. Nur sehr selten habe ich Gelegenheit gehabt, das Nächstliegende sofort zu wählen, sehr selten nur hat mich ein unmittelbarer Drang zu etwas getrieben. Dennoch habe ich mein ganzes Leben lang meine Sinne erfreuen können, habe im Klang der Violine schwelgen können, so daß es mich niemals nach stellvertretenden verderblichen Ersatzgenüssen gelüstete. In meinem Bemühen, stets das Beste zu tun, habe ich mein Glück gefunden.

1976

Glenn Gould

Kritiker

»Raten Sie Ihren Rezensenten, umsichtiger und klüger zu sein«, schrieb ein junger deutscher Komponist dem Herausgeber einer Wiener Musikzeitschrift, in der er kritisiert worden war, »denn mancher junge Komponist, der es vielleicht weit bringen würde, könnte es mit der Angst zu tun bekommen«. Der Verfasser war Ludwig van Beethoven, und er brachte die Ansichten der meisten Künstler zum Thema ungünstige Presse zum Ausdruck.

Der Kritiker als ästhetischer Schiedsmann hat meiner Meinung nach keine eigentliche soziale Funktion, keine vertretbaren Kriterien, auf die er seine subjektiven Urteile gründen kann, und trotz historischer Präzedenzfälle, die für das Gegenteil zeugen, keine stichhaltigen Gründe vor dem Gesetz, um sie zu verteidigen. Je nach dem Wesen der Gesellschaft, der er dient, könnte man Argumente liefern für den Kritiker als Propagandist, um Jacques Elluls erweiterte Definition dieses Ausdrucks zu entlehnen.

Eine leichtere Aufgabe wäre es, die Rolle des Kritikers als Verbraucheranwalt neu zu definieren. Es ist gewiß möglich, durch den Gebrauch wissenschaftlicher Methoden die Schärfe von Nathan Milsteins Intonation, die rhythmische Präzision von Alexis Weissenbergs Läufen und die Häufigkeit des Quartsextakkords bei Richard Strauss zu messen. Man muß freilich berücksichtigen, daß Programmierer von Computermusik auf Ungenauigkeit, Unausgewogenheit und Unausgeglichenheit abstellen können und dies auch tun – indem sie eigentlich nicht Elemente von Irrtum, sondern von menschlichem Ermessen *hinzufügen* – und daß folglich solche kategorischen Aussagen, wie man sie über Milstein, Weissenberg oder Strauss machen kann, keine Werturteile implizieren.

Es ist also denkbar, daß der Kritiker umgeschult werden könnte zum Datensammler, festgelegt auf das Hervorbringen objektiver Aussagen und ermutigt, Wiedergutmachung zu leisten in einer Gesellschaft, für die er sich, wie Beethoven vor fast zweihundert Jahren behauptet hat, als moralisch verderblicher und ästhetisch schädlicher Einfluß erwiesen hat.

1987 (entstanden 1977)

Gidon Kremer

Gefährdung der Kunst

Immer häufiger stelle ich mir die Frage des Musikmachens, in der Sowjetunion, im Westen und in Rußland, das sich heute immer mehr dem Westen annähert, leider nicht nur in positiver Weise. Jenen Sinn des Musikmachens, wie wir ihn in der unglücklichen Sowjetunion empfanden – als eine Art Widerstand, als Aufopferung, gar als »vertontes Gewissen« –, haben heute nur noch sehr wenige begabte junge Musiker im Kopf. Das Starsystem, bei dem der große Umsatz zählt, ist der Motor, der die Musikwelt antreibt. Quantität triumphiert über Qualität, große Namen sind wichtiger als der musikalische Inhalt. Das Publikum zahlt mit teurem Geld für seinen »Kunstgenuß«, den die großen Namen versprechen – insgesamt eine traurige Entwicklung. Immer weniger wird verstanden, daß Kunst einen Weg zu unseren Emotionen eröffnet, zu Emotionen freilich, die nicht nur reine Freude und heitere Gefühle bedeuten. Musik als Medium der Besinnung wird zugunsten der Funktion platter Unterhaltung verdrängt, Musik wird dann nicht geatmet und gelebt, sondern »nebenbei« konsumiert. Das permanente Lächeln unserer Reklamewelt wirkt als Fassade eines eigentlich kranken Kosmos, aus dem alle Probleme und Ängste verdrängt werden. Künstler sollten aber ihre Berufung ernst nehmen, gerade diese problematischen Aspekte unserer Existenz anzusprechen, statt ausschließlich ihren persönlichen Ehrgeiz zu befriedigen.

In einem totalitären System paßt man sich dem totalitären Dämon an wie in einem freieren System den Bequemlichkeiten der Gesellschaft. Die Sowjetunion als ein den Menschen aufgezwungenes System hatte gleichwohl in manchen Künstlern das Bedürfnis hervorgerufen, ihrem Gewissen, besser vielleicht: ihrem metaphysischen Gewissen zu folgen. Kunst wurde als etwas Ethisches empfunden, das sich dem herrschenden System zu widersetzen hatte. Diese Art des notwendigen Widerstands von Kunst scheint mir im Westen gefährdet zu sein, nicht zuletzt auch aus jenem Grund, den Mauricio Kagel meinte, als er beklagte, daß Komponisten zu oft für Komponisten komponierten. Ich könnte das weiterführen: Erfolgreiche Künstler widmen zu oft ihre Tätigkeit nur dem eigenen Erfolg.

Gefährdet aber ist die Kunst auch, weil der Erfolg eines jungen Künstlers daran gemessen wird, wie schnell, wie laut er spielt und wie gefällig er sich produziert, welchen Manager er hat und wieviel Umsatz er mit seinen Aufnahmen macht.

Der jugoslawische Dissident Michailo Michailov sagte einmal, in einer Gefängniszelle habe man mehr Freiheit als in einem freien Staat. Was er meinte, war die Freiheit des Geistes, die sich selbst in der Sowjetunion einige bewahren konnten. Die Lähmung des freien Geistes hält aber in Rußland bis heute an. Früher bekam man gesagt, was man zu tun und zu lassen hatte, man hatte keine Verantwortung, nur ein miserables Gehalt, dafür aber Sicherheit. Deshalb wünschen sich einige das alte System zurück. Das legendäre russische Publikum von damals – es kann sich heute die Konzertkarten nicht leisten. Heute muß jeder selbst Entscheidungen treffen und mit der Freiheit umgehen lernen. Diese Freiheit erscheint den Menschen aber vielfach wie ein Synonym für den kapitalistischen Wettkampf, nicht wie jene große Chance, den freien Geist zu entwickeln, die wir uns im Westen vorstellten und um die wir ihn beneideten.

Wenn ich zurückblicke auf die Entwicklung der letzten Jahre und Vergleiche mit früher anstelle, wird mir aber vor allem eines immer bewußter: die Rolle der Persönlichkeit, die große Bedeutung von Menschen, die sich rigiden Gesetzen nicht beugen, die zu ihren Aufgaben stehen, ihren individuellen Lebensweg suchen, die Ideale haben und sie unbeirrt verfolgen. Wichtig bleibt die Frage: Wie finde ich meine eigene

Stimme? Wenn man sie sucht und gar findet, ob es nun eine kleine Stimme ist oder eine große, eine schöne oder weniger schöne, so hat man einen Sieg errungen. Es ist ein schwieriger Weg. Aber vielleicht ist die Schilderung des Weges, den ich persönlich gegangen bin und noch gehe, ein kleiner, ermunternder Hinweis. In diesem riesigen Chor, den der sowjetische Staat darstellte, scheinen mir noch immer jene persönlichen Stimmen die schönsten gewesen zu sein, die sich einfach weigerten mitzusingen. Wie es der große Luigi Nono mit einem Spruch, den er als Inschrift in einem Kloster in Toledo gefunden hatte, oft sagte: »Es gibt keinen Weg, aber wir müssen gehen …« Und für diesen Weg ist letztlich nicht ein System, sondern jeder selbst verantwortlich.

2003

ZWISCHENSPIEL

Paul Watzlawick
Die Geschichte mit dem Hammer

Ein Mann will ein Bild aufhängen. Den Nagel hat er, nicht aber den Hammer. Der Nachbar hat einen. Also beschließt unser Mann, hinüberzugehen und ihn auszuborgen. Doch da kommt ihm ein Zweifel: Was, wenn der Nachbar mir den Hammer nicht leihen will? Gestern schon grüßte er mich nur so flüchtig. Vielleicht war er in Eile. Aber vielleicht war die Eile nur vorgeschützt, und er hat etwas gegen mich. Und was? Ich habe ihm nichts angetan; der bildet sich da etwas ein. Wenn jemand von mir ein Werkzeug borgen wollte, *ich* gäbe es ihm sofort. Und warum er nicht? Wie kann man einem Mitmenschen einen so einfachen Gefallen abschlagen? Leute wie dieser Kerl vergiften einem das Leben. Und dann bildet er sich noch ein, ich sei auf ihn angewiesen. Bloß weil er einen Hammer hat. Jetzt reicht's mir wirklich. – Und so stürmt er hinüber, läutet, der Nachbar öffnet, doch noch bevor er »Guten Tag« sagen kann, schreit ihn unser Mann an: »Behalten Sie sich Ihren Hammer, Sie Rüpel!«

Die Wirkung ist großartig, die Technik verhältnismäßig einfach, wenn auch keineswegs neu. Schon Ovid beschrieb sie in seiner *Liebeskunst* – wenn auch leider nur im positiven Sinne: »Rede dir ein, du liebst, wo du flüchtig begehrest.

Glaub es dann selbst … Aufrichtig liebt, wem's gelang, sich selbst in Feuer zu sprechen.«

Wer dem Ovidschen Rezept folgen kann, sollte keine Schwierigkeit haben, diesen Mechanismus im Sinne unseres Leitfadens anzuwenden. Wenige Maßnahmen eignen sich besser zur Erzeugung von Unglücklichkeit als die Konfrontierung des ahnungslosen Partners mit dem letzten Glied einer langen, komplizierten Kette von Phantasien, in denen er eine entscheidende, negative Rolle spielt. Seine Verwirrung, Bestürzung, sein angebliches Nichtverstehen, seine Ungehaltenheit, sein Sich-herausreden-Wollen aus seiner Schuld sind für Sie die endgültigen Beweise, daß Sie natürlich recht haben, daß Sie Ihre Gunst einem Unwürdigen schenkten und daß Ihre Güte eben wieder einmal mißbraucht wurde.

Auch der virtuosesten Anwendung jeder Technik sind natürlich Grenzen gesetzt, und die Moral von der Geschichte mit dem Hammer ist keine Ausnahme. Der Soziologe Howard Higman von der Colorado-Universität spricht in diesem Zusammenhang von der »unspezifischen Besonderheit« *(nonspecific particular)* und deren Rückanwendung auf den Partner. Laut ihm neigen Ehefrauen zum Beispiel dazu, aus einem Nebenzimmer »Was ist das?« zu rufen. Sie erwarten, daß der Mann aufsteht und hinübergeht, um herauszufinden, was sie meint, und in dieser Erwartung werden sie selten enttäuscht. Einem ihm befreundeten Ehemann gelang es aber, dieser archetypischen Situation einen neuen Dreh zu verleihen, indem er den Spieß umkehrte. Er saß in seinem Studierzimmer, als seine Frau quer durch das Haus rief: »Ist es angekommen?« Obwohl der Mann keine Ahnung hatte, was »es« war, antwortete er: »Ja.« Darauf wollte sie wissen: »Und wo hast du es hingetan?«, und er rief zurück: »Zu den andern.« Zum erstenmal in seiner Ehe konnte er darauf stundenlang ungestört arbeiten.

Doch zurück zu Ovid beziehungsweise seinen Nachfolgern. Hier kommt einem vor allem der berühmte französische

Apotheker Émile Coué (1857–1926) in den Sinn. Er ist der Gründer einer Schule der (leider eben wieder ins Positive verkehrten) Selbstbeeinflussung, die darin besteht, daß man sich einredet, es gehe einem besser und immer besser. Mit etwas Talent läßt sich Coué aber umdrehen, und seine Technik kann dann in den Dienst der Unglücklichkeit gestellt werden.

Und damit können wir uns endlich der Praxis des bisher Erklärten zuwenden. Wir haben begriffen, daß die für unsere Zwecke unerläßliche Herbeiführung jenes Zustands, in dem die rechte Hand nicht weiß, was die linke tut, erlernt werden kann. Hierzu bietet sich eine Reihe von Übungen an:

Übung Nr. 1: Setzen Sie sich in einen bequemen Sessel, möglichst mit Armstützen, schließen Sie die Augen, und stellen Sie sich vor, in eine reife, saftige Zitrone zu beißen. Mit etwas Übung wird Ihnen die imaginäre Zitrone bald das wirkliche Wasser im Munde zusammenlaufen lassen.

Übung Nr. 2: Bleiben Sie im Sessel sitzen, weiterhin mit geschlossenen Augen, und verschieben Sie Ihre Aufmerksamkeit von der Zitrone auf Ihre Schuhe. Es dürfte nicht lange dauern, und Sie werden bemerken, wie unbequem es eigentlich ist, Schuhe zu tragen. Gleichgültig, wie gut sie bisher zu passen schienen, Sie werden nun Druckpunkte bemerken und sich plötzlich auch anderer Unannehmlichkeiten bewußt werden, wie Brennen, Reiben, Krümmen der Zehen, Hitze oder Kälte und dergleichen. Üben Sie, bis das bisher selbstverständliche und bedeutungslose Tragen von Schuhen ausgesprochen unangenehm wird. Kaufen Sie sich dann neue Schuhe, und bemerken Sie, wie sie im Laden einwandfrei zu passen schienen, nach kurzem Tragen aber dieselben Beschwerden erzeugen wie die alten.

Übung Nr. 3: Im Sessel sitzend, blicken Sie bitte durchs Fenster in den Himmel. Mit etwas Geschick werden Sie in Ihrem Blickfeld bald zahlreiche winzige, bläschenartige Kreise wahrnehmen, die bei Stillhalten der Augen langsam nach unten sinken, beim Zwinkern aber wieder hinaufschnellen. Bemerken Sie ferner, daß diese Kreise immer zahlreicher und größer zu werden scheinen, je mehr Sie sich auf sie konzentrieren. Erwägen Sie die Möglichkeit, daß es sich um eine gefährliche Erkrankung handelt, denn wenn die Kreise einmal Ihr ganzes Gesichtsfeld ausfüllen, werden Sie äußerst sehbehindert sein. Gehen Sie zum Augenarzt. Er wird Ihnen zu erklären versuchen, daß es sich um die ganz harmlosen *mouches volantes* handelt. Nehmen Sie dann entweder an, daß er Masern hatte, als diese Krankheit in der Universitäts-Augenklinik den Medizinstudenten seines Jahrgangs erklärt wurde, oder daß er Sie aus reiner Nächstenliebe nicht vom unheilbaren Verlauf Ihrer Krankheit informieren will.

Übung Nr. 4: Sollte die Sache mit den *mouches volantes* nicht recht klappen, so brauchen Sie die Flinte noch lange nicht ins Korn zu werfen. Unsere Ohren bieten eine gleichwertige Ausweichlösung. Gehen Sie in einen möglichst stillen Raum, und stellen Sie fest, daß Sie plötzlich ein Summen, Surren, leichtes Pfeifen oder einen ähnlichen gleichbleibenden Ton in Ihren Ohren feststellen können. Unter normalen Alltagsbedingungen ist der Ton zwar durch die Umweltgeräusche überdeckt; mit entsprechender Hingabe dürften Sie es aber fertigbringen, den Ton immer häufiger und lauter wahrzunehmen. Gehen Sie schließlich zum Arzt. Von hier ab gilt Übung Nr. 3, mit der Ausnahme, daß der Arzt die Sache als normalen Tinnitus verharmlosen wollen wird.

(Besondere Anweisung für Medizinstudenten: Übungen 3 und 4 entfallen für Sie. Sie sind ohnedies genügend damit beschäftigt, in sich die fünftausend Symptome zu entdecken, auf denen sich die Diagnostik der Inneren Medizin allein aufbaut – von den anderen ärztlichen Spezialgebieten ganz zu schweigen.)

Übung Nr. 5: Sie sind nun hinlänglich ausgebildet und offensichtlich auch talentiert, um Ihre Fähigkeiten vom eigenen Körper auf die Umwelt zu übertragen. Beginnen wir mit den Verkehrsampeln. Sie dürften bereits bemerkt haben, daß sie die Neigung haben, so lange grün zu sein, bis Sie daherkommen, und dann genau zu jenem Zeitpunkt von gelb auf rot zu wechseln, an dem Sie es nicht mehr riskieren können, doch noch über die Kreuzung zu fahren. Widerstehen Sie den Einflüsterungen Ihrer Vernunft, wonach Sie mindestens ebensooft auf grüne wie auf rote Ampeln stoßen, und der Erfolg ist verbürgt. Ohne zu wissen, wie Sie es eigentlich fertigbringen, werden Sie jede rote Ampel zum bereits erlittenen Ungemach addieren, jede grüne dagegen ignorieren. Sehr bald werden Sie sich des Eindrucks nicht erwehren können, daß hier höhere, Ihnen feindlich gesinnte Mächte ihr Unwesen treiben, deren Einfluß sich außerdem keineswegs auf Ihren Wohnort beschränkt, sondern Ihnen mühelos nach Oslo oder Los Angeles folgt. – Sollten Sie nicht Auto fahren, so können Sie ersatzweise entdecken, daß die Schlange, in der Sie vor dem Post- oder Bankschalter stehen, immer die langsamste ist oder daß Ihr Flugzeug immer an dem von der Schalterhalle am weitesten entfernten Ausgang wartet.

Übung Nr. 6: Sie wissen nun um das Walten dunkler Mächte. Dieses Wissen ermöglicht Ihnen nun weitere wichtige Entdeckungen, denn Ihr Blick ist nun geschärft für erstaunliche Zusammenhänge, die der dumpfen, ungeschulten Alltagsintelligenz entgehen. Untersuchen Sie Ihre Haustüre sorgfältig, bis Sie einen Kratzer finden, den Sie bisher noch nie gesehen haben. Fragen Sie sich nach seiner Bedeutung: Ist es ein Gaunerzinken, das Resultat eines versuchten Einbruchs, eine absichtliche Beschädigung Ihres Eigentums, ein besonderes Zeichen, um Sie irgendwie zu identifizieren? Widerstehen Sie auch hier der Versuchung, die Sache zu bagatellisieren; begehen Sie aber andererseits auch nicht den Fehler, ihr praktisch auf den Grund zu gehen. Behandeln Sie das Problem rein gedanklich, denn jede Wirklichkeitsprüfung Ihrer Annahme wäre dem Erfolg dieser Übung nur abträglich.

Wenn Sie durch diese Übung Ihren eigenen Stil entwickelt und Ihren Blick für ungewöhnliche, mysteriöse Zusammenhänge geschärft haben, werden Sie bald bemerken, bis zu welchem Grade unser Alltag von solchen schicksalsträchtigen Verflechtungen durchzogen ist. Nehmen wir an, Sie warten auf den Autobus, der schon längst da sein sollte. Sie vertreiben sich die Zeit, indem Sie die Zeitung lesen, aber immer wieder den Blick die Straße hinunterwerfen. Plötzlich sagt Ihnen Ihr sechster Sinn: »Jetzt kommt er!« Sie drehen sich rasch hin, und tatsächlich, in der Ferne, noch mehrere Häuserblocks entfernt, ist der Autobus aufgetaucht. Erstaunlich, nicht wahr? Und doch ist das nur ein kleines Beispiel aus der Vielfalt der Hellsichtigkeiten, die sich langsam in Ihnen ausbilden und dort am wichtigsten sind, wo sich alles mögliche für Sie Nachteilige abzeichnet.

Übung Nr. 7: Sobald Sie hinlänglich überzeugt sind, daß etwas Verdächtiges vorgeht, besprechen Sie es mit Freunden und Bekannten. Es gibt keine bessere Methode, um die wahren Freunde von den Wölfen im Schafspelz zu trennen, die in undurchsichtiger Weise da mit im Spiele sind. Jene werden sich nämlich trotz – oder gerade wegen – ihrer Geriebenheit dadurch verraten, daß Sie Ihnen einreden wollen, Ihre Annahme habe weder Hand noch Fuß. Für Sie wird das keine Überraschung sein, denn es versteht sich von selbst, daß, wer Ihnen schaden will, das nicht offen zugibt. Er wird Sie vielmehr scheinheilig von Ihrem angeblich unbegründeten Verdacht abbringen und von seinen guten, freundlichen Absichten zu überzeugen versuchen. Und damit wissen Sie nicht nur, wer mit im Komplott drinsteckt, sondern auch, daß an der ganzen Sache wirklich etwas sein *muß,* denn warum würden jene »Freunde« sich sonst so anstrengen, Sie vom Gegenteil zu überzeugen?

Wer sich diesen Übungen gewidmet hat, kommt zur Einsicht, daß nicht nur Margaret Meads Russe, der Mann mit dem Hammer oder Naturgenies wie die erwähnten Herren Keesee und Maryn, sondern auch der Durchschnittsbürger es fertigbringen kann, durch dieses besondere geistige Training zum Punkte zu gelangen, wo er eine schwierige Situation selbst erschafft und doch keine Ahnung hat, sie erschaffen zu haben. Hilflos dem Spiel unbeeinflußbarer Vorgänge ausgeliefert, kann er völlig glaubwürdig nach Herzenslust an ihnen leiden.

1983

ZUSAMMEN LEBEN

Familie, Erziehung, Generationenfolge

Edgar Hilsenrath

Ich bin von Natur aus ein Einzelgänger und singe nicht gern im Chor

Woran ich glaube? Eigentlich an gar nichts. Oder stimmt das nicht? Sind diejenigen, die behaupten, an nichts mehr zu glauben, vielleicht die wirklich Gläubigen? Eine verzwickte Frage. Vielleicht sollte sie lauten: woran ich glauben möchte. Also gut. Das ist leicht zu beantworten. Ich möchte, zum Beispiel, daran glauben, daß es einen Gott gibt, einen, der der größte aller Bürokraten ist, ausnahmsweise gerecht, der alle seine Schäflein kennt, der genau Buch führt, die Guten belohnt und die Bösen bestraft und – als ungewöhnliches Vorbild aller Bürokraten – dafür sorgt, daß am Ende immer das Gute über das Böse siegt. Die jüdische Religion ist kompliziert und überfordert ihre Anhänger mit vielen Ritualen und Geboten. Juden stöhnen unter der Last dieser Verantwortung. Trotzdem hat es ein Jude im Grunde leicht, denn er kann mit seinem Gott argumentieren und streiten. Ich könnte ihm zum Beispiel erklären, warum ich so selten in die Synagoge gehe.

»Nun, Allmächtiger, König der Heerscharen. Warum wohl? Ich leide an Platzangst. Das ist nicht meine Schuld. Zu viele Menschen in einem schlecht gelüfteten Raum bedrücken mich. Ich bin von Natur aus ein Einzelgänger und singe nicht gern im Chor. Glaube mir: Gottesdienste langweilen mich, denn ich empfinde im Kreise vieler, mit denen mich außer der Tatsache, Jude zu sein, nichts verbindet, nicht die geringste Andacht. Ich habe auch keine Lust, vorgedruckte Gebete in einer Sprache, die ich nicht verstehe, mechanisch herunterzuleiern, und außerdem weiß ich ja gar nicht, ob es dich, lieber Gott, wirklich gibt. Stell dir vor, es gäbe dich gar nicht und mein Geleier und meine Seufzer werden gar nicht gehört. Das wäre ja reine Zeitverschwendung. Könnte ich da nicht mehr für meine Seele tun, zum Beispiel: in ein Konzert gehen oder zu einer Frau?«

Und er, der liebe Gott, könnte zu mir sagen: »Aber du hast doch sicher eine Menge Probleme, mein Sohn, und außerdem gesündigt. Willst du dich nicht erleichtern?«

»Ich mag aber keine Betstuben und Synagogen«, würde ich sagen.

Und Er würde sagen: »Die mag ich auch nicht. Es geht mir mit den Betstuben und Synagogen genauso wie mit den Kirchen. Denn siehe, mein Sohn: mein Haus ist weder in den Betstuben, den Synagogen, noch in den Kirchen zu finden, in keinem Tempel, den die Heuchler gebaut haben. Und siehe, mein Sohn: Deine Gebete sollen dir nicht von anderen in den Mund gelegt werden, denn ich verstehe nur die Sprache deines Herzens. Gehe hinaus in die Natur und spreche ein Stoßgebet unter meinem Himmel, aber nur, wenn dir danach ist, zu keiner vorgegebenen Zeit, die von den Heuchlern bestimmt wurde.«

»Und wie ist es mit einer Beichte?«

»Beichten ist gut, mein Sohn. Beichte vor meiner Gerechtigkeit.«

Ich aber würde sagen: »Wo ist deine Gerechtigkeit? Und überhaupt. Was würde mein Analytiker dazu sagen? Soll er etwa arbeitslos werden? Wozu sind die Analytiker denn da?«

Spaß beiseite. Ich möchte daran glauben, daß es eine göttliche Gerechtigkeit gibt, aber sobald ich mich mit diesem Gedanken vertraut zu machen versuche, fallen mir die Kinder von Auschwitz ein und Millionen andere, die gequält, gefoltert und ermordet wurden. Aber es ist nicht nur der Krieg und der Holocaust. Gab es nicht schon immer Menschen, die von der Natur verwöhnt wurden, und andere, die es nicht wurden, die Schönen und die Häßlichen, die Erfolgreichen und die Erfolglosen, die Mächtigen und die Getretenen. Viele haben ihr Elend nicht verdient. Wofür werden sie bestraft? Wartet ein anderes Glück auf sie? Etwa im Himmelreich? Und wenn es nur ein Märchen ist, die Sache mit dem lieben Gott und dem Paradies, wenn ER nun wirklich nicht ist und es nichts gibt nach dem Tode, stimmt es dann nicht, daß die Unschuldigen nicht selig werden und die Schuldigen nichts zu fürchten haben, denn für sie gibt es weder Vergebung noch Strafe? Wenn es nichts gibt, dann ist Gottes Stimme nur die Stimme unserer eigenen Angst und sein Licht nur die Vorstellung eines Lichts in der leeren Finsternis.

Wenn es keinen Gott gibt, könnte ich jedes Verbrechen begehen. Dostojewski hat etwas Ähnliches gesagt. Und warum sollte ich es nicht aussprechen? Also gibt es Ihn nicht. Niemand sieht mich. Niemand hört mich. Mich erwartet weder Belohnung noch Strafe. Ich könnte ein neuer Hitler sein oder ein neuer Stalin oder der Würger von Boston. Es ist völlig egal. Einzig und allein meine Entscheidung zählt: den richtigen Weg zu wählen oder den falschen. Und da ich nicht immer weiß, welcher Weg nun der richtige ist und welcher der falsche, habe ich den Weg der Vernunft gewählt und den Weg des Fair plays. Es lebt sich leichter mit diesen Grundsätzen. Ich bedrohe niemanden, der mich nicht bedroht, und verletze niemanden, der mich nicht verletzt. Meine wahren Freunde können immer auf mich zählen. Wer mir hilft, dem helfe ich auch, und ich vergesse nicht, wer mir Gutes getan hat. Keine der mir bekannten Religionen hat mich überzeugt, auch nicht die christliche. Wortwörtlich genommen ist sie gefährlich wie alle Utopien, die sich nicht in die Praxis umsetzen lassen. Es gibt wohl kaum eine Heilslehre, die von ihren Anhängern so mißverstanden, ins Gegenteil verwandelt und pervertiert wurde wie die Lehre von der christlichen Nächstenliebe. Wer an die Auferstehung glaubt, den möchte ich fragen: Ist Christus wirklich zu dem zurückgekehrt, den er Vater nannte? Zog er nicht eher, ein zum Leben Verdammter, mit den Juden den langen, zweitausendjährigen Weg bis Auschwitz?

Alle großen Heilslehren machen mir angst, besonders dann, wenn sie vom Staat und der Bürokratie gepachtet werden. Im Namen einer umwälzenden, menschenbeglückenden sozialen Gerechtigkeit verschwanden Millionen für immer hinter Stacheldraht, und im Namen des Christentums brannten die Scheiterhaufen. Den Fackeln der Menschheitsbeglücker traue ich nicht. Die Dogmatiker halte ich mir vom Leibe. Wer fromme Sprüche klopft und behauptet, die ganze Menschheit zu lieben, liebt in Wirklichkeit niemanden. Der Liebende ist immer wählerisch. Ich kann nicht jeden lieben, aber ich kann mich, im Rahmen meiner Möglichkeiten, dafür einsetzen, daß niemandem Unrecht geschieht. Ich lehne Zwänge, die meiner Natur widersprechen, völlig ab. Kleinere Kompromisse, die nicht wesentlich sind, muß jeder machen, um ein Zusammenleben mit anderen zu ermöglichen. Als Schriftsteller mache ich überhaupt keine Kompromisse, und ich habe auch in keinem meiner Bücher irgendwelche Zugeständnisse an Dritte gemacht, weder aus finanziellen, ideologischen oder anderen Gründen. Ein wichtiges Anliegen ist, an mich selbst zu glauben, denn ich sage mir: Wer an sich selbst glaubt, braucht andere nicht zu fürchten. Ich versuche, immer wach zu bleiben. Ein gesundes Mißtrauen muß ich mir erhalten, allen Versprechungen gegenüber, allen Lobrednern und Netzewerfern, jedem Staat und jeder Bürokratie. Zum blinden Glauben wird mich niemand bewegen.

1996

Remo H. Largo und Martin Beglinger

Warum jedes Kind einzigartig ist

Beglinger: *Sie haben während Ihrer 35-jährigen Tätigkeit als Kinderarzt Tausende von Kindern untersucht, insbesondere im Rahmen der Zürcher Longitudinalstudien. In diesen Studien wurden zwischen 1954 und 2005 das Wachstum und die Entwicklung bei etwa 800 gesunden Kindern von der Geburt bis ins Erwachsenenalter festgehalten und analysiert (Largo et al. 2005). Was ist für den Entwicklungsspezialisten Largo ein Kind?*

Largo: Für mich zeichnet sich ein Kind durch sein einmaliges Wesen aus. Es hat mich immer wieder erstaunt, wie unverwechselbar Kinder sind. Bereits im ersten Lebensjahr ist das Kind eine Persönlichkeit und beginnt sich spätestens mit 2 Jahren seiner Individualität bewusst zu werden. Seine individuellen Fähigkeiten und Verhaltenseigenschaften setzen sich im Laufe der Kindheit immer mehr durch. Das Beste, was wir als Erwachsene tun können, ist: das Kind so annehmen wie es ist. Seine Individualität von klein auf zu respektieren, scheint mir mit das Wichtigste im Umgang mit Kindern zu sein.

In Ihren Arbeiten (Largo 1999, 2007) betonen Sie immer wieder die extremen Entwicklungsunterschiede bei Kindern, und zwar bereits in den ersten Lebensjahren. Kinder beginnen zum Beispiel in sehr unterschiedlichem Alter zu sprechen. Die einen tun dies bereits früh mit 10 bis 12 Monaten, andere erst mit 24 bis 30 Monaten. Wie offenbaren sich solche Unterschiede bei der Einschulung?

Die Individualität ist ein Ausdruck dieser großen Vielfalt unter den Kindern. Die Vielfalt nimmt im Verlauf der Kindheit immer mehr zu. Wenn eine Lehrerin eine Klasse mit 20

7-jährigen Kindern vor sich hat, dann unterscheiden sich die Kinder in ihrem Entwicklungsalter um mindestens 3 Jahre. Es gibt Kinder, die mit 7 Jahren ein Entwicklungsalter von 8 bis 9 Jahren haben und bereits lesen können. Andere mit einem Entwicklungsalter von 5 bis 6 Jahren sind noch weit davon entfernt. Bis zur Oberstufe nehmen die Unterschiede zwischen den Kindern noch einmal deutlich zu. Mit 13 Jahren variiert das Entwicklungsalter um mindestens 6 Jahre zwischen den am weitesten entwickelten Kindern und jenen, die sich am langsamsten entwickeln. Hinzu kommt, dass die Jungen als Gruppe im Mittel um eineinhalb Jahre in ihrer Entwicklung hinter den Mädchen zurückliegen. Der Umgang mit dieser sogenannten interindividuellen Variabilität ist für Eltern und Lehrkräfte sehr anspruchsvoll.

Eltern und auch Lehrer wundern sich immer wieder, wie unterschiedlich die Begabungen bei einem Kind ausgeprägt sein können. Das eine Kind ist gut in Sprache, aber schwach in Mathematik; bei einem anderem ist es genau umgekehrt. Wie lässt sich das erklären?

Das rührt von der Vielfalt im Kind selbst her, der sogenannten intraindividuellen Variabilität; auch sie kann von Kind zu Kind unterschiedlich stark ausfallen. Diese Vielfalt führt dazu, dass jedes Kind, aber auch jeder Erwachsene sein ihm eigenes Profil von Begabungen oder Kompetenzen aufweist. Bei der großen Mehrheit der Kinder sind die Fähigkeiten unterschiedlich ausgebildet. Kompetenzprofile zeigen, wie verschieden die Zusammensetzung von Stärken und Schwächen bei einem Kind sein kann. Für die Eltern und vor allem für die Lehrer bedeutet dies, dass sie sich auf jedes einzelne Kind je nach Kompetenz und Lernsituation individuell einstellen müssen. Das ist – zusammen mit den zahlreichen Unterschieden zwischen den Kindern innerhalb einer Klasse – eine große pädagogische Herausforderung für die Lehrkräfte.

Wollte man nun den Anspruch umsetzen, dass jedes Kind auf dem ihm entsprechenden Niveau unterrichtet wird, dann müsste man letztlich jedes Kind einzeln unterrichten, um ihm vollauf gerecht zu werden. Ist das nicht eine Illusion?

Wer die Vielfalt negiert, weil er glaubt, individualisierter Unterricht sei nicht realisierbar, der hat kapituliert, aber damit die reale Vielfalt unter den Kindern nicht aus der Welt geschafft. Wenn in einer 2. Klasse an der Grund- oder Primarschule das eine Kind nur bis 10 zählen kann und das andere bereits bis 1000; wenn das eine Kind Bücher liest und das andere noch nicht einmal das ganze Alphabet kennt, dann kann man nicht einfach so tun, als gäbe es diese Unterschiede nicht. Wie [noch] gezeigt werden wird, ist eine Individualisierung des Unterrichts möglich und keine Utopie.

Wie entsteht die Vielfalt zwischen den Kindern und jene beim einzelnen Kind?

Die Entwicklung eines Kindes hin zu einem unverwechselbaren Individuum lässt sich im Wesentlichen durch 3 Prozesse charakterisieren:

- Das Kind wächst. Jedes Entwicklungsmerkmal wie die Körpergröße nimmt von Kind zu Kind quantitativ unterschiedlich stark zu.
- Das Kind differenziert seine Fähigkeiten aus. Eine Fähigkeit wie die gesprochene Sprache entwickelt sich von Kind zu Kind qualitativ unterschiedlich bezüglich zeitlichem Auftreten und Ausprägung.
- Das Kind spezifiziert seine Fähigkeiten. Je nach Umwelt, in der das Kind aufwächst, werden Fähigkeiten wie Sprache oder Essverhalten von Kind zu Kind unterschiedlich festgelegt.

Im Verlauf der Pubertät werden diese 3 Prozesse abgeschlossen. Damit haben das körperliche Wachstum, die Motorik und die Entwicklung der sogenannten fluiden Intelligenz ihren Höhepunkt, aber auch ihren Abschluss erreicht. Die kristalline Intelligenz und die Persönlichkeit werden sich noch jahrzehntelang weiterentwickeln …

Die Vielfalt unter den Kindern wird ganz wesentlich durch die Umwelt mitbestimmt. Offensichtlich ist dies bei der Sprache oder dem Beziehungsverhalten. Diese sogenannte Heterogenität ist Ausdruck des sozialen, kulturellen und religiösen Umfeldes, in dem die Kinder leben. Die Heterogenität ist jedoch lediglich ein Teil der Vielfalt. Der entscheidende Anteil an Vielfalt liegt in den Kindern selbst. Selbst wenn die Kinder unter den gleichen sozialen, kulturellen und religiösen Bedingungen aufwachsen würden, wären sie immer noch sehr verschieden.

2009

Elisabeth Badinter

Der unbeugsame Wille der Frau

Angesichts des Wandels in der Einstellung der Mütter gelangt man zu der Überzeugung, daß der Mutterinstinkt ein Mythos ist. Auf ein allgemeingültiges und naturnotwendiges Verhalten der Mutter sind wir nicht gestoßen. Wir haben im Gegenteil festgestellt, daß ihre Gefühle in Abhängigkeit von ihrer Bildung, ihren Ambitionen oder ihren Frustrationen äußerst wandlungsfähig sind. Man kommt deshalb nicht an der vielleicht grausamen Schlußfolgerung vorbei, daß die Mutterliebe nur ein Gefühl und als solches wesentlich von den Umständen abhängig ist. Dieses Gefühl kann vorhanden sein oder auch nicht vorhanden sein, es kann auftreten und verschwinden. Es kann sich als stark oder als schwach erweisen. Es kann ein Kind bevorzugen oder sich auf alle erstrecken. Das hängt ganz von der Mutter, von ihrer Geschichte und von *der* Geschichte ab. Nein, es gibt in dieser Hinsicht kein universales Gesetz, das eine Ausnahme vom Determinismus der Natur machen würde. Die Mutterliebe gehört nicht wie selbstverständlich dazu, sie »geht extra«.

Wollte man die Intensität dieser Liebe, so wie sie sich über vier Jahrhunderte hinweg in Frankreich darstellt, graphisch veranschaulichen, so ergäbe sich eine Sinuswelle mit Höhepunkten vor dem 17. Jahrhundert, im 19. und im 20. Jahrhundert und Tiefpunkten im 17. und 18. Jahrhundert. Wahrscheinlich würde die Kurve ab 1960 wieder absinken, weil das klassische mütterliche Gefühl seither in einem gewissen Maße zurückgeht, und gleichzeitig würde eine neue »Liebeskurve« einsetzen: die der väterlichen Liebe. Offenbar ist die Mutterliebe nicht mehr allein Sache der Frauen. Die neuen Väter tun es den Müttern gleich und lieben wie diese ihre Kinder. Das scheint darauf hinzudeuten, daß die Mutterliebe ebenso wie die väterliche Liebe nichts Spezifisches mehr ist. Soll das heißen, daß Vater- und Mutterrolle sich durch nichts mehr unterscheiden und daß Mann und Frau in wachsendem Maße miteinander identisch werden?

Von ferne und von hinten gesehen, kann man die jungen Männer und die jungen Frauen mit ihrer gleichen Kleidung und ihrer gleichen Haartracht durchaus miteinander verwechseln. Bei den Frauen haben Brust, Hüften und Gesäß, bei den Männern Muskeln und Schultern abgenommen. Zumindest nach dem Augenschein gibt es das Einheitsgeschlecht.

In psychologischer Hinsicht weiß man heute nicht mehr genau, wodurch sich der kleine Junge von dem kleinen Mädchen unterscheidet. Der Internationale Kongreß für Kinderpsychologie, der sich im Juli 1979 in Paris mit diesem Thema befaßte, konnte die Unterschiede nur schwer feststellen. Nach seinen Feststellungen gibt es keinen Beweis dafür, daß Passivität, Beeindruckbarkeit oder eine Tendenz zur Selbstunterschätzung ausschließlich den Mädchen vorbehalten sind. Ebensowenig gibt es Beweise dafür, daß die Konkurrenzneigung stärker unter den Jungen oder Furchtsamkeit, Schüchternheit und Ängstlichkeit stärker unter den Mädchen verbreitet sind. Oder daß Jungen Dominanzstreben und Mädchen eine größere Fähigkeit zur Unterordnung aufweisen. Ebensowenig gibt es Beweise dafür, daß die sogenannten »mütterlichen« oder »fürsorglichen« Verhaltensweisen etwas spezifisch Weibliches sind und bei Männern nicht vorkommen. Tatsächlich ist in dem traditionellen Bild, daß »Papa liest und Mama näht«, ein Wandel zu beobachten. Es kommt vor, daß Mama liest und werkelt, während Papa den Säugling wickelt und füttert, und niemand wundert sich mehr darüber.

Bedeutet das, daß der Vater mit der Mutter identisch ist? Und wenn ja, was ergibt sich daraus für das Kind? Diese beiden, für die Zukunft der Menschheit fundamentalen Fragen kann niemand mit Sicherheit beantworten. Man kann höchstens zwei widersprüchliche Hypothesen formulieren.

Die Psychoanalytiker sind sich darin einig, daß diese Identifikation der Rollen das Kind in Verwirrung stürzt. Wie kann es, so fragen sie, ein Bewußtsein seines Geschlechts und seiner Rolle erlangen? Mit wem soll es sich identifizieren, um erwachsen zu werden? Eine stabile psychische Struktur erwirbt das Kind, ob Junge oder Mädchen, erst, nachdem es den Ödipuskomplex, also eine konfliktreiche Dreiecksbeziehung, überwunden hat. Was wird aus ihm, wenn Papa und Mama für es ein und dasselbe sind und keine geschlechtlich differenzierten Bezugspunkte mehr bieten. Kann das Kind jemals erwachsen werden und das infantile Stadium der Bisexualität überwinden, wenn der Vater gleichermaßen das Gesetz und die mütterliche Liebe verkörpert? Wenn nach Ansicht der Psychoanalytiker die Mutter die Liebe (Irrationalität) und der Vater das allgemeine Gesetz verkörpern sollen, kann die Verwechslung der Rollen schließlich nur dazu führen, daß die Rationalität abhanden kommt. Demnach hätten wir es hier mit einem Prozeß der Enthumanisierung zu tun, der Psychosen und Leiden hervorruft.

Andere, die optimistisch und unerschütterlich an den menschlichen Fortschritt glauben, werden vielleicht das Gegenteil sagen. Sie werden vielleicht im Einheitsgeschlecht den Königsweg zur Bisexualität, zu der so lange von den Menschen erträumten Allseitigkeit sehen. Sie werden an den Mythos von Aristophanes denken und an jenes androgyne Geschöpf, das »Zwei in Einem« und ein Symbol für Stärke und Glück der Menschen war, bevor die Götter darüber erzürnten und es zur Strafe zerteilten. Warum sollten der Mann und die Frau von morgen denn nicht erneut dieses verlorene Paradies schaffen? Kann jemand behaupten, daß aus der durch die Verwischung der Rollenunterschiede entstandenen neuen Anordnung nicht irgendwann eine neue, reichere und weniger zwanghafte Ordnung hervorgehen wird?

Wir werden uns hüten, auf diese Fragen, die in den Bereich der Futurologie oder der Mythologie fallen, eine Antwort zu geben. Nehmen wir doch einfach zur Kenntnis, daß bei den Frauen ein unbeugsamer Wille entsteht, die Welt und die Kinder mit den Männern zu teilen. Dieser Wille wird die künftige Situation des Menschen mit Sicherheit verändern. Gleichgültig, was sich daraus ergeben mag: das Ende des Mannes oder das wiedergefundene Paradies – wieder einmal wird es an Eva liegen, die die Karten anders verteilt hat.

1981

Daphne de Marneffe

Was die Lust, Mutter zu sein, zum Problem macht

Man könnte meinen, alles, was über das Muttersein in der westlichen Gesellschaft überhaupt gesagt werden kann, sei bereits gesagt. Von jedem Zeitschriftenständer und aus jedem Fernsehkanal springen uns ultimative Lösungen, neueste Entdeckungen oder persönliche Bekenntnisse in Sachen Muttersein an. Doch bei all dem Mediengeschwätz über das Bemühen der Frauen, weiterhin erfolgreich zu sein, ihre Figur zu behalten, über Zeitmangel, Zeitersparnis und Auszeiten wird die konkrete Erfahrung des Mutterseins kaum thematisiert. Sie beeinflußt unsere Entscheidungen und verfolgt uns bis in unsere Träume, und dennoch scheuen wir davor zurück, ihr unsere volle Aufmerksamkeit zu widmen. Gleichermaßen als Illusion und als Selbstverständlichkeit behandelt, ist es ebenso offensichtlich wie unsichtbar: unser Verlangen, Mutter zu sein.

Der Wunsch, Mutter zu sein, ist nicht nur der Wunsch, Kinder zu haben, sondern auch der Wunsch, für sie zu sorgen.

Es ist weder die Pflicht noch der Zwang, Kinder großzuziehen, oder das Zugeständnis ans Muttersein, wenn sich keine andere Alternative bietet. Es ist kein Sich-fügen in vorgegebene Rollen oder das Ergebnis einer Gehirnwäsche. Es ist die Sehnsucht einer Mutter danach, ihre Kinder großzuziehen; der Wunsch, Teil dieser besonderen wechselseitigen Beziehung zu sein, und der Entschluß, soweit möglich, diesen Wunsch in die Tat umzusetzen.

Die Lust, Mutter zu sein, ist auch deswegen gleichermaßen offensichtlich und unsichtbar, weil sie so leicht mit anderen Dingen verwechselt wird. Wer für die Rechte der Frauen kämpft, mißdeutet diese Lust allzuoft als Atavismus oder faule Ausrede, als Selbstbeschneidung des eigenen Potentials. Wer dagegen die Mutterrolle der Frau propagiert, definiert sie meistens ganz im Sinne des Dienens – dem Kind, dem Ehemann, Gott. Was beide Sichtweisen ausklammern, ist die authentische Lust, Mutter zu sein, die eine Frau selbst verspürt – eine Lust, die ihren Ursprung nicht in den Bedürfnissen eines Kindes hat, wenngleich sie auf sie reagiert; eine Lust, die nicht durch eine gesellschaftliche Rolle erzeugt, wenn auch potentiell durch sie gefördert wird; vielmehr ist es eine Lust, die in der Erfahrung der Frau als Handelnde, als autonomes Individuum, als Person verankert ist.

Nach allgemeinem Verständnis gehören die Begriffe »Mutter« und »Verlangen« oder »Lust« ohnehin nicht in ein und denselben Satz. Verlangen oder Lust, so hat man uns beigebracht, hat eher mit Sex zu tun; Muttersein dagegen mit praktisch allem anderen als Sex. Vor einem Jahrhundert wurde die Sexualität unterdrückt; zu Freuds Zeiten entwickelten gesunde junge Frauen seltsame Symptome – Armlähmungen, Stimmverlust – gewissermaßen als Methode, sich einem Sittenkodex anzupassen, der verhinderte, daß Frauen ihre sexuellen Wünsche überhaupt wahrnahmen oder gar zum Ausdruck brachten. Heute ist Sexualität allgegenwärtig, und es ist eher das Verlangen, Kinder großzuziehen, dem ein Schattendasein zugewiesen wird. Fünf Jahrzehnte feministischer Literatur haben sicher dazu beigetragen, daß das sexuelle Begehren der Frauen nichts Überraschendes mehr an sich hat. Das Verlangen, Mutter zu sein, dagegen ist immer problematischer geworden. Es ist fast, als hätten die beiden Arten von Verlangen, was ihre Tabuisierung betrifft, einfach die Plätze getauscht.

Das Tabu, mit dem der Wunsch, Kinder großzuziehen, belegt ist, wirkt als ein sonderbares neues Hemmnis für Frauen. Manche versuchen, gar nicht über das Muttersein nachzudenken, während sie wichtigere berufliche Ziele verfolgen. Andere leugnen das Ausmaß ihrer mütterlichen Wünsche, nachdem diese überhaupt erst durch schwer erkämpfte Einsichten im Lauf einer Psychotherapie deutlich geworden sind. Wieder andere versuchen, ihre Lust darauf, ihr Kind selbst zu betreuen, herunterzuspielen, indem sie ihr Leben nach der Geburt ihres Babys so einrichten, daß sie wieder zur vorherigen Normalität zurückkehren, ohne sich jedoch zu fragen, ob es diese Art von »Normalität« überhaupt noch gibt. Für die eine Frau ist der Wunsch, zu Hause bei ihrem Kind zu bleiben, eine beunruhigende Umkehr früherer Prioritäten. Eine andere weiß nicht so recht, ob die Sorge für Kinder eine freie Entscheidung oder eine Falle ist. Eine dritte hat das Gefühl, sie dürfe um ihrer Selbstachtung willen nicht aufhören, um Macht und berufliches Prestige zu kämpfen. Freuds Patientinnen wurde einst das sexuelle Begehren durch ein einengendes Modell weiblicher Sittsamkeit abgewöhnt, das aus komplexen sozialen und ökonomischen Kräften hervorgegangen war.

Heute wird die Lust, Mutter zu sein, durch ein modernes Modell des Frauseins eingeschränkt, das sich als Reaktion auf neuere ökonomische und soziale Gegebenheiten entwickelt hat.

Vor fünfzig Jahren gingen Frauen, die beruflich konkrete Ziele verfolgten, das Problem der Geschlechterungleichheit so an, daß sie es ablehnten oder darauf verzichteten, Mutter zu werden. Zwanzig Jahre später umgingen Mütter die Geschlechterungleichheit, indem sie ihr Berufsleben im gleichen Tempo weiterführten und dafür sorgten, daß ihre Arbeit durch ihr Muttersein nicht beeinträchtigt wurde. Nach wie vor erkennen Frauen ganz deutlich, in welchem Maß die Erziehung von Kindern das Erlangen von Einfluß und Erfolg im Beruf erschwert, und manche ziehen daraus die Konsequenz, das Muttersein hinauszuschieben oder sich ganz dagegen zu entscheiden. Problematisch bleibt jedoch, daß diese Ansätze, Gleichheit zu erreichen, für viele Frauen den zentralen Punkt außer acht lassen, nämlich daß die Sorge um und für ihre Kinder ihnen ein *Bedürfnis* ist.

Was wäre, wenn wir dieses Bedürfnis ernst nähmen, es in den Mittelpunkt unserer Betrachtungen stellten? Allein die Frage zu formulieren bedeutet, mit einer augenblicklichen Mißdeutung rechnen zu müssen. Es ist, als riete man damit Frauen, durch andere zu leben, das Streben nach Gleichheit aufzugeben oder sich entspannt den Freuden eines subventionierten Hausfrauendaseins hinzugeben. Doch diese reflexhafte Mißdeutung ist selbst Ausdruck dafür, wie schwierig es ist, in der Lust, Mutter zu sein, einen positiven Aspekt des Frauseins zu sehen. Ganz deutlich wird das Problem in der Art und Weise, wie wir über Muttersein und Arbeit sprechen. Fürsprecher der Berufstätigkeit von Müttern beginnen oft mit einer Aufzählung der Vorteile, die sie für Kinder, Familien und vor allem die Mütter selbst darin sehen. Dann wechseln sie abrupt zu der Behauptung, Mütter könnten es sich gar nicht leisten, *nicht* zu arbeiten, so daß man sich die unnötige, mit Schmerz und Schuldgefühlen verbundene Erörterung ihrer möglicherweise problematischen Aspekte ebensogut sparen könne. Dieser rhetorische Links-rechts-Schlag soll, wie es scheint, eine unvoreingenommene Betrachtung all der komplizierten, widerstreitenden Wünsche von Müttern verhindern, insbesondere des Wunsches, ihre Kinder zu versorgen. Diese ausweichende Haltung trifft weniger die Mutter, die zu Hause bleibt, als die berufstätige Mutter, die sich danach sehnt, mehr Zeit mit ihren Kindern zu verbringen. Für sie ist die Notwendigkeit einer ehrlichen, legitimierenden öffentlichen Diskussion über das Verlangen, Mutter zu sein, besonders dringend.

Ich stelle »Muttersein« und »Lust« nebeneinander, um zu unterstreichen, worauf wir unseren Blick mit einem seltsamen Unbehagen richten: die Tatsache nämlich, daß der Wunsch, Kinder großzuziehen, ein wichtiger Bestandteil im Leben vieler Frauen ist. Wir fürchten, in Klischees über das Wesen der Frau steckenzubleiben, die wiederum dazu herangezogen werden, die Rechte und Freiheiten der Frauen zu beschneiden. Wenn wir uns jedoch weigern, über die Lust, Mutter zu sein, nachzudenken, oder sie als Marginalie abtun, lassen wir eine Gelegenheit ungenutzt verstreichen, uns selbst und ganz allgemein die Situation von Frauen zu verstehen.

Wenn eine Frau die Lust, Mutter zu sein, gezielt in den Mittelpunkt persönlicher Betrachtung stellt, macht sie damit keineswegs einen Rückschritt, sondern einen Schritt vorwärts, hin zu größerer Bewußtheit und einem stimmigeren Selbstbild.

2005

Sybil Gräfin Schönfeldt

Der alte Großvater

Es war einmal ein steinalter Mann, dem waren die Augen trüb geworden, die Ohren taub, und die Knie zitterten ihm. Wenn er nun bei Tische saß und den Löffel kaum halten konnte, schüttete er Suppe auf das Tischtuch, und es floß ihm auch etwas wieder aus dem Mund.

Sein Sohn und dessen Frau ekelten sich davor, und deswegen mußte sich der alte Großvater endlich hinter den Ofen in die Ecke setzen, und sie gaben ihm sein Essen in ein irdenes Schüsselchen und noch dazu nicht einmal satt; da sah er betrübt nach dem Tisch, und die Augen wurden ihm naß. Einmal auch konnten seine zitterigen Hände das Schüsselchen nicht festhalten, es fiel zur Erde und zerbrach. Die junge Frau schalt, er sagte aber nichts und seufzte nur.

Da kaufte sie ihm ein hölzernes Schüsselchen für ein paar Heller, daraus mußte er nun essen.

Wie sie da so sitzen, so trägt der kleine Enkel von vier Jahren auf der Erde kleine Brettlein zusammen.

»Was machst du da?« fragte der Vater.

»Ich mache ein Tröglein«, antwortete das Kind, »daraus sollen Vater und Mutter essen, wenn ich groß bin.«

Da sahen sich Mann und Frau eine Weile an, fingen endlich an zu weinen, holten alsofort den alten Großvater an den Tisch und ließen ihn von nun an immer mitessen, sagten auch nichts, wenn er ein wenig verschüttete.

Brüder Grimm, *Der alte Großvater und der Enkel*

Das ist das Alter in vergangenen Tagen. War es besser? War es anders? Was machten die Leute, wenn sie aufs Feld mußten und wenn die alte Mutter zu schwach war, um noch am Herdfeuer zu sitzen und die Mittagssuppe zuzubereiten? Was machen sie heute, wenn sie berufstätig sind? Wenn sie in einer anderen Stadt leben als die alten Eltern?

Da war das Altenteil noch besser, vielleicht selbst die Bank vorm Greisenasyl, auf der die Männer und Frauen in der Sonne saßen und sich die steifen Glieder wärmen konnten, beisammen waren, wenn einem von ihnen etwas zustieß.

Das Altenteil: die versorgte Nähe. Nicht leicht für die Jungen, wenn sie die forschenden oder mißtrauischen Blicke spürten, mit denen die Alten verfolgten, was sie machten. Denn natürlich machten sie alles anders als die Eltern, natürlich wuschen und scheuerten sie anders als die Bestmutter, wie man die Schwiegermutter früher nannte. Aber auch für die Bestmutter nicht leicht, sich die Herrschaft aus der Hand nehmen zu lassen und auch noch zuschauen zu müssen, wie eine Junge mit ihren Sachen umging. Das mochte gelassen und weise machen oder vor lauter Wut und Neid einen frühen Tod verursachen.

Auf jeden Fall war es das vorgezeichnete Alter. Jeder wußte, was ihn erwartete. Das Altenteil war ein Ort wie der Herd oder der Stall. Die Alten brauchten sich nicht ausgerechnet in dem Augenblick, in dem Gedächtnis und Sinne allmählich müde werden, an eine neue Umgebung zu gewöhnen. Das Auge weiß, wo die Sonne steht, wenn sie im Sommer und im Winter aufgeht. Das Knie weiß, wo die Betbank im Herrgottswinkel ist. Der Fuß kennt den Weg zum Abtritt. Das Hirn hat seit Jahren die Stellen gespeichert, wo man straucheln und sich stoßen könnte, wo es zu heiß und zu kalt ist, und das alte Herz muß nicht schneller schlagen, weil es Unbekanntes als Gefahr fürchtet.

Das Altenteil konnte andererseits so gut wie manches Altersheim ein Gefängnis sein. Keine Freiheit, nachts durchs Haus zu geistern, morgens zu schlafen, so lange man mag, sich anzuziehen oder den ganzen Tag im Morgenrock herumzulaufen, sondern vielmehr ein Terminplan der Versorgung rund um die Uhr, gnadenlos genau und alles hygienisch und in jeder Hinsicht ordentlich. Kein besonntes, sondern ein verwaltetes Alter.

Und, wie das Märchen lehrt, auch im besten Fall muß jede nachwachsende Generation lernen, was Mitleid und Erbarmen und was, wie man einst sagte, ihre Christenpflicht ist. Der Kopf weiß genau, daß Alter etwas anderes als Jugend ist, aber man kann keine Erfahrung vererben, und jeder junge Mensch muß irgendwann einmal ein Schlüsselerlebnis haben, so daß er zu begreifen beginnt, was da vor seinen Augen geschieht.

Immer wieder der Unglaube, die Blindheit: Du bist doch noch nicht alt! Immer das ewige Bild von der jungen, fröhlichen, kräftigen Mutter vor Augen. War das nicht gestern?

Vielleicht wollen wir den Wandel zur Schwäche und zur Gebrechlichkeit nicht wahrnehmen, weil er uns an die eigene Sterblichkeit erinnert. Vielleicht ist es wahre, reine Liebe, die den Tod und den Verlust nicht meint ertragen zu können.

Vielleicht ist es eigensüchtige Beschwörung und Selbstbetrug, um die letzte Pflicht der wer weiß wie langen Pflege noch von sich zu schieben.

Nein, du bist doch nicht alt!

Und wenn ich es nun bin? Wenn ich das Licht die ganze Nacht brennen lasse? Wenn ich nicht merke, daß ich mich beschmutze? Wenn ich beim Essen kleckere und Scherben mache?

Im Märchen heißt es: Dann in die Ecke mit dir, wie ein Kind, das man vom Tisch schickt, damit es sich wieder besinnen und gesittet zurückkehren kann.

Das Kind aber, das Enkelkind, ist klüger als seine Eltern. Es kennt den Unterschied zwischen seiner eigenen Ungeschicklichkeit und der der Alten genau. Den Unterschied zwischen dem Weg hinein und dem Weg hinaus. Und das Kind, das jüngste der Generationenkette, sieht seine Eltern als diejenigen, die dem Alter am nächsten sind. Was ist ihm Alter, mittleres oder hohes? Alle sind älter als es selber, und warte, nur ein Kleines, dann werdet ihr das hölzerne Tröglein brauchen.

Das Kind aber weiß nicht nur, was kommt, was auf uns alle wartet. Es tut auch etwas. Es schnitzt an seinen Brettchen herum, es stellt Hilfsmittel her, die seine Alten brauchen werden. Das geschieht ganz sachlich, ganz unsentimental.

Pflicht? Das ist ein großes Wort.

Ja, man hat die Verantwortung für alles, was von einem abhängt, das sieht das Kind tagtäglich bei den Eltern, und man tut sein Bestes. Man holt die Schafe in den Stall, man zimmert dem Hund seine Hütte, und man kauft den Eltern sogar für Geld ein hölzernes Schüsselchen.

Doch damit ist das Märchen nicht zu Ende, und das macht es so groß: Mann und Frau sahen sich eine Weile an, fingen endlich an zu weinen und holten den Großvater zurück an den Tisch …

Ein Märchen erzählt nur. Es hat keine Meinung und keine Weltanschauung. Es erzählt von Menschen, und die Menschen, die zuhören, können sich das Ihre denken. Sie haben eine Geschichte mit einem guten Ende bekommen und können es, wie die Politiker, die die Pflegeversicherung erfunden haben, damit genug sein lassen. Der Alte sitzt wieder am Tisch. Na also, was wollt ihr denn noch?

Wir wollen diese Tränen. Wir wollen eine mittlere Generation, Jüngere, »die sich eine Weile anschauen«. Das ist der Augenblick, auf dem es in diesem Märchen und in der Wirklichkeit, heute und alle Tage, ankommt. Der Moment, in dem Mann und Frau, den Alten von morgen, die Augen aufgehen, in dem sie begreifen, was auf jedes Menschenkind wartet.

Sie brauchen kein Wort zu sagen, und sie suchen keinen Ausweg, keine Ausflüchte. Sie nehmen ihre Aufgabe an, und jedem, der das Märchen liest, bleibt es überlassen, ihre Tränen zu erklären. Rührung über das Kind, Abschied von der eigenen Jugend. Angst vor dem eigenen Alter. Dankbarkeit und Liebe zum Vater. Demut und Ergebenheit in die Christenpflicht. Angst vor den unermeßlichen Belastungen in der Zukunft.

Denn es ist ja nicht nur mit der Rückkehr zum Tisch geschehen. Beide Eltern wissen, daß sie auch das andere akzeptiert haben: den langen gemeinsamen Weg zum Ende.

1997

Konstantin Wecker

Meiner Mutter Sterben

Zeit der Verwandlung, Zeit zu vergehen
halte die Stunden fest.
Um aus der Asche neu aufzuerstehen
bleibe kein dunkler Rest.

Abschied von Tränen und Heldentaten
Abschied von ich und wir.
Lockre die Erde, halte den Spaten bereit
und versöhn dich mit dir.

(1991)

Mein Vater hat mir oft gesagt, er habe keine Angst vor dem Tod.

Ich habe ihm nie geglaubt.

Bis es ans Sterben ging.

Er hat sich gefreut auf den Tod und ging davon.

Wenige begegnen dem Tod mit Ruhe und Würde. Manche schenken sich ihm geradezu, wie einem Bräutigam, und entschlafen friedvoll. Die meisten Menschen aber bekämpfen ihn bis zum Schluss, und er bestraft uns mit einem qualvollen Ende.

Meiner Mutter Sterben ist die Geschichte eines kämpferischen Menschen, der nicht wahrhaben wollte, dass der Tod ihn besiegen kann. Und es wirft ein Licht auf eine Gesellschaft, die, von panischer Angst getrieben, der Vergänglichkeit ins Auge blicken zu müssen, nichts unversucht lässt, den Tod aus dem Leben auszuklammern.

Nun gehört meine Mutter einer Generation an, die an zwei

Weltkriegen leiden musste und der die Idee des Heldentodes, des Sterbens für das Vaterland, mit der Muttermilch eingeflößt wurde.

Die meisten dieser Generation wurden, jeder Chance auf eine eigene Identität beraubt, vorbereitet zu Duckmäusertum und dem Tod auf den »Feldern der Ehre«.

Frauen, deren Brüder und Väter wegstarben wie die Eintagsfliegen, blieb oft nichts anderes übrig, als den Tod zu verdrängen, ihn einfach aus dem Leben zu verbannen, nicht aus Hedonismus, was heutzutage vielleicht der entscheidende Grund für die Verdrängung ist, sondern einzig und allein, um seelisch überleben zu können, um sich mit all dem Leid arrangieren zu können.

Meiner Mutter Sterben hat mir den Tod wieder näher gebracht, nicht unbedingt als einen Freund, aber doch als einen allgegenwärtigen Vertrauten.

Das macht auch ab und zu larmoyant und sentimental, manchmal versinke ich geradezu genüsslich in meinen Todesgedanken, und was schlimmer ist, manchmal erkenne ich sogar eine Todessehnsucht in mir, Lebensüberdruss, Endzeitstimmung, Dekadenz, eine Sucht zur Selbstzerstörung, aber im Großen und Ganzen bringt mich diese Erfahrung der Freiheit ein Stück näher.

2007

ZWISCHENSPIEL

Ludwig Thoma

Einiges über Stil, Bildung und anderes

Einiges über die Art, zu reden und zu schreiben.

Der Satz: »Der Stil ist der Mensch« ist heute keine erschöpfende Wahrheit mehr; wir dürfen häufiger sagen: »Der Stil ist die Klasse.«

Denn eine bestimmte Anzahl von Menschen schreibt und spricht unter den nivellierenden Einflüssen einer Halb- oder Viertelsbildung das nämliche auf die nämliche Weise.

Menschen, die sich von der Gesellschaft fernhalten und diese Möglichkeit der Weiterbildung benützen, Leute, die viel im Freien leben und über das, was sie sehen oder hören, sich noch eigene Gedanken machen, können sich einen persönlichen Stil erwerben.

Alle andern denken, reden und schreiben in der uniformen Art ihrer Klasse.

In den geldhabenden und nichtstuenden Kreisen der Hauptstädte geht die Sache ja soweit, daß drei oder vier oder fünf Gegenstände, Tatsachen und Erscheinungen die Gedanken- oder Maularbeit der Gesellschaft in Schwung setzen.

Ich weiß nicht, was die fiveoclocker heuer unter den Zähnen haben, ich denke aber, daß Reinhardt, Ödipus und das gefährliche Alter der Frauen in die Häckselmaschine geschoben werden, und sicherlich wird sich das Wort Kultur immer noch für sehr viele fehlende Begriffe einstellen.

Vor einigen Jahren haben sie mit »Heimatkunst und Erdgeruch« Fangball gespielt und diese Ausdrücke solange herumgeknutscht, bis sie ihnen zu klebrig wurden.

Was in diesen Zirkeln, »in denen die Krawatte der Mann ist,« für eine Art zu schreiben herrscht, weiß ich nicht in hinreichendem Maße; vermutlich werden die Briefe englisch gespickt, und sicherlich kommt in jedem last not least vor; auch muß first class und to be or not to be darin stehen. That is not the question.

Wenn ich mich einem anderen Stande, dem der tätigen Kaufleute, zuwende, so darf ich wohl als bekannt voraussetzen, daß diese Millionen den gleichen Stil schreiben, und zwar alle zusammen mit den gleichen Schriftzügen.

Immerhin werden in der Art, sich zu geben und Gespräche zu führen, einige Unterschiede herrschen, aber doch nicht so große, wie sie im geschäftlichen Leben sich zwischen en gros und en détail auftun. Das alle bürgerlichen Eigenschaften zersetzende Reserveoffizierstum gibt hier wieder besondere Gleichheiten und Verschiedenheiten.

Die reisenden Kaufleute sind immer die gleichen Schentelmäns, die über alle brennenden Fragen der Gegenwart alamode zu reden wissen, alle Varietétheater gegeneinander abzuwägen verstehen und in der schmelzenden Art, in der sie einen Bordeauxwein bestellen, ihre ungemeine Vertrautheit mit den Genüssen und den Manieren der großen Welt unterstreichen können.

Unter den sogenannten akademisch gebildeten Männern kann man Ärzte, Ingenieure, Forstleute finden, die Eigenart haben; unter den Juristen selten oder nie.

Ein preußischer Assessor zum Beispiel ist wie der andere; ihrer vierundzwanzig sind zwei Dutzend.

Die bekannte Anekdote von Karl V., respektive ihre Nutzanwendung ist durch sie widerlegt.

Wenn der leichtfertig urteilende Monarch daran verzweifelte, die Denkungsart der Menschen im Gleichen zu halten, bloß weil ihm sein Experiment mit einigen Wanduhren nicht glückte, so beweist dies eine gewisse Unzulänglichkeit seiner Regierungsmethode.

In Preußen hat man es fertiggebracht, daß sämtliche Assessoren den gleichen Perpendikelschlag haben; die Uhren aber sind in jenem Lande heute noch so eigensinnig wie im alten Spanien.

Wenn wir auf der deutschen Stufenleiter einige Sprossen tiefer steigen, so bemerken wir gerade unter den Subalternbeamten mit ganzer oder teilweiser Realschulbildung eine verblüffende Egalität des Gedankenfassens und Gedanken-von-sich-gebens. Man unterhalte sich nur mit ihnen, und man wird überall die gleiche, gewählte Art des Ausdruckes finden, bei der es sich keineswegs um die Intensität der Vorstellung oder die Tiefe der Idee handelt.

Es ist herzerquickend, an ihnen die einschneidenden Wirkungen der Zeitungslektüre zu beobachten.

Ein solcher Mann und Steuereinnehmer, Offiziant, Gerichtsvollzieher oder Versicherungsinspektor wird nie von Politik, aber häufig von »politischer Konstellation« sprechen. Er wird unter den »Terrainverhältnissen« einer ihm bekannten Gegend gerne die »liebliche Hügelformation« erwähnen, die »Wegverhältnisse« loben oder tadeln, und nicht an einem Walde, sondern an einem »romantischen Waldgelände« seine Freude haben, etwa, wenn er unter einem Baume liegend die »Wolkenformation« betrachtet. An besonders glücklichen Tagen kommt er dazu, uns von »Temperaturdifferenzen« erzählen zu dürfen.

Auf Millionen Zeitungsblättern fliegt heute der Bildungssamen im Lande herum, und in den bescheidensten Gärten schießt jetzt neben dem braven Haus- und Küchengemüse das fremdartige Unkraut in die Höhe.

1968 (entstanden 1911)

DENKEN – FÜHLEN – GLAUBEN

Philosophie, Psychologie und Religion

Ingeborg Bachmann

Die Wahrheit ist dem Menschen zumutbar

Rede zur Verleihung des Hörspielpreises der Kriegsblinden

Der Schriftsteller – und das ist in seiner Natur – wünscht, sich Gehör zu verschaffen. Und doch erscheint es ihm eines Tages wunderbar, wenn er fühlt, daß er zu wirken vermag – um so mehr, wenn er wenig Tröstliches sagen kann vor Menschen, die des Trostes bedürftig sind, wie nur Menschen es sein können, verletzt, verwundet und voll von dem großen geheimen Schmerz, mit dem der Mensch vor allen anderen Geschöpfen ausgezeichnet ist. Es ist eine schreckliche und unbegreifliche Auszeichnung. Wenn das so ist, daß wir sie tragen und mit ihr leben müssen, wie soll dann der Trost aussehen und was soll er uns überhaupt? Dann ist es doch – meine ich – unangemessen, ihn durch Worte herstellen zu wollen. Er wäre ja, wie immer er aussähe, zu klein, zu billig, zu vorläufig.

So kann es auch nicht die Aufgabe des Schriftstellers sein, den Schmerz zu leugnen, seine Spuren zu verwischen, über ihn hinwegzutäuschen. Er muß ihn, im Gegenteil, wahrhaben und noch einmal, damit wir sehen können, wahrmachen. Denn wir wollen alle sehend werden. Und jener geheime Schmerz macht uns erst für die Erfahrung empfindlich und insbesondere für die der Wahrheit. Wir sagen sehr einfach und richtig, wenn wir in diesen Zustand kommen, den hellen, wehen, in dem der Schmerz fruchtbar wird: Mir sind die Augen aufgegangen. Wir sagen das nicht, weil wir eine Sache oder einen Vorfall äußerlich wahrgenommen haben, sondern weil wir begreifen, was wir doch nicht sehen können. Und das sollte die Kunst zuwege bringen: daß uns, in diesem Sinne, die Augen aufgehen.

Der Schriftsteller – und das ist auch in seiner Natur – ist mit seinem ganzen Wesen auf ein Du gerichtet, auf den Menschen, dem er seine Erfahrung vom Menschen zukommen lassen möchte (oder seine Erfahrung der Dinge, der Welt und seiner Zeit, ja von all dem auch!), aber insbesondere vom Menschen, der er selber oder die anderen sein können und wo er selber und die anderen am meisten Mensch sind. Alle Fühler ausgestreckt, tastet er nach der Gestalt der Welt, nach den Zügen des Menschen in dieser Zeit. Wie wird gefühlt und was gedacht und wie gehandelt? Welche sind die Leidenschaften, die Verkümmerungen, die Hoffnungen …?

Wenn in meinem Hörspiel *›Der gute Gott von Manhattan‹* alle Fragen auf die nach der Liebe zwischen Mann und Frau und was sie ist, wie sie verläuft und wie wenig oder wieviel sie sein kann, hinauslaufen, so könnte man sagen: Aber das ist ein Grenzfall. Aber das geht zu weit …

Nun steckt aber in jedem Fall, auch im alltäglichsten von Liebe, der Grenzfall, den wir, bei näherem Zusehen, erblicken können und vielleicht uns bemühen sollten, zu erblicken. Denn bei allem, was wir tun, denken und fühlen, möchten wir manchmal bis zum Äußersten gehen. Der Wunsch wird in uns wach, die Grenzen zu überschreiten, die uns gesetzt sind. Nicht um mich zu widerrufen, sondern um es deutlicher zu ergänzen, möchte ich sagen: Es ist auch mir gewiß, daß wir in der Ordnung bleiben müssen, daß es den Austritt aus der Gesellschaft nicht gibt und wir uns aneinander prüfen müssen. Innerhalb der Grenzen aber haben wir den Blick gerichtet auf das Vollkommene, das Unmögliche, Unerreichbare, sei es der Liebe, der Freiheit oder jeder reinen Größe. Im Widerspiel des Unmöglichen mit dem Möglichen erweitern wir unsere Möglichkeiten. Daß wir es erzeugen, dieses Spannungsverhältnis, an dem wir wachsen, darauf, meine ich, kommt es an; daß wir uns orientieren an einem Ziel, das freilich, wenn wir uns nähern, sich noch einmal entfernt.

Wie der Schriftsteller die anderen zur Wahrheit zu ermutigen versucht durch Darstellung, so ermutigen ihn die anderen, wenn sie ihm, durch Lob und Tadel, zu verstehen geben, daß sie die Wahrheit von ihm fordern und in den Stand kommen wollen, wo ihnen die Augen aufgehen. Die Wahrheit nämlich ist dem Menschen zumutbar.

Wer, wenn nicht diejenigen unter Ihnen, die ein schweres Los getroffen hat, könnte besser bezeugen, daß unsere Kraft weiter reicht als unser Unglück, daß man, um vieles beraubt, sich zu erheben weiß, daß man enttäuscht, und das heißt, ohne Täuschung, zu leben vermag. Ich glaube, daß dem Menschen eine Art des Stolzes erlaubt ist – der Stolz dessen, der in der Dunkelhaft der Welt nicht aufgibt und nicht aufhört, nach dem Rechten zu sehen.

Eine festliche Pause zwischen zwei Arbeiten, wie die heutige, ist zugleich eine Bedenkzeit; sofern sie meine Bedenkzeit ist, erbitte ich sie für die vielen Fragen, die Sie zu Recht noch stellen könnten und auf die erst immer neue Arbeiten und Bemühungen versuchen können, Antworten zu sein. So komme ich zum Dank für die Ehrung, die Sie mir heute widerfahren lassen. Weil man, wenn man seinen Dank sagt, es nicht nur im allgemeinen tun mag, will ich ihn richten an jene, die oft meine Arbeit und die so vieler Autoren erst ermöglicht oder erleichtert haben durch ihre Großzügigkeit, an die deutschen Rundfunkanstalten; darüber hinaus an die Hörer, die ich gefunden habe, die unbekannten, deren Namen ich nicht kenne; vor allem aber an die Kriegsblinden, die mehr noch als alle anderen Gehör schenken dem Wort und die, als eine würdige Instanz, diesen Preis vergeben.

Ich danke Ihnen.

2005 (Rede, gehalten 1959)

Fjodor M. Dostojewski

Lüge sucht sich durch Lüge zu erhalten

Als Don Quichotte, der allbekannte Ritter von der traurigen Gestalt, der hochherzigste aller Edlen, die je in der Welt gelebt, der Mann mit der schlichtesten Seele und dem größten Menschenherzen einst mit seinem treuen Waffenträger Sancho auf der Suche nach Anlässen zu Heldentaten umherzog, ward er auf einmal von einem Zweifel angefochten, der ihn zwang, lange und tief nachzudenken. Die Sache war nämlich die, daß seit jeher, schon seit Amadis von Gallien, alle die großen Ritter, deren Lebensgeschichten in den wahrheitsgetreuesten Büchern bis auf den heutigen Tag erhalten sind, in den sogenannten Ritterromanen (zu deren Erwerb Don Quichotte nicht zögerte, einige der besten Parzellen seines ohnehin nicht großen Landgütchens zu verkaufen), – daß häufig diese Ritter während ihrer ruhmreichen und aller Welt Nutzen bringenden Streifzüge plötzlich und unerwartet auf ganze Heere von nicht weniger als hunderttausend Kriegern stießen! Diese furchtbaren Heere wurden ihnen stets von irgendeiner bösen Macht auf den Hals geschickt, oder auch von bösen, neidischen Zauberern, die alles mögliche ersannen, um sie zu hindern, ihr großes Ziel zu erreichen und sich dann endlich mit ihren wunderschönen Damen zu vermählen. Gewöhnlich geschah es dann, daß der Ritter, wenn er so einem ungeheuerlichen feindlichen Heer begegnete, sein Schwert zog, zu seinem geistigen Schutz noch schnell den Namen seiner Dame anrief, sich darauf allein, wie er war, auf die hunderttausend Feinde stürzte und sie natürlich alle bis auf den letzten niederhieb. Man sollte meinen, daß diese Tatsache keinem Zweifel unterliegt. Doch Don Quichotte verfiel darob plötzlich in tiefes Nachdenken. Und worüber denn eigentlich? Ja, es schien ihm mit einem Mal unmöglich, daß nur ein einzelner Ritter, wie stark er auch sei, und selbst wenn er mit einem siegbringenden Schwerte vierundzwanzig Stunden lang ohne jegliche Ermüdung um sich schlüge, hunderttausend Feinde töten könnte, und zwar – in einer einzigen Schlacht! Um *einen* Menschen zu töten, braucht man immerhin etwas Zeit; um *hunderttausend* Menschen zu töten, braucht man ungeheuer viel Zeit, und wie man da auch mit dem Schwerte fuchteln wollte, – in irgendwelchen paar Stunden und ohne jede Ruhepause könnte das ein einzelner denn doch nicht fertigbringen, meinte Don Quichotte. Nun aber steht es in diesen wahrheitsgetreuen Büchern ausdrücklich, daß die Sache gerade in einer *einzigen* Schlacht geschah. Wie war das möglich?

»Ich habe dieses Rätsel gelöst, mein Freund Sancho«, sagte endlich Don Quichotte. »Da alle diese Riesen und bösen Zauberer nichts anderes als unsaubere Mächte waren, so waren ihre Heere gewiß gleichfalls von dieser unsauberen Beschaffenheit. Ich nehme an, daß sie nicht aus solchen Menschen, wie wir zum Beispiel, bestanden. Sie wurden durch Zauberei hervorgerufen, waren also nur ein Blendwerk und glichen daher aller Wahrscheinlichkeit nach auch leiblich nicht unseren Leibern, sondern eher denen der Mollusken, der Weichtiere, Würmer, Spinnen. Auf diese Weise konnte ein festes scharfes Schwert, von mächtiger Ritterhand geführt, alle diese Leiber in einem Augenblick durchschlagen, fast ohne Widerstand zu finden; es ging wie durch die Luft. So konnte es denn tatsächlich mit einem Hieb durch drei oder vier Leiber gehen, ja, sogar durch zehn, wenn sie eng beieinander standen. Jetzt erst wird es einem klar, wie sich die Sache für den Ritter so ungemein vereinfachte, daß er wirklich in wenigen Stunden ganze Heere von bösen Mohren und anderen Ungeheuern vernichten konnte …«

Hiermit hat der große Dichter und Herzenskenner eine der tiefsten und geheimnisvollsten Seiten des Menschengeistes aufgedeckt. Oh, dieses Buch ist erhaben, ist nicht so eines, wie man sie jetzt schreibt; von solchen Büchern wird der Menschheit in mehreren Jahrhunderten nur eines geschenkt. Und solche Beobachtungen der tiefsten Seiten der menschlichen Natur findet man in diesem Buch auf jeder Seite. Schon der eine Umstand, daß dieser Sancho, diese Verkörperung der gesunden Vernunft, der Schlauheit und der goldenen Mittelmäßigkeit, zum Freund und Reisegefährten des überspanntesten Menschen in der Welt wurde, gerade er und kein anderer! Die ganze Zeit betrügt und beschummelt er ihn wie ein kleines Kind, und doch glaubt er gleichzeitig felsenfest an seines Herrn großen Verstand, ist bis zur Rührung von dessen Herzensgröße bezaubert, glaubt er widerspruchslos an alle phantastischen Illusionen des großen Ritters und bezweifelt während der ganzen Zeit kein einziges Mal, daß dieser ihm zu guter Letzt doch noch eine Insel erobern werde! Wie wünschenswert wäre es, daß unsere Jugend diese großen Werke der Weltliteratur gründlich kennenlernte. Ich weiß zwar nicht, was man jetzt in den Schulen von der Literatur durchnimmt, aber die Bekanntschaft mit diesem größten und traurigsten aller Bücher, die vom Genius des Menschen geschaffen worden sind, würde zweifellos die Seele des Jünglings durch den großen Gedanken erhöhen, würde in sein Herz große Fragen fallen lassen und seinen Geist von der Anbetung des ewigen dummen Idols der Mittelmäßigkeit, von dem selbstzufriedenen Eigendünkel und der faden Vernunft ablenken, Dieses *traurigste* der Bücher wird der Mensch nicht vergessen, zum Jüngsten Gericht Gottes mitzunehmen. Er wird auf das in diesem Buch enthaltene tiefste und schicksalsträchtige Geheimnis des Menschen und der Menschheit hinweisen: daß selbst die größte Schönheit des Menschen, seine größte Reinheit, Keuschheit, Treuherzigkeit, Gutmütigkeit, sein ganzer Mut und schließlich selbst sein größter Verstand – daß all das nicht selten (leider sogar so oft) zu gar nichts dient, ohne jeden Nutzen für die Menschheit vergeht und sich gar in einen Gegenstand des Spottes verwandelt, nur weil dem Menschen, dem diese edelsten und reichsten Gaben sogar so häufig zuteil werden, bloß die eine letzte Gabe fehlt, und zwar: das *Genie,* den ganzen Reichtum und die ganze Macht dieser Gaben zu beherrschen, zu lenken und sie – das ist das Wichtigste – nicht auf einen phantastischen, wahnsinnigen, sondern auf den realen Weg zum Heil der Menschheit zu leiten! Doch leider wird den Rassen und Völkern so wenig, so selten Genie zugeteilt, daß wir häufig das Schauspiel dieser bösen Schicksalsironie zu sehen bekommen: wie die Tätigkeit mancher edelsten Menschen und glühendsten Menschheitsfreunde dem Hohngelächter und der Steinigung preisgegeben wird, einzig deshalb, weil sie es im entscheidenden Augenblick nicht verstanden haben, den eigentlichen Sinn der Dinge zu erkennen und ihr *neues Wort* zu finden. Dieses Schauspiel aber des zwecklosen Untergangs so großer und edelster Kräfte kann in der Tat gar manchen Menschenfreund zur Verzweiflung bringen, in ihm nicht mehr Gelächter, wohl aber bittere Tränen hervorrufen und sein bis dahin reines und gläubiges Herz für immer durch Zweifel erbittern …

Übrigens habe ich ja nur auf diesen einen interessanten Charakterzug hinweisen wollen, den Cervantes neben hundert anderen ebenso tiefen Beobachtungen im Menschenherzen entdeckt und aufgezeigt hat.

Der phantastischste Mensch, der bis zum Wahnsinn an die phantastischste Illusion glaubt, wird plötzlich von Zweifeln befallen, die seinen ganzen Glauben zu erschüttern drohen. Und bemerkenswert ist, was diese Zweifel wachrufen konnte: nicht die Ungereimtheit seines anfänglichen Wahns, nicht die Sinnlosigkeit der zum Heile der Menschheit abenteuernden Ritter, noch der Unsinn von den hervorgezauberten Heeren, von denen die »wahrheitsgetreuesten« Bücher berichten; nein, es ist ein gänzlich nebensächlicher Umstand. Der phantastische Mensch wird plötzlich *vom Verlangen nach Realismus erfaßt!* Nicht das Wunder der hervorgezauberten Heere verwirrt ihn, oh, nein, das ist nicht dem geringsten Zweifel unterworfen! Und wie hätten denn sonst diese großen und herrlichen Ritter ihren ganzen Heldenmut beweisen können, wenn ihnen nicht solche Prüfungen geschickt worden wären, wenn es nicht neidische Riesen und böse Zauberer gegeben hätte? Das Ideal des fahrenden Ritters steht so hoch, ist so schön und nützlich und hat das Herz des edlen Don Quichotte so verzaubert, daß der Verzicht auf den bedingungslosen Glauben an dasselbe für ihn bereits ganz unmöglich geworden ist, ja, dem Verrat an dem Ideal, an der Pflicht, an der Liebe zu Dulcinea und zur Menschheit gleichgekommen wäre. (Als er aber auf alles verzichtet hatte, als er von seinem Wahn geheilt und *klüger* geworden war, – nach der Rückkehr von seiner zweiten Ausfahrt, auf der er von dem Barbier Carasco, dem Verneiner und Satiriker mit der gesunden Vernunft, geschlagen worden war – da starb er alsbald, still und mit einem traurigen Lächeln auf den Lippen, indem er noch den weinenden Sancho tröstete, die ganze Welt liebte mit der großen Kraft jener Liebe, die in seinem heiligen Herzen eingeschlossen war, und doch noch einsah, daß er auf dieser Welt nichts mehr zu tun hatte.) Nein, es verwirrte ihn nur – eine durchaus richtige, vollkommen mathematische Erwägung: daß es, wie sehr der mächtige Ritter auch mit dem Schwert um sich schlagen und wie stark er auch sein mag, immerhin unmöglich ist, ein Heer von hunderttausend Mann in wenigen Stunden, oder sagen wir, selbst in einem Tag zu besiegen, und zwar: bis auf den letzten Mann! So aber steht es in den wahrheitsgetreuesten Büchern. Folglich steht dort eine Lüge? Ist aber schon eines Lüge, dann ist auch alles andere Lüge. Wie nun die *Wahrheit* retten? Und siehe, da denkt er sich denn zur Rettung der Wahrheit eine andere Illusion aus, eine, die zweimal, dreimal phantastischer, einfältiger und unsinniger ist als die erste, denkt sich hunderttausend hervorgezauberte Menschen mit Molluskenleibern aus, durch die aber dafür das scharfe Schwert des Ritters zehnmal leichter und schneller hindurchgehen kann als durch die gewöhnlichen Menschenleiber! Der *Realismus* ist also befriedigt, die *Wahrheit* gerettet, und an die erste Hauptillusion kann er nun ruhig weiterglauben; das wiederum einzig dank der zweiten, viel unsinnigeren Illusion, die er sich bloß zur Rettung des *Realismus* der ersten ausgedacht hat.

Man frage doch sich selbst: Ist nicht mit jedem von uns ganz dasselbe schon hundertmal im Leben geschehen? Nehmen wir an, ihr habt einen eurer Träume liebgewonnen, eine Illusion, eine Idee, eine Überzeugung oder irgendeine äußere Tatsache, die euch erschüttert, oder schließlich ein Weib, das euch bezaubert hat. Mit eurer ganzen Seele gebt ihr euch dem Gegenstand eurer Liebe hin. Doch – seid ihr auch noch so verblendet, noch so von eurem Herzen bestochen: ist in diesem Gegenstand eurer Liebe eine Lüge, ein *Blendwerk,* irgend etwas, das ihr selbst durch eure Leidenschaft entstellt habt, was ihr im ersten Drang und Aufschwung eurer Seele nicht sehen wolltet – nur um aus diesem Gegenstand euer Idol machen und es dann anbeten zu können –, so wird doch schon der Zweifel an euch herankriechen. Nur im geheimen natürlich, nur im tiefsten Innersten werdet ihr es fühlen, werdet ihr es bangend spüren, wie der Zweifel an euch herankriecht, euch benagt, euren Verstand zerrt, sich durch eure Seele windet und euch ewig hindert, mit eurem liebgewordenen Traum in Frieden zu leben. Nun, erinnert ihr euch vielleicht, womit ihr euch dann beruhigt habt? Habt ihr euch dann nicht einen neuen Traum ausgedacht, eine neue Lüge, vielleicht sogar eine furchtbar unvollkommene, grobe Lüge, an die aber zu glauben ihr euch in Liebe beeiltet, nur weil sie euch von eurem ersten Zweifel erlöste?

1963

Karl Jaspers
Was ist Schuld?

Die Erörterungen der Schuldfrage leiden an der Vermischung von Begriffen und Gesichtspunkten. Um wahr zu werden, bedarf es den Unterscheidungen, als da wären:

1. *Kriminelle Schuld:* Verbrechen bestehen in objektiv nachweisbaren Handlungen, die gegen eindeutige Gesetze verstoßen. *Instanz* ist das *Gericht,* das in formellem Verfahren die Tatbestände zuverlässig festlegt und auf diese die Gesetze anwendet.

2. *Politische Schuld:* Sie besteht in den Handlungen der Staatsmänner und in der Staatsbürgerschaft eines Staates, infolge derer ich die Folgen der Handlungen dieses Staates tragen muß, dessen Gewalt ich unterstellt bin und durch dessen Ordnung ich mein Dasein habe (politische Haftung). Es ist jedes Menschen Mitverantwortung, wie er regiert wird. *Instanz* ist die Gewalt und der *Wille des Siegers,* in der inneren wie in der äußeren Politik. Der Erfolg entscheidet. Eine Ermäßigung von Willkür und Gewalt geschieht durch politische Klugheit, die an weitere Folgen denkt, und durch Anerkennung von Normen, die unter dem Namen von Naturrecht und Völkerrecht gelten.

3. *Moralische Schuld:* Für Handlungen, die ich doch immer als dieser einzelne begehe, habe ich die moralische Verantwortung, und zwar für alle meine Handlungen, auch für politische und militärische Handlungen, die ich vollziehe. Niemals gilt schlechthin »Befehl ist Befehl«. Wie vielmehr Verbrechen Verbrechen bleiben, auch wenn sie befohlen sind (obgleich je nach dem Maße von Gefahr, Erpressung und Terror mildernde Umstände gelten), so bleibt jede Handlung auch der moralischen Beurteilung unterstellt. Die *Instanz* ist das *eigene Gewissen* und die Kommunikation mit dem

Freunde und dem Nächsten, dem liebenden, an meiner Seele interessierten Mitmenschen.

4. *Metaphysische Schuld:* Es gibt eine *Solidarität* zwischen Menschen als Menschen, welche einen jeden mitverantwortlich macht für alles Unrecht und alle Ungerechtigkeit in der Welt, insbesondere für Verbrechen, die in seiner Gegenwart oder mit seinem Wissen geschehen. Wenn ich nicht tue, was ich kann, um sie zu verhindern, so bin ich mitschuldig. Wenn ich mein Leben nicht eingesetzt habe zur Verhinderung der Ermordung anderer, sondern dabeigestanden bin, fühle ich mich auf eine Weise schuldig, die juristisch, politisch und moralisch nicht angemessen begreiflich ist. Daß ich noch lebe, wenn solches geschehen ist, legt sich als untilgbare Schuld auf mich. Wir kommen als Menschen, wenn nicht ein Glück uns diese Situation erspart, an die Grenze, wo wir wählen müssen: entweder ohne Zweck, weil ohne Erfolgsaussicht, bedingungslos das Leben einzusetzen, oder wegen Erfolgsunmöglichkeit vorzuziehen, am Leben zu bleiben. Daß irgendwo zwischen Menschen das Unbedingte gilt, nur gemeinsam oder gar nicht leben zu können, falls dem einen oder anderen Verbrechen angetan werden oder falls es sich um die Teilung physischer Lebensbedingungen handelt, das macht die Substanz ihres Wesens aus. Aber daß dies nicht in der Solidarität aller Menschen, nicht der Staatsbürger, nicht einmal kleinerer Gruppen liegt, sondern auf engste menschliche Verbindung beschränkt bleibt, das macht diese Schuld von uns allen. *Instanz* ist Gott allein. –

Diese Unterscheidung von vier Schuldbegriffen klärt den Sinn von Vorwürfen. So bedeutet z. B. politische Schuld zwar Haftung aller Staatsbürger für die Folgen staatlicher Handlungen, nicht aber kriminelle und moralische Schuld jedes einzelnen Staatsbürgers in bezug auf Verbrechen, die im Namen des Staates begangen wurden. Über Verbrechen kann der Richter, über politische Haftung der Sieger entscheiden; über moralische Schuld kann wahrhaft nur in liebendem

Kampfe unter sich solidarischer Menschen gesprochen werden. Über metaphysische Schuld ist vielleicht Offenbarung in konkreter Situation, im Werk der Dichtung und der Philosophie möglich, aber kaum persönliche Mitteilung. Sie ist am tiefsten den Menschen bewußt, die einmal zu der Unbedingtheit kamen, aber gerade dadurch das Versagen erfuhren, daß sie diese Unbedingtheit nicht allen Menschen gegenüber aufbringen. Es bleibt die Scham eines ständig Gegenwärtigen, konkret nicht Aufzudeckenden, allenfalls nur allgemein zu Erörternden.

Die Unterscheidungen zwischen den Schuldbegriffen sollen uns bewahren vor der Flachheit des Schuldgeredes, in dem alles stufenlos auf eine einzige Ebene gezogen wird, um es im groben Zufassen in der Weise eines schlechten Richters zu beurteilen. Aber die Unterscheidungen sollen am Ende uns zurückführen zu dem einen Ursprung, von dem als unserer Schuld geradezu zu sprechen unmöglich ist.

Alle solche Unterscheidungen werden daher zum Irrtum, wenn nicht bewußt bleibt, wie sehr das Unterschiedene auch zusammenhängt. Jeder Schuldbegriff zeigt Wirklichkeiten, welche Folgen für die Sphären der anderen Schuldbegriffe haben.

Würden wir Menschen von jener metaphysischen Schuld uns befreien können, wir wären Engel, und alle drei anderen Schuldbegriffe würden gegenstandslos.

Moralische Verfehlungen sind Grund der Zustände, in denen die politische Schuld und das Verbrechen erst erwachsen. Das Begehen der zahllosen kleinen Handlungen der Lässigkeit, der bequemen Anpassung, des billigen Rechtfertigens des Unrechten, der unmerklichen Förderung des Unrechten, die Beteiligung an der Entstehung der öffentlichen Atmosphäre, welche Unklarheit verbreitet und die als solche das Böse erst möglich macht, alles das hat Folgen, die die politische Schuld für die Zustände und das Geschehen mit bedingen.

Zum Moralischen gehört auch die Unklarheit über die Bedeutung der Macht im menschlichen Zusammenleben. Die Verschleierung dieses Grundtatbestandes ist ebenso sehr eine Schuld wie die falsche Verabsolutierung der Macht zum allein bestimmenden Faktor der Ereignisse. Es ist das Verhängnis jedes Menschen, verstrickt zu sein in Machtverhältnisse, durch die er lebt. Dieses ist die unausweichliche Schuld aller, die Schuld des Menschseins. Ihr wird entgegengewirkt durch Einsatz für die Macht, welche das Recht, die Menschenrechte, verwirklicht. Das Unterlassen der Mitarbeit an der Strukturierung der Machtverhältnisse, am Kampfe um die Macht im Sinne des Dienstes für das Recht, ist eine politische Grundschuld, die zugleich eine moralische Schuld ist. Politische Schuld wird zur moralischen Schuld, wo durch die Macht der Sinn der Macht – die Verwirklichung des Rechtes, das Ethos und die Reinheit des eigenen Volkes – zerstört wird. Denn wo die Macht sich nicht selbst begrenzt, ist Gewalt und Terror und das Ende die Vernichtung von Dasein und Seele.

Aus der moralischen Lebensart der meisten Einzelnen, breiter Volkskreise, im Alltagsverhalten erwächst das jeweils bestimmte politische Verhalten und damit der politische Zustand. Aber der Einzelne lebt wiederum unter der Voraussetzung des geschichtlich schon erwachsenen politischen Zustandes, der durch Ethos und Politik der Vorfahren wirklich und durch die Weltlage möglich wurde. Hier gibt es die beiden im Schema entgegengesetzten Möglichkeiten:

Das Ethos des Politischen ist Prinzip eines staatlichen Daseins, an dem alle beteiligt sind durch ihr Bewußtsein, ihr Wissen, ihr Meinen und Wollen. Es ist das Leben politischer Freiheit als ständige Bewegung des Verfalls und des Bessermachens. Dies Leben ist ermöglicht durch die Aufgabe und Chance der Mitverantwortung aller.

Oder es herrscht ein Zustand der Fremdheit der meisten zum Politischen. Die Staatsmacht wird nicht als die eigene Sache gefühlt. Man weiß sich nicht mitverantwortlich, sondern sieht politisch untätig zu, arbeitet und handelt in blindem Gehorsam. Man hat ein gutes Gewissen sowohl im Gehorsam wie in der Unbeteiligung an dem, was die Gewalthaber entscheiden und tun. Man duldet die politische Realität als etwas Fremdes, man sucht durch List mit ihr fertig zu werden zugunsten seiner persönlichen Vorteile oder lebt mit in blinder Begeisterung des Sichopferns.

Es ist der Unterschied der politischen Freiheit und der politischen Diktatur. Aber es ist zumeist nicht mehr Sache der einzelnen zu entscheiden, welcher Zustand herrschen soll. Der einzelne wird hineingeboren, durch Glück oder Verhängnis; er muß übernehmen, was überkommen und wirklich ist. Kein einzelner und keine Gruppe kann mit einem Schlage diese Voraussetzung ändern, durch die wir in der Tat alle leben.

1965

Hannah Arendt

Die Weltlosigkeit der Liebe

… für die Meinung, daß nur die Liebe die Macht hat zu vergeben, spricht immerhin, daß die Liebe so ausschließlich auf das Wer-jemand-ist sich richtet, daß sie geneigt sein wird, Vieles und vielleicht Alles zu verzeihen. Der Grund für diese Vergehensbereitschaft ist nicht, daß die Liebe alles versteht und daß sich für sie der Unterschied zwischen Recht und Unrecht verwischt, sondern daß ihr – in den äußerst seltenen Fällen, wo sie sich wirklich ereignet – eine in der Tat so unvergleichliche Macht der Selbstenthüllung und ein so unvergleichlicher Blick für das Wer der Person in dieser Enthüllung eignet, daß sie mit Blindheit geschlagen ist in bezug auf alles, was die geliebte Person an Vorzügen, Talenten und Mängeln besitzen oder an Leistungen und Versagen aufzuweisen haben mag. Das heißt aber, daß der Scharfblick der Liebe gegen all die Aspekte und Qualitäten abblendet, denen wir unsere Stellung und unseren Stand in der Welt verdanken, daß sie das, was sonst nur mitgesehen wird, in einer aus allen weltlichen Bezügen herausgelösten Reinheit erblickt. In der Leidenschaft, mit der die Liebe nur das Wer des Anderen ergreift, geht der weltliche Zwischenraum, durch den wir mit anderen verbunden und zugleich von ihnen getrennt sind, gleichsam in Flammen auf. Was die Liebenden von der Mitwelt trennt, ist, daß sie weltlos sind, daß die Welt zwischen den Liebenden verbrannt ist. Solange die Liebe währt, ist das einzige Zwischen, durch das die Liebenden, wie die Anderen durch den Zwischenraum der Welt, miteinander verbunden und zugleich voneinander getrennt werden können, das Kind, der Liebe ureigenstes Erzeugnis. In dem Kind, das zwischen ihnen entstand und ihnen nun gemeinsam ist, meldet sich bereits wieder die Welt; es zeigt an, daß sie in die bestehende Welt ein neues Weltliches einzuschalten im Begriff stehen. Es ist, als kehrten die Liebenden durch das Kind wieder in die Welt zurück, aus der ihre Liebe sie gleichsam vertrieben hatte. Aber diese Rückkehr in die Welt, obzwar sie das einzig mögliche Ende, jedenfalls das einzig mögliche Happy-End einer Liebesgeschichte bildet, ist in gewissem Sinne auch das Ende der Liebe, die entweder die Betroffenen aufs neue ergreifen oder sich in eine der vielen möglichen Formen der Zusammengehörigkeit umwandeln muß. Die Liebe ist ihrem Wesen nach nicht nur weltlos, sondern sogar weltzerstörend, und daher nicht nur apolitisch, sondern sogar antipolitisch – vermutlich die mächtigste aller antipolitischen Kräfte.

1967

Nelson Mandela

Was mich die Gefangenschaft lehrte

Aus einem Brief an Winnie Mandela im Gefängnis von Kroonstad vom 1. Februar 1975

Zunächst mag man den Eindruck gewinnen, dass die Zelle der ideale Ort ist, um sich selbst kennenzulernen und realistisch und regelmäßig die Entwicklung der eigenen Gedanken und Gefühle zu erforschen. Wenn wir unser Fortkommen als Individuen beurteilen, konzentrieren wir uns gern auf äußere Faktoren wie gesellschaftliche Stellung, Einfluss und Beliebtheit, Reichtum und Bildungsstand. Sie sind selbstverständlich wichtig, um den materiellen Erfolg zu messen, und es ist völlig verständlich, wenn viele Menschen sich anstrengen, um all das zu erreichen. Aber innere Faktoren sind für die Beurteilung unserer Entwicklung als Menschen wohl noch entscheidender. Ehrlichkeit, Aufrichtigkeit, Einfachheit, Bescheidenheit, echte Großzügigkeit, das Fehlen von Eitelkeit, die Bereitschaft, anderen zu dienen – Eigenschaften, die für jede Seele leicht zu erreichen sind –, bilden die Grundlage unseres geistigen Lebens. Eine Fortentwicklung in diesen Bereichen ist nur zu bewerkstelligen, wenn man ernsthafte Introspektion betreibt, sich selbst kennenlernt, seine Schwächen und Fehler. Zumindest gibt einem die Gefängniszelle die Gelegenheit, täglich sein gesamtes Verhalten zu prüfen, Schlechtes in einem zu überwinden und zu entwickeln, was gut ist. Regelmäßige Meditation, sagen wir, 15 Minuten am Tag vor dem Zubettgehen, kann in dieser Hinsicht sehr fruchtbar sein. Am Anfang fällt es vielleicht schwer, die negativen Bestandteile seines Lebens zu erkennen, doch der zehnte Versuch bringt womöglich reichen Lohn. Vergessen wir nie, dass ein Heiliger ein Sünder ist, der am Ball bleibt.

2010

Christoph Süß
Interview mit Sokrates

Süß: *Herr Sokrates, wie fühlt man sich als ehemals lebendiger Mann, der jetzt nur noch als literarische Figur bekannt ist?*

Sokrates: (*lacht*) Ach, eigentlich ganz gut. Sicher bin ich stark verfälscht worden. Aber das ist das Schicksal von Figuren der Literatur. Mit denen kann jeder machen, was er will.

Verfälscht? Werden Sie jetzt gerade verfälscht?

Sicher. Ich existiere ja nicht wirklich. Also schon wirklich, *meiner* Ansicht nach. Aber nicht so, wie Sie existieren. Ich bin jetzt von Ihnen ausgedacht. Ich bin ein Begriff geworden. Und als Begriff existiere ich schon. Jetzt halt als Begriff in Ihrem Kopf.

Und dem der Leser.

Und dem der Leser. Hallo Leser. (*winkt*)

Ist das eine schöne Art zu existieren?

Schon. Man hat zum Beispiel keinen Mundgeruch mehr. Oder Rückenschmerzen. Oder Beschwerden mit der Prostata. Das sind echte Vorteile. (*lacht*)

Aber das sind doch auch Begriffe?

Freilich. Aber Begriffe, die nur etwas mit dem lebenden Sokrates zu tun hatten. Jetzt als reiner Begriff berührt mich das alles nicht mehr.

Sie sind jetzt, so wie Sie da vor meinem geistigen Auge sitzen, ein reiner Begriff?

So ist es. Aber den sehen Sie ja nicht. Sie sehen nur Ihre

Vorstellung von mir. Nicht die Wahrheit, sondern nur das, was wir zu meiner Zeit »doxa« nannten. Meinung. Und da Sie mich jetzt gerade schreiben, antworte ich so, wie Sie das wollen.

Also das, was ich von Ihnen im Kopf habe und auch das, was sich die Leser jetzt vorstellen, das ist nur Projektion? Seiendes, aber kein Sein?

Genau. Das Sein können Sie nicht sehen. Denn das Sein ist die Wahrheit eines jeden Dinges. Und die Wahrheit kann man nie sehen. Zumindest nicht vollständig. Das war immer mein Leitsatz. Und ich bin doch recht zufrieden, dass das auch inzwischen der Grundsatz aller modernen Wissenschaft geworden ist.

Inwiefern?

Nun, das moderne wissenschaftliche Denken ist, so wie ich das im Jenseits mitverfolgt habe, ja immer kritisches Denken; es muss kritisches Denken sein. Man stellt Theorien über die Welt auf und dann schaut man in Experimenten, wie sie sich zur Wirklichkeit verhalten. Aber sogar wenn sie perfekt passen, wie die berühmte Relativitätstheorie, die Deutung der Quantentheorie von Bohr und Heisenberg oder auch Darwins Evolutionstheorie, sogar dann sind sich die Wissenschaftler immer im Klaren, dass diese Theorien eben doch nur, wenn auch wohlbegründete Meinungen über die Welt sind. Und dass man diese, wenn sie nicht mehr zu den Beobachtungen passen, anpassen oder sogar verwerfen muss.

Also diese Theorien, das sind Begriffe wie Sie. Und die lassen die Welt erscheinen?

Teile der Welt. Aber nie die ganze. Da war man zu meiner Zeit deutlich zu optimistisch. Da meinte man noch, es gebe tatsächlich ganz und gar wahre Begriffe. Die es in der Mathematik ja auch wirklich gibt. Aber diese Begriffe, diese Abstraktionen, lassen immer nur Teile der Welt erscheinen. Das Ganze bleibt verborgen.

Obwohl es das Ganze als Begriff gibt?

Schon. Aber das ist ja ein so allgemeiner Begriff, dass er recht nichtssagend ist.

Es stimmt also immer noch Ihr Satz: Ich weiß, dass ich nichts weiß.

Ich weiß. (*lacht*) Da fällt mir immer dieser schöne Bilderwitz ein, wo der weiße Mann zu einem Neger sagt: Du schwarz. Und der entgegnet: Ich weiß.

Um genau zu sein, fällt mir der Witz ein. Und weil ich Sie ja gerade schreibe ...

Sie sehen, Sie bekommen so wieder einmal nichts über mich oder gar über die Welt heraus, sondern nur etwas über sich selbst.

Warum, wenn Sie dem eigentlich so kritisch gegenüberstehen, kommen Sie denn dann nur in Dialogen vor?

Erstens habe ich nicht darum gebeten. Das wird seit Platon, der mich als Erster geschrieben hat, halt immer wieder gemacht. Ich kann mich ja nicht wehren. Und zweitens war diese Form des philosophischen Textes damals einfach in Mode.

Aber ist das denn redlich? Immerhin kann man in einem fiktiven Dialog doch jeden Teilnehmer der Debatte so dumm oder gescheit schreiben, wie man will.

Nein, so dumm und vor allem so gescheit, wie man kann. Sie können mich beim besten Willen nichts Gescheiteres sagen lassen, als Ihnen so einfällt. Und nehmen Sie es mir nicht übel, Platon war deutlich schlauer als Sie. Aber Sie haben im Grunde sicher recht, ein Dialog hat immer etwas hochgradig Manipulatives.

Von Ihnen sagt man, Sie hätten, als Sie noch wirklich am Leben waren, ja echte Gespräche mit Menschen geführt. Ist das dann deutlich weniger manipulativ?

(*lacht*) Na ja, wenn man es richtig macht … Aber es stimmt schon. Die Dialoge von Platon sind Manipulationen, so wie jeder Dialog von dem, der ihn schreibt, in die Richtung gelenkt werden kann, die er will. Aber zur Ehrenrettung meines Schülers Platon sei gesagt – es sind eben bis in Ihre Zeit nur die Texte erhalten geblieben, die er damals veröffentlicht hat. Die andern Texte – die sogenannten esoterischen Texte, die für die reine Wissenschaft geschrieben wurden und nicht für den populärwissenschaftlichen Diskurs, sind verschollen. Bei Aristoteles, dem Schüler Platons, ist es umgekehrt.

Aha. Dann vielen Dank. Ich werde Sie jetzt als Vorstellung wieder loslassen, wenn's recht ist.

Ist mir sehr recht. Sobald ich aus Ihrer Vorstellungswelt verschwunden bin, werde ich sofort wieder weiser, tiefer und schlauer.

Weil meine Idee von Ihnen nur eine begrenzte ist?

Sehr begrenzt. So, und nun entgrenzen Sie mich bitte. Wiedersehen.

2009

François Lelord

»Bist du eigentlich glücklich?«

Hector teilte seinen Patienten mit, daß er in Urlaub fahren wolle.

Als sie diese Nachricht vernahmen, sagten manche Patienten, vor allem die mit den schlimmsten Krankheiten: »Sie haben recht, Doktor, Sie müssen mal ausspannen. Mit einem Beruf, wie Sie ihn haben ...« Andere hingegen waren ein wenig verärgert, daß Hector in Urlaub fuhr. Sie sagten zu ihm: »Dann kann ich also mehrere Wochen lang nicht in Ihre Sprechstunde kommen, oder was?« Dies waren oftmals die unglücklichen Leute, die Hector nicht glücklich zu machen verstand und die ihn so sehr ermüdeten.

Hector hatte eine gute Freundin namens Clara, und auch ihr mußte er verkünden, daß er in Urlaub fahren wollte. Er fragte sie, ob sie nicht Lust hätte mitzukommen, und er fragte das nicht bloß aus Höflichkeit, sondern weil er Clara sehr mochte und weil sie beide fanden, daß sie sich zu selten sahen.

Hector und Clara liebten sich, aber sie hatten Mühe, sich gemeinsam etwas vorzunehmen. Sie hätten beispielsweise heiraten oder ein Baby bekommen können, aber mal war es Clara, die mehr Lust darauf hatte, mal war es Hector, und es kam praktisch nie vor, daß beide gleichzeitig große Lust hatten.

Clara arbeitete viel, und zwar in einer großen Firma – einem Pharmalabor, das genau die Pillen fabrizierte, welche die Psychiater verschrieben. So hatte sie eines Tages auch Hector kennengelernt, auf einem Kongreß, der den Psychiatern die neuesten Neuheiten vorstellen sollte, besonders aber die wunderbare neue Pille, die Claras Labor gerade erfunden hatte.

Clara wurde sehr, sehr gut dafür bezahlt, daß sie für die

Pillen Namen fand, die den Psychiatern und Patienten in allen Ländern der Erde gefielen. Und auch dafür, daß sie ihnen den Eindruck vermittelte, die Pillen aus ihrem Labor seien viel besser als die der anderen Firmen.

Sie war noch jung, hatte in ihrem Beruf aber schon viel erreicht: Wenn Hector sie in der Firma anrief, konnte er sie fast nie sprechen, weil sie ständig in irgendeiner Sitzung war. Und wenn sie übers Wochenende mit Hector wegfuhr, nahm sie immer Arbeit mit und tippte auf ihrem Laptop, während Hector spazierenging oder neben ihr auf dem Bett schlief.

Als Hector Clara vorschlug, mit ihm gemeinsam zu reisen, entgegnete sie ihm, sie könne doch nicht so mir nichts, dir nichts verschwinden, denn es müsse über den Namen der neuen Pille aus ihrem Labor entschieden werden (einer Pille, die besser sein sollte als alle Pillen, die seit Erschaffung der Welt fabriziert worden waren).

Hector sagte dazu nichts, er verstand es ja, aber trotzdem war er ein wenig verärgert. Er fragte sich, ob eine gemeinsame Reise im Grunde nicht wichtiger war als Sitzungen, auf denen es um den Namen für ein Medikament ging. Aber weil er es durch seinen Beruf gewohnt war, den Standpunkt der anderen zu verstehen, sagte er zu Clara einfach: »Okay, okay, ich sehe es ein.«

Später, als sie in einem Restaurant zu Abend aßen, erzählte Clara, wie kompliziert das Leben in ihrem Büro war. Sie hatte zwei Chefs, die sie beide gut leiden konnten, aber die sich gegenseitig nicht mochten. Das war nun sehr schwierig für Clara, denn arbeitete sie für den einen, riskierte sie immer, den anderen zu verstimmen, und wenn sie für den anderen arbeitete, war es genau umgekehrt, dann war nämlich der eine sauer – Sie wissen schon, was ich meine. Hector verstand nicht recht, weshalb sie zwei Chefs zur gleichen Zeit hatte, aber Clara erklärte ihm, daß dies an einer Sache lag, die »Matrixorganisation« hieß. Hector sagte sich, daß sich das anhörte wie ein Ausdruck, den Psychiater erfunden hatten, und daß man sich deshalb nicht zu wundern brauchte, wenn es die Lage verkomplizierte und die Leute ein bißchen verrückt machte.

Er hatte Clara noch nicht den wahren Grund für seine Reise verraten, denn zu Beginn des Abendessens hatte vor allem Clara geredet und von ihren Bürosorgen berichtet. Weil das Hector auf die Dauer aber ein wenig ermüdete, beschloß er, auf der Stelle mit seiner Umfrage über das, was die Leute glücklich oder unglücklich machte, zu beginnen. Als Clara gerade zu reden aufgehört hatte, um sich ihrem Teller zu widmen, schaute Hector sie an und fragte: »Bist du eigentlich glücklich?«

Clara legte ihre Gabel hin und blickte Hector an. Sie sah ganz betroffen aus und fragte ihn: »Willst du mich verlassen?«

Und Hector sah, daß sie feuchte Augen hatte wie jemand, der gleich zu weinen anfängt. Er legte seine Hand auf die von Clara und erklärte, er wolle sie nicht verlassen, nicht im geringsten (selbst wenn er in Wahrheit manchmal daran gedacht hatte), er habe sie das einfach nur gefragt, weil er seine Untersuchung beginnen wollte.

Clara wirkte jetzt ein bißchen beruhigter, wenn auch nicht sehr, und Hector erklärte ihr, weshalb er besser begreifen wollte, was die Leute eher glücklich oder eher unglücklich machte. Aber schon jetzt wollte er eins wissen: Warum hatte Clara gedacht, Hector möchte sie verlassen, als er sie bloß gefragt hatte, ob sie glücklich war?

Sie entgegnete ihm, daß sie die Frage als Kritik aufgefaßt hatte, so, als hätte Hector ihr gesagt »Du wirst es doch nie schaffen, glücklich zu sein«, und daß sie daraus geschlossen hatte, er wolle nicht mehr bei ihr bleiben, denn selbstverständlich hat kein Mensch Lust, mit jemandem zusammenzuleben, der niemals glücklich wird. Hector antwortete ihr, daß er so etwas überhaupt nicht hatte sagen wollen. Und um sie wieder ganz zu beruhigen, machte er kleine Scherze, die

Clara zum Lachen brachten, und diesmal fühlten sich beide gleichzeitig verliebt, bis der Abend vorüber war und sogar noch hinterher, als sie schlafen gingen.

Später, als Hector an Claras Seite einschlief, sagte er sich, daß seine Untersuchung gut begonnen hatte. Schon jetzt hatte er zwei Dinge gelernt.

Eins wußte er ja längst, aber es war gut, wenn er es sich einmal mehr klarmachte: Frauen sind ziemlich kompliziert, selbst für einen Psychiater.

Und die andere Erkenntnis sollte ihm in der Folge noch nützlich sein: Wenn man die Leute fragt, ob sie glücklich sind, muß man sehr aufpassen, weil man sie mit dieser Frage sehr durcheinanderbringen kann.

2004

Eugen Drewermann

Sei, was du bist

Scheinbar ist alles ganz einfach. Woran soll man sich halten inmitten einer Zeit des Werteverfalls, der wachsenden Unordnung, des drohenden Chaos? Die stete Antwort im Munde der Gesetzgeber und der Regierenden wird lauten: an die Zehn Gebote, an die mindestens, oder an die Verfassung. Wenn doch nur jeder so leben würde, wie es hier geschrieben steht, wäre die Welt in Ordnung. Wie naheliegend und tief verwurzelt diese Denkweise ist, werden Sie sehen können, wenn Sie sich bei einem Besuch in Paris einmal die Zeit nehmen, in den Louvre, dabei einmal in die altorientalische Abteilung zu gehen. Da finden Sie das Original einer großen, berühmten Stele um 1700 vor Christus aus Mesopotamien. Es ist das erste Mal, daß uns ein Gesetzeskodex aus der Alten Welt so gut wie vollkommen in schriftlicher Form überliefert vorliegt. Die Stele selbst hat die Form eines erhobenen Zeigefingers, und an der Stelle, wo der Fingernagel sich befinden müßte, ist eingraviert das Bild des Königs Hammurabi. Nachdenklich sitzt er, seine Hand um den Bart gelegt, aufmerksam zuhörend, was ihm der Gott der Sonne und des Himmels, der König aller Götter, Schamasch, zu sagen hat. Und was er ihm, dem König, sagt, damit er es weitersage dem ganzen Volk, ist dieser große, himmelweisende, malmend aufgerichtete Zeigefinger. Es ist historisch keine Frage, daß bis in die Form der Darstellung hinein die Gesetzesstele des Hammurabi die Szene am Sinai mitgeprägt hat. Fast drei viertel Jahrtausend danach weiß Israel nicht anders und nicht besser die zentrale Offenbarung seines Gottes Jahwe, der Gottheit gegen alle Götter, zu verkünden, als indem man im Grunde das uralte orientalische Denken Mesopotamiens kopiert, aktualisiert.

Hören wir diese Worte heute noch einmal im Abstand von

fast dreitausend Jahren, müssen wir eine Art optischen Trick verwenden, um richtig zu sehen. Man hat in der Fotografie gelernt, daß man dreidimensionale Bilder nur erzeugen kann, indem man die Optik des menschlichen Sehvermögens technisch nachbildet. Nur mit zwei Augen stellt sich stereoskopisches Sehen her. Zwei Kameras aus verschiedenen Winkeln mit einander überlagernden Bildausschnitten sind nötig, um in die Tiefe schauen zu können. Schließen Sie eins Ihrer beiden Augen, ist alles flächig, das Nahe und das Ferne wie auf einer einzigen Ebene versammelt. – Das eine Auge, das wir zum Lesen dieser Texte öffnen müssen, wird sich richten in die Tiefe der Vergangenheit selbst. Was war damals gemeint? Welche Berechtigung liegt in den Worten? Was für ein Problem wollten sie wirklich lösen? Das andere Auge muß sich richten in unsere Gegenwart oder besser in unsere Zukunft, in die Perspektive unserer Zielvorstellungen. Wir müssen uns fragen, was wir denn mit den Texten anfangen können, anfangen sollen, damit sie uns Führung werden auf dem Weg in unser Leben. Dabei liegt die große Schwierigkeit schon in den Worten »du sollst«, Noch im späten Alter konnte ein Mann wie Hermann Hesse sagen: Sobald ich derart angeredet werde mit »du sollst«, regt sich in mir der Widerspruch, und ich weiß, ich werde es *nicht* tun! – Es trennen uns nicht nur dreitausend Jahre, es trennt uns eine vollkommen andere Bewußtseinseinstellung von dieser Art des erhobenen Zeigefingers. Da steht ein König vor uns und gebietet, und wir gehorchen ihm, und dann entsteht die Sittlichkeit? So wäre die Reihenfolge? Dann hätte Sigmund Freud vollkommen recht: Die Moral der Massen ist identisch mit der verinnerlichten Gewalt. Sie bleiben ewige Sklaven, ewig botmäßige, verschüchterte Kinder, folgsam der Peitsche und der Angst vor Strafen. Was sie Sittlichkeit nennen, ist nichts weiter als die Durchsetzung derer, die das Sagen auf den Thronen haben; ihr Diktat entscheidet über Gut und Böse. – Es liefe auf einen schlimmen Zynismus in der Betrachtung der menschlichen

Geschichte hinaus, wollten wir diese im Grunde diktatorische und totalitäre Denkweise beibehalten. Recht ist, was die Macht befiehlt? So kann es nicht sein!

Immanuel Kant vor zweihundert Jahren nahm deshalb, als er die Zehn Gebote philosophisch zu interpretieren suchte, gleichermaßen das Äußere aus dem Gebietenden heraus. Man erklärt immer wieder, so betonte er, daß Gott allmächtig sei und daß seine Gebote in Gültigkeit stünden, weil sie in Offenbarung von außen den Menschen mitgeteilt worden seien. Das kann nicht länger für nachdenkliche Köpfe Geltung behalten! Wenn etwas von außen gesagt werden muß, bedeutet das, daß man es sich selbst nicht sagen könnte. Wenn es aber so steht, muß der andere seinen Willen uns aufprägen, und ein Gott, der nur so zu sprechen vermag, durch seine Allmacht, bekundet nichts weiter, als daß er selber als allmächtig verehrt werden möchte. Dann ist die Macht schon das Gebot und Macht die Grundlage für die Unsittlichkeit selber. »Du sollst gehorchen!« ist das Widerspiel wirklicher Moral. Entweder vermag Gott unabhängig von Blitz, Donner und Erdbeben in das Herz des Menschen zu reden, und, noch genauer gesagt, exakt das zu sagen, was der Mensch, wenn er recht bei Troste ist, sich selber sagen kann und selber sagen muß, oder er *hat* dem Menschen nichts zu sagen, den er Gott sei Dank vernünftig geschaffen hat. »Du sollst« gilt nicht länger, sondern: Rede vernünftig, wenn du etwas sagen willst, und dann wirst du nicht gebieten, sondern ermutigen, nicht befehlen, sondern bitten, nicht niederdrücken, sondern erheben und wachsen lassen.

Der Atem des Moses weht aus einer ganz anderen Zeit in unsere Kultur hinüber. Es ist so, wie wenn Wolken aufgestiegen wären über den Wäldern und den Meeren tropischer Breiten und würden über fernes, fremdes Land geweht, um dort abzuregnen und Leben zu formen, ganz anders als an der Stelle, da sie selber entstanden. Wir müssen uns das Recht nehmen, den Atem des Moses als Quelle für etwas anders

Geformtes, in anderer Zeit und an anderem Ort Lebendiges zu verstehen. Und das bedeutet, wir müssen alle Äußerlichkeit herausnehmen aus diesem Text. Es kann, mit anderen Worten, nicht länger in Geltung sein, wie noch 1993 in der Enzyklika »Vom Glanz der Wahrheit« Papst Johannes Paul II. uns wissen ließ, daß die Zehn Gebote Grundlage aller Sittlichkeit sind, eben weil sie von Gott geoffenbart wurden. Wir Menschen sind jederzeit irrtumsfähig, fehlbar, durch die Sünde korrumpiert, und es bedurfte eben deshalb der Klarheit der Überlieferung des göttlichen Willens, die gewahrt wird durch die Bibel und durch das kirchliche Lehramt, das jederzeit uns vorlegt, was von den Zehn Geboten zu halten sei. Der Geist der Aufklärung sieht da richtiger als zweihundert Jahre danach das kirchliche Lehramt: Gott *hat* sich nicht geoffenbart, er offenbart sich immer oder nie. Damit sein Atemwind uns wärmt, das Erdreich, auf dem wir stehen, durchfeuchtet, müssen wir selbst gemeint sein und in der eigenen Kraft zum Leben erblühen, zu Reichtum und Schönheit. Eben das bedeutet es, daß wir von den Zehn Geboten gar nicht anders sprechen können, als indem wir selber hinübergefunden hätten zu dem Berg am Mittelpunkt der Welt, ordnungsstiftend und -bildend, und begegneten der Macht der Freiheit, die hinausgeführt hat aus aller Abhängigkeit.

1995

Hans Küng

Auferweckung zu neuem Leben

Der Tod eines Menschen konfrontiert uns unausweichlich mit der Frage: Ist mit dem Tode alles aus, ist mit seinem, ist mit meinem Tode alles aus? Oder gibt es nach dem Tod ein Weiterleben, ein neues, ein ewiges Leben? Es bedrückt mich zu sehen, wie vielen Menschen, und gerade auch jungen, in der heutigen Zeit der Glaube an ein ewiges Leben abhanden gekommen ist. Meinungsumfragen sind in Fragestellung und Interpretation gewiß oft beeinflußt von den Hoffnungen und Wünschen der Befrager und Deuter und verdienen keinen blinden Glauben. Vermutlich glauben mehr Menschen tief in ihrem Innern an Gott und ein ewiges Leben, als sie es in einem bestimmten Milieu, einem bestimmten Befrager gegenüber auf eine recht plumpe Fragestellung zu sagen wagen. Aber unbestreitbar hat die Zahl der konfessionslosen Jugendlichen zugenommen, und der Glaube an ein Weiterleben nach dem Tode abgenommen. Dies hat vielfältige Ursachen.

In Ostdeutschland ist es nach zwölf Jahren Nazismus und Krieg dem Marxismus in vier Jahrzehnten systematischer atheistischer Indoktrination in Schule, Partei und Staat gelungen, vielen Menschen, die über keine tiefen religiösen Überzeugungen und keine rationalen Gegenargumente verfügten, den Glauben an Gott und ein ewiges Leben auszutreiben; die Religion generell und grundsätzlich sei Aberglaube, Illusion, falsches Bewußtsein.

In Westdeutschland wie in Westeuropa überhaupt hat der praktische Materialismus mit seiner oft sehr banalen Erlebnis- und Spaßkultur die Frage nach einem ewigen Leben vielfach zugeschüttet, ja tabuisiert. Wo sie auftaucht, wird sie zynisch verspottet oder verlacht. Zugleich hat eine in evangelischer wie katholischer Kirche weithin fundamentalistische

Osterverkündigung den Menschen statt den Wesenskern der biblischen Ostererfahrungen eine Menge von Legenden und Mythen, Ungereimtheiten und Widersprüchlichkeiten zugemutet und damit entscheidend zum Niedergang des Christentums in unseren Breiten beigetragen, abzulesen am zahlenmäßigen Rückgang kirchlich engagierter Jugendlicher, der Gottesdienstbesucher, der kirchlichen Taufen, Eheschließungen und Ordinationen zum Priester- oder Pfarramt.

Ob sich diese Verluste in Bälde wieder aufholen lassen? Ob sich der Glaube an Gott und ein ewiges Leben, welchen der Vater des marxistischen Atheismus, Ludwig Feuerbach, »wie ein Zaubervogel aus der Brust von Tausenden hinwegsang« (Gottfried Keller), je wieder in die Herzen der Menschen zurückholen läßt?

Viele Menschen sind allerdings auch ihres Unglaubens nicht sicher, schwanken zwischen Glauben, Unglauben und Aberglauben. Der Glaube an ein ewiges Leben hat sich auch nicht einfach total aufgelöst; er hat sich bei vielen hineingeflüchtet in alle möglichen Formen eines Schicksalsglaubens, der mit Hilfe von Horoskop, Wahrsagerei oder esoterischen Praktiken den allzu flachen Alltag zu über-steigen, zu transzendieren versucht. Sinnleere zu ertragen ist schwer, und das Bedürfnis nach Spiritualität, Meditation, irgendeiner Art von Innerlichkeit ist trotz oder wegen den Krisen der Kirchen weitverbreitet. Manche Menschen haben es gemerkt: Reduktion auf reine Diesseitigkeit kann zerstörerisch wirken. Und das unausweichliche Sterben läßt sich ohnehin nicht mit der Sucht nach Optimierung von Glück versöhnen. Nein, die Frage nach einer die greifbare, kalkulierbare, manipulierbare Wirklichkeit über-steigenden, trans-zendierenden Wirklichkeit, die Frage nach der Transzendenz also auch im Tod, ist trotz allem keine generell erledigte, sondern eine vielfach noch offene Frage.

Wie oft bin ich gefragt worden, insbesondere von Angehörigen eines verstorbenen Menschen: Soll mit dem heutigen

Sterbe-Tag, soll mit seinem Tod wirklich alles aus sein? Soll es ein Weiterleben bestenfalls in unseren Gedanken geben, solange wir denn ihrer oder seiner gedenken? Solange die Werke weiterwirken, die Firma besteht oder die Familie den Namen weiterträgt?

Oder muß man bezüglich einer Transzendenz im Tod nicht vielleicht doch ein »Peut-être« ansetzen, das auch für einen bekennenden marxistischen Atheisten wie meinen Tübinger Kollegen Ernst Bloch immer wichtiger wurde: ein kleines »Peut-être«, ein »Vielleicht«? Vielleicht gibt es eben doch diese ganz andere, transzendente Wirklichkeit, mit der die Menschen seit der Menschwerdung des Menschen gerechnet haben? Von der die mit Ocker, der roten Lebensfarbe bestäubten Gräber der Neandertaler ebenso zeugen wie die Pyramiden der Pharaonen oder die Gräber der chinesischen Kaiser, aber eben auch die zahllosen Synagogen, Kirchen und Moscheen verstreut über die ganze Welt. Alles *Zeichen der Transzendenz* auch im Tod, zu finden in allen Kulturen der Erde, zu finden in allen Jahrhunderten der Menschheitsgeschichte.

Gewiß, der rational hoch- oder überentwickelte Mensch am Beginn des 21. Jahrhunderts nach Christus kann der Meinung sein, ein verstorbener Mensch lebe nur in unseren Gesprächen, Gedanken, Erinnerungen fort, er zehre sich auf und verlösche wie eine Kerze, er löse sich auf mit Leib und Geist, er sterbe zuletzt in ein Nichts hinein. Die transzendente Wirklichkeit wäre demnach Nichtigkeit. Hier scheint der Buddhismus die beste Antwort zu haben: Verlöschen im Nirwana. Doch auch das Erlöschen im Nirwana bedeutet für die meisten Buddhisten nicht Vernichtung, nicht die Auflösung in ein Nichts, sondern das Eingehen in eine letzte Wirklichkeit, die freilich mit keinen menschlichen Begriffen einzufangen ist, eine höchste-tiefste Wirklichkeit,

Die *Argumente für die völlige Nichtigkeit* der transzendenten Wirklichkeit sind mir alle gut bekannt, aber sie überzeugen mich nicht. Soll es wirklich nur Wunschdenken sein, wenn wir wollen, daß geliebte Menschen weiterleben, wirklich in einer anderen Dimension weiterleben? Warum soll es mir nicht erlaubt sein zu wünschen, daß mein ganzes Leben, Arbeit, Kämpfen, Leiden, Lieben nicht im Nichts versande? Kann denn unserem unausrottbaren Wünschen, Denken und Vorstellen nicht eine Wirklichkeit, eine ganz andere, transzendente Wirklichkeit entsprechen?

Gewiß: Nichts existiert nur deshalb, weil man es wünscht. Aber richtig ist auch: Etwas muß nicht schon deshalb *nicht* existieren, weil man es wünscht. Dieses Gegenargument führen auch Philosophen an gegen diejenigen, die behaupten, ewiges Leben sei nur Projektion des Menschen (Feuerbach), nur interessenbedingte Vertröstung (Marx), nur infantile Illusion (Freud). Ja, es könnte sein, daß es keine Erfüllung der »ältesten, stärksten und dringendsten Wünsche der Menschheit« (so umschreibt Freud die Religion) gibt und die Menschen sich diesbezüglich jahrtausendelang Illusionen gemacht haben. Aber – könnte nicht auch das Gegenteil wahr sein?

Es geht mir dabei durchaus nicht nur um meinen Wunsch nach privater Glückseligkeit, sondern um den nach einer universalen Gerechtigkeit. Denn so oft fragen wir uns: Wie oft bleiben die »Rechnungen« dieser Erde unbeglichen? Wie oft scheinen die Henker über die Opfer zu triumphieren? Soll ich da nicht wünschen dürfen, um es mit dem Philosophen Max Horkheimer zu sagen, daß der Mörder nicht über das Opfer triumphiere? Daß Schweiß, Blut und Tränen, alles Leid durch die Jahrtausende nicht umsonst waren? Daß definitives Glück allen Menschen, eben auch den Mißachteten und Getretenen, schließlich ermöglicht werde?

Im Gegenteil: Ich finde es eine irrationale Zumutung, uns einzureden, wir hätten uns mit seltenen Augenblicken des Glücks zufriedenzugeben, hätten uns mit dem »normalen Unglück« einfach abzufinden. Und dies angesichts der vielfach belegten Einsicht, daß zumeist die Mächtigen und Rücksichtslosesten sich durchsetzen; daß das Leben des Menschen und der Menschheit nur von unbarmherzigen Naturgesetzen oder noch gnadenloseren sozialen und ökonomischen Machtgesetzen bestimmt ist, regiert von der Laune des Zufalls und vom Überleben des Stärkeren; und daß schließlich und endlich alles Sterben ein Sterben in ein Nichts hinein sein könnte.

Eines jedenfalls weiß ich sicher, und da weiß ich sogar den Meister aller Kritik, Immanuel Kant, auf meiner Seite: Noch nie hat es jemand in positiver Weise zu beweisen vermocht, daß die letzte Wirklichkeit Nichtigkeit ist und der Mensch in ein Nichts hinein stirbt. Wenn auch nicht von der »reinen Vernunft« zu beweisen, so blieb die »Unsterblichkeit der Seele« für Kant zusammen mit der Freiheit des Willens und der Existenz Gottes unbedingt notwendig für ein ethisches Handeln des Menschen: ein Postulat also der »praktischen Vernunft« als Grundlage für die Ethik!

Gibt es also eine andere, *eine positive Antwort*? Ja, aber auch diese, das gebe ich zu, hat noch nie jemand positiv bewiesen: Selbst die vielbeschriebenen Sterbeerlebnisse von Menschen, die klinisch (aber eben nicht biologisch!) tot waren, geben keinen Indizienbeweis zugunsten eines Lebens nach dem Tode – trotz aller Lichtphänomene in den Sterbeminuten. Denn alle diese Menschen erreichten nun einmal nur die Schwelle des Todes, haben sie aber nicht überschritten. Sie haben nicht erfahren, was sich hinter dem großen Tor verbirgt.

Allerdings machen sie die Alternative deutlich: Soll ich auf etwas Allerletztes hoffen oder nicht? Dies ist eine *Sache des Vertrauens*. Aber ich sage auch gleich: eines keineswegs unvernünftigen, sondern eines *verantworteten Vertrauens*. Denn es ist die Wirklichkeit dieses Lebens hier und heute, es sind alle unseren negativen und positiven Erfahrungen in dieser Welt, die Glückserfahrungen, deren Dauer man ersehnt, aber es ist auch all das Unabgegoltene, Unaufgelöste und vorläufig Bleibende, das mir genügend Anlaß gibt, ein vertrauendes

Ja zu einem Leben nach diesem Tod zu wagen, ohne welches mir dieses Leben letztlich ziellos, sinnlos und haltlos vorkommt. Dieses Vertrauen erscheint mir als das Allervernünftigste, was sich der Mensch zumuten kann: nämlich, daß eben nicht nur das Meßbare, das physikalisch, biologisch und mathematisch Beweisbare wirklich ist, daß vielmehr das, was wir sehen, tasten, fassen und berechnen können, die letzte Wirklichkeit nicht ist. Kurz, daß der Mensch seinen Tod in ein Nichts hinein stirbt, erscheint mir ebenso absurd wie die Vorstellung, daß der Urknall aus dem Nichts kommt.

So verlasse ich mich denn vertrauensvoll darauf, daß so, wie Welt und Mensch nicht aus dem Nichts kommen, sie auch nicht ins Nichts gehen. Daß Sterben und Tod nur Stationen sind und eine neue Zukunft folgt. Daß das Leben stärker ist als der Tod und der Mensch in jene unfaßbare und umfassende letzte und erste Wirklichkeit hinein stirbt, die nicht Nichtigkeit, sondern vielmehr wirklichste Wirklichkeit ist. Ja, dies ist die Überzeugung von Juden, Christen und Muslimen, und in einer anderen Form unter anderen Bildern und Chiffren doch auch die anderer Religionen: Wo der Mensch das Allerletzte seines Lebens erreicht, da erwartet ihn nicht das Nichts, sondern jenes Alles, das Juden, Christen und Muslime Gott nennen, bei dem die Toten gut aufgehoben sind.

Im Tod wird der Mensch aus den ihn umgebenden und bestimmenden Verhältnissen entnommen. Von der Welt her, gleichsam *von außen,* bedeutet der Tod völlige *Beziehungslosigkeit.* Von Gott her aber, gleichsam *von innen,* bedeutet der Tod eine völlig *neue Beziehung* zu ihm als der letzten Wirklichkeit. Im Tod wird dem Menschen zwar nicht mit Haut und Haar, aber doch dem ganzen und ungeteilten Individuum eine neue ewige Zukunft angeboten, in der die Bruchstücke seines Lebens sich zusammenfügen und das Fragmentarische dieses Lebens sich vollendet. Ein Leben anders als alles Erfahrbare: in der unvergänglichen Dimension Gottes.

Also nicht in unserem Raum und in unserer Zeit: »hier« und »jetzt« im »Diesseits«. Aber auch nicht einfach in einem anderen Raum und in einer anderen Zeit: ein »Drüben« und »Droben«, ein »Außerhalb« oder »Oberhalb«, ein »Jenseits«.

So viele Menschen heute erleben aufgrund der ambivalenten Erfolge der Medizin in Krankheit einen langen Abschied. Aber wenn der Mensch sich im Sterben verabschiedet, wenn er alle äußeren Beziehungen abbricht, manchmal gar Organ um Organ abstirbt und er endlich in absoluter Beziehungslosigkeit daliegt, dann geht er, so glauben wir, eine neue, uns verborgene Beziehung ein:

»Vita mutatur, non tollitur. – Das Leben wird verändert, nicht genommen«.

Nein, kein willkürliches Eingreifen Gottes gegen die Gesetze der Natur erfolgt hier, sondern ein Auffangen durch Gott, wo die Natur aufgrund ihrer eigenen Gesetze an ein Ende gekommen ist. Kein Enden also, erst recht kein Verenden, sondern ein Vollenden: Die *endliche Person* geht ein *ins Unendliche.* Der Mensch geht seinen letzten, entscheidenden, ganz anderen Gang nicht ins Weltall oder über dieses hinaus, sondern hinein in das Innerste der Wirklichkeit, einen Bereich jenseits der Empirie, wo sich jenseits des subatomaren Bereichs jene Dimension Unendlich auftut, die sich erst jetzt als die wirklichste Wirklichkeit erweist, die nicht mit Begriffen zu umfassen, sondern nur mit Bildern zu umschreiben ist: das Herz der Welt, ihr ewiger Urgrund, Urhalt und Urziel, des Menschen unvergängliche Heimat, aus der er kommt und in die er geht. Dann erst erkennt der Mensch, was die »transzendente Wirklichkeit« wirklich ist. Um es mit einem anderen zu sagen:

»Einst war ich ein Kind.
Ich sprach wie ein Kind.
Ich dachte wie ein Kind,

ich machte kindliche Pläne.
Als ich erwachsen war,
legte ich die Kindheit ab.

Heute ahne ich Gott,
wie mein eigenes Gesicht
im kupfernen Spiegel,
fremd und rätselvoll.
Morgen schaue ich ihn,
nahe und klar,
von Angesicht zu Angesicht.

Heute ist Stückwerk, was ich verstehe,
dann aber werde ich erkennen,
wie Gott mich erkennt.« (1 Kor 13)

Alle meine Überlegungen haben zum Hintergrund die Botschaft von der Auferweckung Jesu Christi, die ungezählten Menschen im Leben und Sterben Hoffnung auf ihr eigenes ewiges Leben gemacht hat, die aber heute von vielen Menschen nicht mehr verstanden wird. Wir müssen das Entscheidende dieser Auferweckungsbotschaft wieder neu zu fassen versuchen.

Das älteste neutestamentliche Zeugnis von der Auferweckung Jesu stammt aus den Jahren 35–45 und findet sich im soeben bereits zitierten ersten Brief des Apostels Paulus an die Gemeinde von Korinth, im 15. Kapitel. Es ist von protokollartiger Knappheit – ohne Erwähnung eines leeren Grabes oder gar von Engelerscheinungen: »Er ist am dritten Tag auferweckt worden, gemäß der Schrift, und erschien dem Kephas, dann den Zwölf …« Der »dritte Tag« ist wie anderswo in der Bibel nicht als Kalenderdatum, sondern als symbolische »heilige« Zahl für ein Heilsdatum zu verstehen. In den späteren Schriftzeugnissen ist die Osterbotschaft ständig erweitert worden, wie ein Vergleich des kurzen Osterberichts des Markusevangeliums mit den beiden späteren Evangelien von Matthäus und Lukas und erst recht dem Johannesevangelium deutlich zeigt. Und vergleicht man die verschiedenen Texte, so entdeckt man in vielen Details Unstimmigkeiten und Widersprüchlichkeiten bezüglich Ort und Zeit, Personen und Ablauf der Ereignisse.

Im Entscheidenden jedoch stimmen die verschiedenen urchristlichen Zeugen, die Briefe, die Evangelien und die Apostelgeschichte überein: *Der Gekreuzigte lebt! Er ist nicht im Tod geblieben, sondern lebt für immer bei Gott – als Hoffnung für uns!* Die Menschen des Neuen Testaments sind getragen, ja be-geistert von der Gewißheit, daß der Tod nicht das letzte Wort hatte, daß Christus den Tod bezwang und daß, wer an ihn sich hält, ebenfalls leben wird. Das neue Leben des Einen bei Gott als reale Hoffnung für alle!

Der Gekreuzigte lebt? Aber was heißt hier *»leben«*? Was verbirgt sich hinter den verschiedenen zeitgebundenen Vorstellungsmodellen und Erzählungsformen, die das Neue Testament dafür gebraucht? Was bedeutet dies für uns? Ich versuche es in drei Gedankenschritten verständlich zu machen:

Ein erstes: Auferweckung meint *keine Rückkehr* in dieses raumzeitliche Leben. Das heißt: Der Tod wird nicht rückgängig gemacht, sondern definitiv überwunden, In Friedrich Dürrenmatts Schauspiel »Meteor« kommt es zu einer Wiederbelebung eines (freilich fingierten) Leichnams, der in ein völlig unverändertes irdisches Leben zurückkehrt. Dies ist das klare Gegenteil von dem, was das Neue Testament unter Auferweckung versteht. Mit den legendären Totenerweckungen, wie sie vereinzelt in der antiken Literatur von Wundertätern und in drei Fällen auch von Jesus berichtet werden (Tochter des Jairus, Jüngling von Nain, Lazarus), darf Jesu Auferweckung nicht verwechselt werden. Gerade die vorübergehende Wiederbelebung eines Leichnams ist mit der Auferweckung Jesu nicht gemeint. Denn Jesus ist ja nicht einfach in das biologisch-irdische Leben zurückgekehrt, um wie die von ihrem Tod Erweckten schließlich erneut zu sterben. Nein, nach dem Verständnis des Neuen Testaments hat er den Tod, diese letzte Grenze, endgültig hinter sich. Er ist in ein ganz anderes unvergängliches, ewiges, »himmlisches« Leben eingegangen: in das Leben Gottes, wofür schon im Neuen Testament sehr verschiedene Formulierungen und Vorstellungen gebraucht werden.

Ein zweites: Auferweckung meint auch *keine Fortsetzung* dieses raumzeitlichen Lebens. Das heißt: Schon die Rede von »nach« dem Tod ist irreführend, denn die Ewigkeit ist nicht bestimmt durch Vor und Nach. Ewigkeit meint vielmehr ein die Dimensionen von Raum und Zeit sprengendes neues Leben in Gottes unsichtbarem, unvergänglichem, unbegreiflichem Bereich. Also nicht einfach ein endloses »Weiter«: Weiterleben, Weitergehen, Weitermachen. Sondern ein endgültig »Neues«: Neuschöpfung, Neugeburt, neue Welt, Gottes Ewigkeit durchbricht endgültig die Rückkehr des ewig gleichen »Stirb und werde« der Natur. Definitiv bei Gott sein und so das endgültige Leben haben, das ist gemeint!

Ein drittes: Auferweckung meint *positiv*: Will man nicht bildhaft reden, so müssen Auferweckung und Erhöhung, müssen Auferstehung und Himmelfahrt (Verherrlichung) als ein identisches, einziges Geschehen, und zwar als ein Geschehen in Zusammenhang mit dem Tod in der unanschaulichen Verborgenheit Gottes verstanden werden. Nur in Evangelium und Apostelgeschichte des Lukas wird das eine Ostergeschehen aus theologischen Gründen in zwei (durch symbolische vierzig Tage voneinander getrennten) Vorgängen erzählt.

Die Osterbotschaft besagt in allen so verschiedenen Varianten schlicht das eine: Jesus ist nicht ins Nichts hinein gestorben, sondern ist im Tod und aus dem Tod in jene *unfaßbare und umfassende letzte Wirklichkeit hinein gestorben,* von ihr aufgenommen worden, die wir mit dem Namen *Gott* bezeichnen und der unendlicher Geist ist. In Gott hinein ist Jesus gestorben, zu Gott ist er gelangt: eingegangen in jenen geistigen Bereich, der alle Vorstellungen übersteigt, den keines Menschen Auge je gesehen hat, unserem Zugreifen, Begreifen, Reflektieren und Phantasieren entzogen!

Nur das weiß jetzt auch der Glaubende: Wo der Mensch sein Eschaton, das Allerletzte seines Lebens erreicht, was erwartet ihn da? Nicht das Nichts, sondern jenes Alles, das Gott ist, sein liebender »Vater«, der ihm auch »Mutter« ist. Von daher wissen wir es: Tod ist Durchgang zur eigentlichen Heimat, ist Einkehr in Gottes Verborgenheit und des Menschen Herrlichkeit. Daß mit dem Tod *alles* aus sei, kann eigentlich nur ein Gottloser sagen.

Gerade in einer Stunde der Trauer und des Abschieds, die wir in Dankbarkeit feiern dürfen, sollten wir neu Vertrauen fassen und daraus Kraft schöpfen, um auch die Zukunft, unsere je eigene Zukunft zu bestehen und nicht allzuviel Angst vor dem Tod zu haben. Dankbar für alles, was der oder die Verstorbene für uns war und uns bedeutet. Zugleich aber hoffend auf den Frieden, der alle Vernunft übersteigt, auf die Freude, das Glück, das ihm und, so hoffen wir, einst auch uns bereitet ist.

2009

ANHANG

Viten der Autoren

Hannah Arendt, geboren 1906 in Hannover, gestorben 1975 in New York, studierte bei Heidegger, Bultmann und Jaspers. 1933 emigrierte sie nach Paris, 1941 nach New York. 1953 machte ihr Buch *Elemente und Ursprünge totaler Herrschaft* sie weltberühmt, 1964 erschien ihr viel diskutierter Prozessbericht *Eichmann in Jerusalem*. Zuletzt war sie Professorin an der New School for Social Research in New York.

Ingeborg Bachmann, geboren 1926 in Klagenfurt, gestorben 1973 in Rom, zählt zu den bedeutendsten Schriftstellerinnen der deutschsprachigen Nachkriegsgeneration. Ihr Werk umfasst Romane, Kurzprosa und Lyrik, aber auch Übersetzungen aus dem Italienischen. 1964 wurde ihr der Georg-Büchner-Preis verliehen.

Elisabeth Badinter, geboren 1944 in Boulogne-Billancourt/Frankreich, französische Philosophin, war bis vor Kurzem Professorin für Philosophie an der Pariser Elitehochschule Ecole Polytechnique. Zu ihren Arbeitsgebieten gehören die Epoche der Aufklärung und die Geschichte der Frauen. Ihre Bücher *Mutterliebe. Geschichte eines Gefühls* und *Ich bin Du. Auf dem Weg in die androgyne Gesellschaft* waren auch in Deutschland Bestseller.

Ernst Barlach, geboren 1870 in Wedel/Holstein, gestorben 1938 in Rostock, war Bildhauer, Schriftsteller und Zeichner. Die Nationalsozialisten erklärten seine Werke für »entartet«, entfernten sie aus Kirchen, Museen und öffentlichen Sammlungen und verboten die Aufführung seiner Theaterstücke. Teile seines Werks wurden im Piper Verlag publiziert.

Max Beckmann, geboren 1884 in Leipzig, gestorben 1950 in New York, studierte Malerei an der Großherzoglichen Kunstschule in Weimar. Nach der »Machtergreifung« Hitlers wurde er als Professor an der Frankfurter Städelschule entlassen und seine Kunst als »entartet« diffamiert. 1937 emigrierte er nach Amsterdam, 1947 übersiedelte er nach New York. Er gilt als einer der bedeutendsten Künstler des 20. Jahrhunderts.

Martin Beglinger, geboren 1960, ist Redakteur beim Magazin des *Tagesanzeigers* und schreibt vor allem über Innenpolitik, Schul- und Bildungsthemen.

Alban Berg, geboren 1885 in Wien, gestorben 1935 ebenda, begann als kleiner Beamter, sattelte um, wurde Schüler von Arnold Schönberg und sodann einer der bedeutendsten Vertreter des musikalischen Expressionismus. Seine wenigen Werke, in denen er die Zwölftontechnik Schönbergs eigenwillig abwandelt, sind überragende Kunstäußerungen der ausklingenden individualistischen Epoche.

Gerd Binnig, geboren 1947 in Frankfurt am Main, Physiker, entwickelte im IBM-Forschungslabor bei Zürich 1981 das Rastertunnelmikroskop, wofür er 1986 zusammen mit Heinrich Rohrer und Ernst Ruska den Nobelpreis für Physik erhielt.

Volkmar Braunbehrens, geboren 1941 in Freiburg im Breisgau, studierte Literaturgeschichte, Musikwissenschaft und Kunstgeschichte in München, Heidelberg und Berlin und ist seit 1981 Privatdozent. Er ist Mitbegründer der *Berliner Hefte* und war langjähriger Leiter der Berliner Galerie am Savignyplatz. Zahlreiche Veröffentlichungen zu Mozart und Salieri. Er lebt als freier Autor in seiner Geburtsstadt.

Alfred Brendel, geboren 1931 in Wiesenberg/Nordmähren, studierte Klavier, Komposition und Dirigieren in Zagreb und Graz und schloss seine pianistische Ausbildung bei Paul Baumgartner, Edwin Fischer und Eduard Steuermann ab. 1944 begann seine internationale Karriere mit einem Preis beim Busoni-Wettbewerb. Er konzertierte bis Ende 2008 in aller Welt und hat zahlreiche Plattenaufnahmen vorgelegt. Alfred Brendel lebt in London.

Lothar-Günther Buchheim, geboren 1918 in Weimar, gestorben 2007 in Starnberg, lebte als Autor, Maler und Kunstsammler in Feldafing am Starnberger See. Im Sommer 2001 wurde in Bernried sein »Museum der Phantasie« eröffnet. 1973 erschien im Piper Verlag sein Weltbestseller *Das Boot.*

Stéphane Courtois, geboren 1947, ist Historiker und Direktor am CNRS (Centre National de la Recherche Scientifique) in Paris. Er ist Herausgeber der Zeitschrift *Communisme* und Experte für die Geschichte des Kommunismus. Neben vielen französischen Veröffentlichungen zu diesem Thema erschienen im Piper Verlag *Das Schwarzbuch des Kommunismus, Das Schwarzbuch des Kommunismus 2* und zuletzt *Das Handbuch des Kommunismus*.

Ralf Dahrendorf, geboren 1929 in Hamburg, gestorben 2009 in Köln, lehrte Soziologie in Hamburg, Tübingen und Konstanz. Von 1974 bis 1984 war er Direktor der London School of Economics, von 1987 bis 1997 Leiter des St. Anthony's College und Prorektor der Universität Oxford. Mitglied des britischen Oberhauses seit 1993.

Regine Dee, Journalistin, hat Anglistik und Soziologie studiert und schreibt für verschiedene Wissenschaftsmagazine.

Thomas Deichmann, ist Chefredakteur des Debattenmagazins *Novo* und freier Journalist in Frankfurt am Main.

Hilde Domin, 1909 in Köln geboren, gestorben 2006 in Heidelberg, emigrierte 1933 zunächst nach England, später nach Santo Domingo in die Karibik. Nach 22-jährigem Exil kehrte sie nach Deutschland zurück. Sie zählt zu den bedeutendsten Lyrikerinnen der Nachkriegszeit und erhielt zahlreiche Literaturpreise und Auszeichnungen, u. a. 2005 die höchste Auszeichnung der Dominikanischen Republik für ihr Lebenswerk.

Fjodor M. Dostojewski, geboren 1821 in Moskau, gestorben 1881 in St. Petersburg, wurde mit seinem Erstlingswerk *Arme Leute* schlagartig berühmt. 1849 wegen angeblich staatsfeindlicher Aktivitäten im Petraschewski-Kreis zum Tode verurteilt, wurde er später zu vier Jahren Zwangsarbeit in Sibirien begnadigt. 1859 kehrte er nach St. Petersburg zurück. Er gilt neben Lew Nikolajewitsch Tolstoj als bedeutendster russischer Schriftsteller.

Eugen Drewermann, geboren 1940 in Bergkamen, ist habilitierter katholischer Theologe. Nach Entzug seiner Lehrerlaubnis und Suspension vom Priesteramt arbeitet er als Psychotherapeut und Schriftsteller. In zahlreichen Büchern hat er sich mit dem Verhältnis von modernen Naturwissenschaften, Anthropologie und Theologie, aber auch mit der religiösen Sprache von Mythen und Märchen auseinandergesetzt.

John C. Eccles, geboren 1903 in Melbourne, gestorben 1997 in Locarno, Physiologe, lehrte und forschte in Oxford und Sydney, später in Otago/Neuseeland, Canberra/Australien und Buffalo/USA. 1963 erhielt er für seine Erkenntnisse zur elektrischen Erregungsübertragung zwischen den Nervenzellen zusammen mit Alan Lloyd Hodgkin und Andrew Fielding Huxley den Nobelpreis für Medizin und Physiologie.

Hans Heinrich Eggebrecht, geboren 1919 in Dresden; gestorben 1999 in Freiburg im Breisgau, gilt als einer der einflussreichsten deutschen Musikwissenschaftler. Als Professor für historische Musikwissenschaft lehrte er an der Albert-Ludwigs-Universität in Freiburg im Breisgau und war Direktor des dortigen Musikwissenschaftlichen Seminars.

Irenäus Eibl-Eibesfeldt, geboren 1928 in Wien, Biologe, war viele Jahre Mitarbeiter von Konrad Lorenz. Von 1975 bis 1996 leitete er die Forschungsstelle für Humanethologie in der Max-Planck-Gesellschaft. Für seine Forschung und seinen Einsatz für den Naturschutz erhielt er zahlreiche Preise und Auszeichnungen, 2005 wurde er Ehrendoktor der Universität Bologna/Italien.

Albert Einstein, geboren 1879 in Ulm, gestorben 1955 in Princeton, Physiker und Inbegriff des Genies, formulierte die Spezielle und die Allgemeine Relativitätstheorie. Er lehrte und forschte in Zürich, Prag, Berlin und Princeton. 1921 erhielt er für seinen Beitrag zur Quantenmechanik den Nobelpreis für Physik.

Joachim C. Fest, 1926 in Berlin geboren und 2006 in Kronberg im Taunus gestorben, war bis 1993 Mitherausgeber der *Frankfurter Allgemeinen Zeitung.* Er war Autor zahlreicher Bücher, darunter der in viele Sprachen übersetzten grundlegenden Hitler-Biografie.

Richard P. Feynman, geboren 1918 in New York, gestorben 1988 in Los Angeles, war Physiker. Er lehrte als Professor an der Cornell University/Ithaca und seit 1950 am California Institute of Technology. Für seine Beiträge zur Quantenelektrodynamik erhielt er 1965 den Nobelpreis für Physik. Er ist Autor zahlreicher wissenschaftlicher Sachbücher.

Ernst Peter Fischer, geboren 1947 in Wuppertal, studierte Mathematik, Physik und Biologie und promovierte 1977 am California Institute of Technology. Nach seiner Habilitation in Wissenschaftsgeschichte lehrt er dieses Fach an der Universität Konstanz. Er ist Wissenschaftspublizist und Autor zahlreicher Bücher.

Jörg Friedrich, geboren 1944 in Kitzbühel/Tirol, hat in zahlreichen Publikationen, in Funk und Fernsehen Fragen des Kriegsrechts und der Aufarbeitung der NS-Verbrechen thematisiert. Für *Das Gesetz des Krieges* erhielt er den Pioom Award der Gesellschaft zur Erforschung des Völkermords sowie die Ehrendoktorwürde der Universität Amsterdam. Sein viel diskutiertes Buch *Der Brand* (2002) wurde zum Bestseller. Er lebt in Berlin.

Detlev Ganten, ist Arzt, Professor für Pharmakologie und Molekulare Medizin und Vorsitzender des Stiftungsrates der Stiftung Charité in Berlin. Er zählt zu den herausragenden Persönlichkeiten der europäischen Forschungslandschaft.

Glenn Gould, geboren 1932 in Toronto, gestorben 1982 ebenda, war nicht nur Pianist, sondern auch Rundfunk- und Fernsehautor, Schauspieler, Schriftsteller. Mit seiner ersten Einspielung der »Goldberg-Variationen« 1955 wurde Glenn Gould über Nacht weltberühmt. Nach einer internationalen Karriere als Konzertpianist zog er sich 1964 ganz aus dem Konzertleben zurück, um nur noch im Tonstudio Musik zu machen.

Brigitte Hamann, geboren in Essen, ist promovierte Historikerin und durch ihre zahlreichen Bücher zur Geschichte

Österreichs (u. a. *Rudolf – Kronprinz und Rebell, Elisabeth – Kaiserin wider Willen*) auch international bekannt geworden. Ihr zuletzt erschienenes Buch *Hitlers Edeljude. Das Leben des Armenarztes Eduard Bloch* knüpft an die beiden grundlegenden Werke *Hitlers Wien* und *Winifred Wagner oder Hitlers Bayreuth* an.

Hanns Hatt, geboren 1947 in Illertissen, promovierte in Zoologie, Humanphysiologie und Medizin und zählt als Professor für Zellbiologie an der Ruhr-Universität Bochum weltweit zu den bedeutendsten Geruchsforschern. Mit seinem Team entdeckte er unter anderem, dass es der Maiglöckchenduft ist, der die Spermien zur Eizelle lockt.

Werner Heisenberg, geboren 1901 in Würzburg, gestorben 1976 in München, einer der bedeutendsten Physiker des 20. Jahrhunderts, lehrte und forschte unter anderem in Leipzig, Berlin, Göttingen und München. Er formulierte die Unschärferelation und erhielt für seine Beiträge zur Quantenmechanik 1932 den Nobelpreis für Physik.

Hans Werner Henze, geboren 1926, zählt zu den bedeutendsten zeitgenössischen Komponisten. Schon in den 50er-Jahren vertonte er Ingeborg Bachmanns Lyrik und schrieb Kompositionen zu ihren Libretti, u. a. »Der junge Lord« und »Der Prinz von Homburg«. Hans Werner Henze lebt im italienischen Marino bei Rom.

Edgar Hilsenrath, geboren 1926 in Leipzig, flüchtete 1938 mit der Mutter und dem jüngeren Bruder nach Rumänien. 1941 kam die Familie in ein jüdisches Ghetto in der Ukraine. Hilsenrath überlebte und wanderte 1945 nach Palästina, 1951 in die USA aus. Für sein Werk wurde er vielfach ausgezeichnet, u. a. mit dem Alfred-Döblin-Preis und den Jakob-Wassermann-Preis. Edgar Hilsenrath lebt in Berlin.

Ayaan Hirsi Ali, geboren 1969 in Somalia, musste mehrfach im Untergrund leben – zuletzt nach dem Mord an Theo van Gogh, mit dem sie den Film »Submission« drehte. Ihre Bücher *Ich klage an* und *Mein Leben, meine Freiheit* sind in Deutschland wie auch international Bestseller. Derzeit ist sie Mitglied eines politischen »ThinkTanks« in Washington.

Richard L. Hudson, geboren 1955 in Newton/USA, hat an der Harvard University studiert, arbeitete 25 Jahre für das *Wall Street Journal* und war sechs Jahre lang Chefredakteur der Europa-Ausgabe der Zeitung. Er ist Vorstand und Herausgeber von *ScienceBusiness* und lebt in Brüssel.

Karl Jaspers, geboren 1883 in Oldenburg, gestorben 1969 in Basel, war zunächst Professor für Psychologie, dann für Philosophie in Heidelberg. 1937 wurde er seines Amtes enthoben. Von 1948 bis 1961 lehrte er als Professor in Basel. Die meisten seiner Bücher erschienen nach 1945 im Piper Verlag.

Joachim Kaiser, geboren 1928 in Milken/Ostpreußen, studierte Musikwissenschaft, Germanistik, Philosophie und Soziologie. Seit 1959 ist er Feuilleton-Redakteur bei der *Süddeutschen Zeitung* und war von 1977 bis 1996 Professor für Musikgeschichte an der Hochschule für Musik und Darstellende Künste in Stuttgart. Er zählt zu den einflussreichsten deutschsprachigen Musik-, Literatur- und Theaterkritikern.

Rudolf Kippenhahn, geboren 1926 in Bärringen/Böhmen, Mathematiker, Astronom und Astrophysiker, war Professor für Astronomie und Astrophysik in Göttingen und bis 1991 Direktor des Max-Planck-Instituts für Astrophysik in München und Garching. Er ist Autor zahlreicher wissenschaftlicher Sachbücher.

Christiane von Korff, geboren 1960 in Münster, hat als Kulturjournalistin u. a. für den *stern*, das Magazin der *Süddeutschen Zeitung* und *Die Zeit* gearbeitet und schreibt heute u. a. für *Der Spiegel*, *Focus* und *Brigitte.*

Gidon Kremer, geboren 1947 in Riga, studierte am Moskauer Konservatorium bei David Oistrach Violine und gewann 1970 den 1. Preis beim Tschaikowski-Wettbewerb in Moskau. 1980 übersiedelte er in den Westen.Er konzertiert in der ganzen Welt, zuletzt auch häufig mit dem von ihm gegründeten Kammerorchester Kremerata Baltica, und setzt sich besonders für zeitgenössische Komponisten ein.

Alfred Kubin, geboren 1877 in Leitmeritz/Böhmen, gestorben 1959 in Wernstein am Inn, war österreichischer Grafiker, Illustrator, Schriftsteller und schrieb den Roman *Die andere Seite.*

Hans Küng, geboren 1928 in Sursee/Schweiz, gilt als einer der universalen Denker unserer Zeit. Er ist Professor emeritus für Ökumenische Theologie an der Universität Tübingen und Präsident der Stiftung Weltethos. Sein Werk liegt im Piper Verlag vor. Zuletzt erschienen *Anständig wirtschaften. Warum Ökonomie Moral braucht* und *Ist die Kirche noch zu retten?*

Remo H. Largo, geboren 1943 in Winterthur, war bis zu seiner Emeritierung 2005 Professor für Kinderheilkunde und leitete fast drei Jahrzehnte die Abteilung Wachstum und Entwicklung des Kinderspitals Zürich. Selbst Vater von drei erwachsenen Töchtern, ist er Autor zahlreicher Arbeiten, die sich mit der kindlichen Entwicklung und deren möglichen Störungen befassen. Remo Largos Buch *Babyjahre* ist seit vielen Jahren ein Klassiker der Erziehungsliteratur. Zuletzt erschien von ihm *Schülerjahre.*

Robert B. Laughlin, geboren 1950 in Visalia/Kalifornien,

Physiker, ist Professor an der Stanford University, wo er nach Stationen am Massachusetts Institute of Technology und in Berkeley seit 1985 lehrt. 1998 bekam er für seine Arbeiten über den fraktionellen Quanten-Hall-Effekt den Nobelpreis für Physik.

François Lelord, geboren 1953 in Paris, Psychiater und Autor, schloss 1996 seine Praxis, um sich und seinen Lesern die wirklich großen Fragen des Lebens zu beantworten. Er ist viel auf Reisen und lebt heute in Paris und Hanoi, wo er seit 2004 Psychiater an der französischen Klinik ist. Seine Romane mit dem jungen Psychiater Hector als Protagonist (darunter *Hectors Reise oder die Suche nach dem Glück* und zuletzt *Hector und die Geheimnisse des Lebens*) wurden große Erfolge und auf der ganzen Welt gelesen.

Harald Lesch, geboren 1960 in Gießen, Astrophysiker, ist seit 1995 Professor für theoretische Astrophysik an der Universität München und lehrt Naturphilosophie an der Hochschule für Philosophie SJ. Im Bayerischen Fernsehen macht er seit 1998 die Sendung »alpha-centauri« und moderiert seit September 2008 im ZDF »Abenteuer Forschung«. Er ist Autor zahlreicher Sachbücher. Für seine Wissensvermittlung wurde er vielfach ausgezeichnet, unter anderem von der Deutschen Forschungsgemeinschaft und von der Deutschen Physikalischen Gesellschaft.

Konrad Lorenz, geboren 1903 in Wien, gestorben 1989 ebenda, Mediziner und Zoologe, wurde 1940 Professor in Königsberg und war von 1959 bis 1973 Direktor am Max-Planck-Institut für Verhaltensphysiologie in Buldern und Seewiesen. 1973 erhielt er für seine Entdeckungen innerhalb der Verhaltensforschung gemeinsam mit Karl von Frisch und Nikolaas Tinbergen den Nobelpreis für Physiologie und Medizin.

Benoît B. Mandelbrot, geboren 1924 in Warschau, gestorben 2010 in Cambridge/Massachusetts, Mathematiker, arbeitete lange Zeit bei IBM, war Honorarprofessor an der Yale University und Erfinder der fraktalen Geometrie. Mit deren Hilfe ging er auch erfolgreich dem Rätsel der Unberechenbarkeit der Finanzmärkte auf den Grund.

Franz Marc, geboren 1880 in München, gestorben 1916 in der Schlacht bei Verdun, studierte an der Münchner Kunstakademie und gründete zusammen mit Wassily Kandinsky 1911 die expressionistische Künstlervereinigung »Der blaue Reiter«.

Yehudi Menuhin, geboren 1916 in New York, gestorben 1999 in Berlin, gehörte zu den größten Geigenvirtuosen des 20. Jahrhunderts. Seinen Durchbruch feierte er 1929 in der Berliner Philharmonie. Seine Konzerttätigkeit als Violinist und später als Dirigent führte ihn um die ganze Welt. Der Humanist und Pazifist erhielt u. a. 1979 den Friedenspreis des Deutschen Buchhandels und 1990 den Glenn-Gould-Preis.

Friedrich Merz, geboren 1955 in Brilon/Sauerland, war 20 Jahre Abgeordneter, erst im Europäischen Parlament, später im Deutschen Bundestag. Er ist ehemaliger Vorsitzender der CDU/CSU-Bundestagsfraktion und galt als einer der profiliertesten Politiker der CDU. Heute ist er als Rechtsanwalt und im Aufsichtsrat verschiedener Unternehmen tätig. Sein Buch *Mehr Kapitalismus wagen* stand wochenlang auf der Bestsellerliste.

Alexander Mitscherlich, geboren 1908 in München, gestorben 1982 in Frankfurt am Main, war Mediziner und Psychoanalytiker. Von 1960 bis 1976 leitete er das von ihm gegründete Sigmund-Freud-Institut in Frankfurt am Main. 1969 erhielt er den Friedenspreis des Deutschen Buchhandels.

Margarete Mitscherlich-Nielsen, geboren 1917 in Dänemark, ist Psychoanalytikerin und Medizinerin. 1947 traf sie in der Schweiz Alexander Mitscherlich, den sie 1955 heiratete. Gemeinsam bemühten sie sich nach dem Krieg um die Wiederbelebung der Psychoanalyse in Deutschland. 1960 war Margarete Mitscherlich Mitbegründerin des Sigmund-Freud-Instituts in Frankfurt am Main, wo sie fortan vorrangig arbeitete. Zuletzt erschien von ihr *Die Radikalität des Alters.*

Daphne de Marneffe, geboren 1959 in Boston, studierte in Harvard und an der University of California in Berkeley Psychologie und arbeitete nach ihrer Promotion als Psychotherapeutin. 1998 zog sie sich nach der Geburt des dritten Kindes vorübergehend aus dem Praxisalltag zurück, um sich ihren Kindern zu widmen. Sie lebt mit ihrer Familie in Kalifornien.

Jacques Monod, geboren 1910 in Paris, gestorben 1976 in Cannes, physiologischer Chemiker, war seit 1945 am Institut Pasteur/Paris, seit 1971 dessen Direktor. Für seine Arbeiten zur Steuerung der Enzymsynthese bei Viren erhielt er 1965 den Nobelpreis für Physiologie und Medizin.

Michael Moore, geboren 1954 in Flint/Michigan, arbeitet als Regisseur, Fernsehmoderator und Buchautor. Berühmt wurde er durch seine Dokumentarfilme »Roger & Me«, »Bowling for Columbine«, der 2003 mit dem Oscar als bester Dokumentarfilm ausgezeichnet wurde, »Fahrenheit 9/11«, der 2004 in Cannes die Goldene Palme erhielt, und zuletzt »Sicko«. Seine Bücher *Stupid White Men*, *Querschüsse* und *Volle Deckung, Mr. Bush!* eroberten die internationalen Bestsellerlisten.

Sten Nadolny, geboren 1942 in Zehdenick an der Havel, wurde für sein literarisches Werk vielfach ausgezeichnet, unter anderem mit dem Ingeborg-Bachmann-Preis. 1983 erschien sein Roman *Die Entdeckung der Langsamkeit,* der in alle Weltsprachen übersetzt wurde und inzwischen zum modernen Klassiker der deutschsprachigen Literatur geworden ist.

Holger Noltze, geboren 1960 in Essen, hat in Bochum Germanistik, Hispanistik, Geschichte, Jura und Musikwissenschaft studiert. Ab 1991 war er Kultur- und Literaturredakteur beim Hörfunk des WDR und später beim Deutschlandfunk. Er ist auch TV-Moderator beim WDR (»WestArt«). Seit 2005 ist Holger Noltze Professor für Musik und Medien/Musikjournalismus an der Universität Dortmund.

Reinhard Piper, geboren 1879 in Penzlin, gestorben 1953 in München, begründete 1904 den Piper Verlag und bot den großen Künstlern seiner Zeit wie Ernst Barlach oder den Mitgliedern des »Blauen Reiters« eine verlegerische Heimat.

Karl R. Popper, geboren 1902 in Wien, gestorben 1994 bei London, emigrierte 1937 nach Neuseeland, wo er am University College in Christchurch lehrte. Von 1946 bis 1969 war er Professor an der London School of Economics. 1965 wurde er von Königin Elizabeth II. geadelt. Seine Hauptthemen waren die Erkenntnistheorie und die Theorien der Demokratie.

Avi Primor, geboren 1935 in Tel Aviv, war von 1993 bis 1999 Botschafter des Staates Israel in Bonn. Er ist Gründer des Zentrums für europäische Studien an der Universität Herzliya bei Tel Aviv und leitet dort einen trilateralen Studiengang für israelische, palästinensische und jordanische Studenten. Er ist Präsident der Israelischen Gesellschaft für Außenpolitik.

Alex Ross, geboren 1968, ist seit 1996 Musikkritiker beim Magazin *The New Yorker*. Sein erstes Buch *The Rest is Noise* ist eine viel gerühmte Kulturgeschichte der klassischen Musik des 20. Jahrhunderts, die in 15 Ländern erschien. Alex Ross lebt in New York.

Sybil Gräfin Schönfeldt, geboren 1927 in Bochum, studierte Germanistik und Kunstgeschichte und promovierte 1951 in Wien. Sie veröffentlichte zahlreiche Bücher für Kinder und Erwachsene und arbeitete als freie Journalistin und Übersetzerin. Heute lebt sie in Hamburg.

Erwin Schrödinger, geboren 1887 in Wien, gestorben 1961 ebenda, Physiker und Wissenschaftstheoretiker, war Professor in Zürich, Berlin, Oxford, Graz und zuletzt in Wien. Für seine Beiträge zur Quantentheorie erhielt er 1933 gemeinsam mit Paul Dirac den Nobelpreis für Physik.

Brigitte Seebacher-Brandt, geboren 1946 in Twistringen, ist promovierte Historikerin und hat Biografien über August Bebel und Erich Ollenhauer veröffentlicht. Von 1979 an lebte sie mit Willy Brandt zusammen, sie heirateten 1983. Nach dem Tod Willy Brandts arbeitete sie als Journalistin und leitete von 1995 bis 2000 die Abteilung Kultur und Gesellschaft der Deutschen Bank. 2004 erschien ihre aufsehenerregende Biografie über Willy Brandt, die zum Bestseller wurde.

Kurt Sontheimer, geboren 1928 in Gernsbach/Baden, gestorben 2005 in Murnau, lehrte als Politologe zunächst an der Pädagogischen Hochschule in Osnabrück und an der Freien Universität Berlin. Von 1969 bis zu seiner Emeritierung 1993 war er Professor am Geschwister-Scholl-Institut für Politische Wissenschaft der Universität München. Zahlreiche Veröffentlichungen zur Zeitgeschichte und Politik.

Thilo Spahl, ist Diplom-Psychologe und Wissenschaftsjournalist mit den Schwerpunkten Medizin und Biotechnologie in Berlin.

Jens Sparschuh, geboren 1955 im heutigen Chemnitz, Schriftsteller, verfasst Hörspiele, Kinderbücher und Romane. Von ihm erschienen unter anderem *Der große Coup, Der Schneemensch, Lavaters Maske* und *Schwarze Dame.*

Michael Stegemann, geboren 1956 in Osnabrück, studierte in Münster Musikwissenschaft, Romanistik, Philosophie und Kunstgeschichte sowie Komposition bei Olivier Messiaen in Paris. Seit 2002 lehrt der Komponist und Musikpublizist als Professor für Musikwissenschaft an der Universität Dortmund.

Gabor Steingart, geboren 1962 in Berlin, leitete sechs Jahre das Hauptstadtbüro des *Spiegel*, bevor er im Sommer 2007 als Büroleiter nach Washington wechselte. Seit April 2010 ist er Chefredakteuer des *Handelsblatts*. 2004 wurde Steingart zum Wirtschaftsjournalisten des Jahres gewählt, 2007 erhielt er den Helmut-Schmidt-Journalistenpreis. Bei Piper erschienen u. a. die Bestseller *Deutschland – Abstieg eine Superstars* und *Weltkrieg um Wohlstand.*

Christoph Süß, geboren 1967 in München, Studienabbrecher im Fach Philosophie wegen überraschender Karriere als Kabarettist. Seit 1998 moderiert er im Bayerischen Fernsehen wöchentlich die Polit- und Satiresendung »Quer«, außerdem »Süßstoff – Die Latenight aus dem Münchner Volkstheater«.

Ludwig Thoma, geboren 1867 in Oberammergau, gestorben 1921 in Rottach am Tegernsee, war zunächst als Rechtsanwalt tätig. Im März 1900 gewann ihn der junge Verleger Albert Langen als Redakteur der satirischen Wochenzeitung *Simplicissimus*. Ab 1907 lebte er als freier Schriftsteller am Tegernsee. Durch seine Romane, Theaterstücke und Erzählungen ist er weit über Bayern hinaus bekannt geworden.

Karl Valentin, geboren 1882 in München, gestorben 1948 ebenda, besuchte nach einer Schreinerlehre eine Varietéschule in Nürnberg. Berühmt wurde er durch die Auftritte mit seiner Bühnenpartnerin Liesl Karlstadt. Der Volkssänger, Komiker und Kabarettist war ein Universalgenie. Wegen seines Querdenkens und sprachsezierenden Witzes gilt er als der deutsche »Charlie Chaplin«.

Barbara Vinken, geboren 1960 in Hannover, ist Professorin für Allgemeine Literaturwissenschaft und Romanische Philologie an der Universität München. 1989 in Konstanz und 1991 in Yale promoviert, habilitierte sie sich 1996 in Jena und folgte im Wechsel mit Gastprofessuren an der New York University, der EHESS Paris und der Humboldt-Universität in Berlin Rufen auf die romanistischen Lehrstühle in Hamburg und Zürich.

David Foster Wallace, geboren 1962 in Ithaca/New York, gestorben 2008 in Claremont/Kalifornien, lehrte als Professor für englische Literatur und Creative Writing am Pomona College in Claremont. Er gilt als postmoderner Kultautor und Chronist des amerikanischen Way of life. Neben zahlreichen Romanen, Essays und Storys verfasste er auch die im Piper Verlag vorliegende Biografie des Mathematikers Georg Cantor.

Paul Watzlawick, geboren 1921 in Villach/Kärnten, gestorben 2007 in Palo Alto/Kalifornien, Psychotherapeut, weltberühmter Kommunikationswissenschaftler und exzellenter Kenner des amerikanischen Lebensstils, lehrte und forschte in El Salvador und an der Stanford University. Von 1960 an arbeitete er als Forschungsbeauftragter am Mental Research Institute in Palo Alto. Er ist Autor zahlreicher Bücher, darunter *Vom Schlechten des Guten, Wie wirklich ist die Wirklichkeit* und der Millionenbestseller *Anleitung zum Unglücklichsein.*

Konstantin Wecker, geboren 1947 in München, wurde 1977 durch die Plattenveröffentlichung »Genug ist nicht genug« mit der Ballade vom »Willy« bekannt. Ungezählte Tourneen und Konzerte, Filmrollen, Filmmusiken und Musicals folgten. In seiner Autobiografie *Die Kunst des Scheiterns* schreibt der Komponist und Liedermacher über seine Suche nach Wahrhaftigkeit und die große Bedeutung der Poesie. Wecker lebt mit seiner Frau und seinen beiden Söhnen in München.

Steven Weinberg, geboren 1933 in New York, Elementarteilchenphsyiker, lehrt an der University of Texas in Austin. 1979 erhielt er für seine Forschung im Rahmen der Quantenfeldtheorie den Nobelpreis für Physik.

Alan Weisman, geboren 1947 in Minneapolis/Minnesota, Wissenschaftsjournalist und Autor, lehrt als Professor für Journalismus und Lateinamerikastudien an der University of Arizona. Der dem im Piper Verlag vorliegenden Buch *Die Welt ohne uns* zugrunde liegende Artikel »Earth without people« wurde für die renommierte Sammlung »Best American Science Writing 2006« ausgewählt, 2007 wählte das *Time Magazine* Weismans Buch zum Sachbuch des Jahres.

Edward O. Wilson, geboren 1929 in Birmingham/Alabama, Biologe, ist Mitbegründer der Soziobiologie und als Ameisenforscher international bekannt. Er lehrt als Professor für Zoologie an der Harvard University. Zwei seiner Bücher wurden mit dem Pulitzer-Preis ausgezeichnet, 2007 bekam er die Addison Emery Verrill Medal, die höchste Auszeichnung des Peabody Museums für Naturkunde an der Yale University.

Harald Zaun, geboren 1962 in Köln, Historiker und Wissenschaftsjournalist, schreibt mit den Schwerpunkten Kosmologie, Astrobiologie und Paläontologie für zahlreiche Zeitungen, Zeitschriften und Online-Portale.

Quellenverzeichnis

Die Beiträge dieses Buches wurden den unten genannten Büchern entnommen. Mit einem * gekennzeichnete Überschriften stammen von den Herausgebern.

Hannah Arendt, *Eichmann und die erschreckende Normalität.** Aus: Eichmann in Jerusalem. Mit einem Vorwort von Hans Mommsen. Erweiterte Taschenbuchausgabe Piper, München 1986, S. 400–404

Dies., *Die Weltlosigkeit der Liebe.* Aus Vita activa oder vom tätigen Leben. Taschenbuchausgabe Piper, München 2002, S. 308–310

Ingeborg Bachmann, *Die Wahrheit ist dem Menschen zumutbar. Rede zur Verleihung des Hörspielpreises der Kriegsblinden.* Aus: Kritische Schriften. Herausgegeben von Monika Albrecht und Dirk Göttsche. Piper, München 2005, 246–248

Elisabeth Badinter, *Der unbeugsame Wille der Frau.** Aus: Die Mutterliebe. Geschichte eines Gefühls vom 17. Jahrhundert bis heute. Aus dem Französischen von Friedrich Griese. Piper, München 1981, S. 297–299

Ernst Barlach, *Das Glück.* Aus: Spiegel des Unendlichen. Auswahl aus dem dichterischen Gesamtwerk. Sonderausgabe Piper, München 1960, S. 279–288

Max Beckmann, *»Ich will es Dir einmal sagen …«** Aus: Briefe. Herausgegeben von Klaus Gallwitz, Uwe M. Schneede und Stephan von Wiese unter Mitarbeit von Barbara Golz. Bd. 1: 1899–1925, bearbeitet von Uwe M. Schneede. Piper, München 1993, S. 306–308

Alban Berg, *Schönberg, der Lehrer.* Aus: Arnold Schönberg. Piper, München 1912, S. 89 f.

Gerd Binnig, *Beschränkung als Mechanismus der Evolution.** Aus: Aus dem Nichts. Über die Kreativität von Natur und Mensch. Piper, München 1989, S. 79–82

Volkmar Braunbehrens, *Mozart in Wien.* Aus: Mozart in Wien. Zitiert nach der Taschenbuchausgabe Piper, München 2006, S. 6–8

Alfred Brendel, *Musik und Lachen.** Aus: Über Musik. Piper, München 2005, S. 124–127

Lothar-Günther Buchheim, *Unsere letzte Nacht an Land.**Aus: Das Boot. Piper, München 1973, S. 10–13

Stéphane Courtois, *Kommunismus und Nationalsozialismus.** Aus: Das Schwarzbuch des Kommunismus. Unterdrückung, Verbrechen und Terror. Herausgegeben von Stéphane Courtois, mit Beiträgen von Stéphane Courtois, Nicolas Werth, Jean-Louis Panné, Andrzej Paczkowski, Karel Bartosek und Jean-Louis Margolin, Joachim Gauck, Ehrhart Neubert. Aus dem Französischen von Irmela Arnsperger, Bertold Galli, Enrico Heinemann, Ursel Schäfer, Karin Schulte-Bersch und Thomas Wollermann. Sonderausgabe Piper, München, 2004, S. 27–29

Ralf Dahrendorf, *Die Rolle des Fremden in unserer Gesellschaft.** Aus: Gesellschaft und Demokratie in Deutschland. Piper, München 1965, S. 274–378

Hilde Dominv *Heimat.* Aus: Aber die Hoffnung. Autobiographisches aus und über Deutschland. Neuausgabe Piper, München 1987, S. 11–15

Fjodor M. Dostojewski, *Lüge sucht sich durch Lüge zu erhalten.* Aus: Tagebuch eines Schriftstellers. Notierte Gedanken. Aus dem Russischen von E. K. Rashin. Piper, München 1963, S. 423–428

Eugen Drewermann, *Sei, was du bist.* Aus: Den eigenen Weg gehen. Predigten zu den Büchern Exodus und Richter. Herausgegeben von Bernhard Marz. Piper, München 1995, S. 114–117

John C. Eccles, *Das bewußte Selbst im geistlosen Universum.** Aus: Das Gehirn des Menschen. Sechs Vorlesungen für Hörer aller

Fakultäten. Aus dem Amerikanischen von Angela Hartung. Piper, München 1975, S. 272–275

Hans Heinrich Eggebrecht, *Zur Musik nach 1950.** Aus: Musik im Abendland. Piper, München 1991, S. 811 f.

Irenäus Eibl-Eibesfeldt, *Der Kuß.** Aus: Liebe und Haß. Zur Naturgeschichte elementarer Verhaltensweisen. Piper, München 1970, S. 158–161

Albert Einstein, *Forschung muß dem Menschen dienen.** Aus einem Vortrag, gehalten am CalTech, Pasadena, Kalifornien, 16. Februar 1931. In: Albert Einstein, Über den Frieden. Herausgegeben von Otto Nathan und Heinz Norden. Lang, Bern 1975, S. 138–139. Zitiert nach: Einstein sagt. Zitate, Einfälle, Gedanken. Herausgegeben von Alice Calaprice. Mit einem Vorwort von Freeman J. Dyson. Teilübersetzung aus dem Amerikanischen und Betreuung der deutschen Ausgabe: Anita Ehlers. Piper, München 1997, S. 165

Joachim Fest, *Die Totenmasken Heinrich Himmlers.** Aus: Das Gesicht des Dritten Reiches. Profile einer totalitären Herrschaft. Piper, München 1963, S. 156–158

Richard P. Feynman, *Eine verrückte Situation: Atome zertrümmern.** Aus: Es ist so einfach. Vom Vergnügen, Dinge zu entdecken. Herausgegeben von Jeffrey Robbins. Mit einem Vorwort von Freeman J. Dyson. Aus dem Amerikanischen von Inge Leipold. Piper, München 2001, S. 36–39

Ernst Peter Fischer, *Einsteins Philosophie.** Aus: Einstein für die Westentasche. Piper, München 2005, S. 81–87

Jörg Friedrich, *Als der Krieg nach Dresden kam.** Aus: Das Gesetz des Krieges. Das deutsche Herr in Russland 1941– 1945. Der Prozeß gegen das Oberkommando der Wehrmacht. Piper, München 1993, S. 737–742

Detlev Ganten, Thilo Spahl, Thomas Deichmann, *Das Kreuz mit dem Kreuz.* Aus: Die Steinzeit steckt uns in den Knochen. Gesundheit als Erbe der Evolution. Piper, München 2009, S. 84–91

Glenn Gould, *Kritiker.* Aus: Vom Konzertsaal zum Tonstudio. Aus dem Englischen von Hans-Joachim Metzger. Piper, München 1987, S. 28

Brigitte Hamann, *Was Hitler aus Wien in sein Leben mitnahm.** Aus: Hitlers Wien. Lehrjahre eines Diktators. Piper, München 1996, S. 577–579

Hanns Hatt und Regine Dee, *Spermien im Blütenrausch.* Aus: Das Maiglöckchenphänomen. Alles über das Riechen und wie es unser Leben bestimmt. Piper, München 2008, S. 156–161

Werner Heisenberg, *Die Atomtheorie und der Felsturm auf Helgoland.** Aus: Der Teil und das Ganze. Gespräche im Umkreis der Atomphysik. Piper, München 1969, S. 86–90

Hans Werner Henze, *Freiheit von Traurigkeit und Freiheit von sich selbst.** Aus: Ingeborg Bachmann/Hans Werner Henze, Briefe einer Freundschaft. Piper, München 2004, S. 264 f.

Edgar Hilsenrath, *Ich bin von Natur aus ein Einzelgänger und singe nicht gern im Chor.* Aus: Das Unerzählbare erzählen. Herausgegeben von Thomas Kraft. Piper, München 1996, S. 50–53

Ayaan Hirsi Ali, *Muslimische Frauen sind keine »Söhnefabriken«!** Aus: Ich klage an! Plädoyer für die Befreiung der muslimischen Frauen. Aus dem Niederländischen von Anna Berger und Jonathan Krämer. Piper, München 200, S. 23–29

Karl Jaspers, *Was ist Schuld?** Aus: Die Schuldfrage. Von der politischen Haftung Deutschlands. Piper, München 1974, S. 17–20

Joachim Kaiser, *Jede Mozart-Oper ist ein spezifischer Kosmos.** Aus: Who's who in Mozarts Meisteropern. Piper, München 1997, S. 11 f.

Rudolf Kippenhahn, *Von Planeten, Sternen und dem Versuch, kleinen grünen Männern zu winken.** Aus: Rudolf Kippenhahn, 100 Milliarden Sonnen. Geburt, Leben und Tod der Sterne. Piper, München 1980, S. 250–253

Gidon Kremer, *Gefährdung der Kunst.** Aus: Zwischen Welten. Piper, München 2003, S. 273–376

Alfred Kubin und Reinhard Piper, *»Anbei ein paar Worte zum Dostojewski«.** Aus: Briefwechsel. Herausgegeben im Auftrag des Literaturarchivs der Österreichischen Nationalbibliothek und Frau Professor Agnes Essl als Stifterin von Marcel Illetschko und Michaela Hirsch. Piper, München 2010, S. 36–38

Hans Küng: *Auferweckung zu neuem Leben.* Aus: Hans Küng/Walter Jens: Menschenwürdig sterben. Ein Plädoyer für Selbstverantwortung. Erweiterte und aktualisierte Neuausgabe, Piper, München 2009, S. 237–248

Remo H. Largo und Martin Beglinger, *Warum jedes Kind einzigartig ist.** Aus: Schülerjahre. Wie Kinder besser lernen. Piper, München 2009, S. 18–22

Robert B. Laughlin, *Das Zeitalter der Emergenz,* Aus: Abschied von der Weltformel. Die Neuerfindung der Physik. Aus dem Amerikanischen von Helmut Reuter. Piper, München 2007, S. 300–305

François Lelord, *»Bist du eigentlich glücklich?«** Aus: Hectors Reise oder die Suche nach dem Glück. Aus dem Französischen von Ralf Pannowitsch. Piper, München 2004, S. 19–22

Harald Lesch und Harald Zaun, *13,7 Milliarden Jahre vor heute.** Aus: Die kürzeste Geschichte allen Lebens. Eine Reportage über 13,7 Milliarden Jahre Werden und Vergehen. Piper, München 2008, S. 14–18

Konrad Lorenz, *Gänsekind Martina.** Aus: Hier bin ich – wo bist Du? Ethologie der Graugans. Unter Mitarbeit von Michael Martys und Angelika Tipler. Piper, München 1988, S. 29–33

Nelson Mandela, *Was mich die Gefangenschaft lehrte.** Aus: Bekenntnisse. Mit einem Vorwort von Barack Obama. Übersetzt aus dem Englischen von Anne Emmert, Hans Freundl und Werner Roll. Piper, München 2010, S. 213 f.

Benoît Mandelbrot und Richard L. Hudson, *Märkte sind sehr, sehr riskant.** Aus: Fraktale und Finanzen. Märkte zwischen Risiko, Rendite und Ruin. Aus dem Amerikanischen von Helmut Reuter. Piper, München 2005, S. 315–319

Franz Marc, *Geistige Güter.* Aus: Der Blaue Reiter. Überarbeitete Taschenbuchausgabe, Piper, München 2009, S. 21–24

Daphne de Marneffe: *Was die Lust, Mutter zu sein, zum Problem macht.* Aus: Von der Lust, Mutter zu sein. Aus dem Amerikanischen von Juliane Gräbener-Müller. Piper, München 2005, S. 17–19

Yehudi Menuhin, *Wenig erreicht, aber (mein) Glück gefunden.** Aus: Unvollendete Reise. Aus dem Englischen von Albrecht Roeseler. Piper, München 1976, S. 446f.

Friedrich Merz, *Was ist gerecht?* Aus: Mehr Kapitalismus wagen. Wege zu einer gerechten Gesellschaft. Piper, München 2008, S. 19–33

Alexander und Margarete Mitscherlich, *Der Führer war an allem schuld.* Aus: Die Unfähigkeit zu trauern. Grundlagen kollektiven Verhaltens. Piper, München 1967, S. 32–36

Jacques Monod, *Die Evolution der Ideen.** Aus: Zufall und Notwendigkeit. Philosophische Fragen der modernen Biologie. Aus dem Französischen von Friedrich Griese. Vorrede zur deutschen Ausgabe von Manfred Eigen. Piper, München 1971, S. 202–205

Michael Moore, *Wie überlebt man die globale Erwärmung?* Aus: Stupid White Man. Aus dem Amerikanischem von Michael Bayer, Helmut Dierlamm, Norbert Juraschitz und Heike Schlatterer. Piper, München 2002, S. 164f.

Sten Nadolny und Jens Sparschuh, *Wehrpflicht oder Berufsarmee?* Aus: Putz- und Flickstunde. Zwei kalte Krieger erinnern sich. Piper, München 2009, S. 79–82

Holger Noltze, *Regisseure für Wagner.** Aus: Wagner für die Westentasche. Piper, München 2008, S. 16f.

Karl R. Popper, *Wer soll herrschen?** Aus: Alles Leben ist Problemlösen. Über Erkenntnis, Geschichte und Politik. Piper, München 1994, S. 240–244

Avi Primor und Christiane von Korff, *Das Klischee vom »geldgierigen Juden«.** Aus: An allem sind die Juden und die Radfahrer schuld. Deutsch-jüdische Missverständnisse. Piper, München 2010, S. 77–93

Alex Ross, *Das Netzwerk der Musik.** Aus: The Rest is Noise. Aus dem Amerikanischen von Ingo Herzke. Piper, München 2009, S. 597–599

Sybil Gräfin Schönfeldt, *Der alte Großvater.* Aus: Die Jahre, die uns bleiben. Gedanken einer Alten über das Alter. Piper, München 1997, S. 58–62

Erwin Schrödinger, *Über Determinismus und Willensfreiheit.* Aus: Was ist Leben? Die lebende Zelle mit den Augen des Physikers betrachtet. Aus dem Englischen von L. Mazurczak. Mit einer Einführung von Ernst Peter Fischer. Piper, München 1987, S. 148–153

Brigitte Seebacher, *Eine Zeit geht zu Ende – etwas Neues beginnt. Willy Brandt im September 1989.** Aus: Willy Brandt. Piper, München 2004, S. 288–291

Kurt Sontheimer, *Die Deutschen und ihre Identität.* Aus: Piper Almanach zum 80. Jahr. Herausgegeben von Klaus und Ernst Reinhard Piper. Piper, München 1984, S. 398–400

Michael Stegemann, *Mozarts Innenleben.** Aus: Mozart für die Westentasche. Piper, München 2006, S. 100 f.

Gabor Steingart, *Willy Brandt, mein Vater und die Entdeckung der Demokratie.* Aus: Die Machtfrage. Ansichten eines Nichtwählers. Piper, München 2009, S. 11–15

Christoph Süß, *Interview mit Sokrates.** Aus: Ich denke, also bin ich verwirrt. Meine liebsten Welterklärungen. Piper, München 2009, S. 45–49

Ludwig Thoma, *Einiges über Stil, Bildung und anderes.* Aus: Gesammelte Werke in sechs Bänden. Bd. 1: Autobiographisches und ausgewählte Aufsätze. Piper, München 1968, S. 607–609

Karl Valentin, *Unpolitische Rede.* Aus: Sämtliche Werke in neun Bänden. Herausgegeben von Helmut Bachmaier und Manfred Faust. Bd. 1: Klagelied einer Wirtshaussemmel, Monologe und Soloszenen. Sonderausgabe Piper, München 2007, S. 45 f.

Barbara Vinken, *Der Mutterkult im Nationalsozialismus.** Aus: Die deutsche Mutter. Der lange Schatten eines Mythos. Taschenbuchausgabe Piper, München 2002, S. 266–270

David Foster Wallace, *Die Entdeckung des Unendlichen.** Aus: Georg Cantor. Der Jahrhundertmathematiker und die Entdeckung des Unendlichen. Aus dem Amerikanischen von Helmut Reuter und Thorsten Schmidt. Piper, München 2007, S. 11–17

Paul Watzlawick, *Die Geschichte mit dem Hammer.* Aus: Anleitung zum Unglücklichsein. TB-SA Piper, München 2007, S. 37–47

Ders., *Das Gefangenendilemma.* Aus: Wie wirklich ist die Wirklichkeit? Wahn – Täuschung – Verstehen. Piper, München 1976, S. 103–111

Konstantin Wecker, *Meiner Mutter Sterben.* Aus: Die Kunst des Scheiterns. Piper, München 2007, S. 175–178

Steven Weinberg, *Was uns bevorsteht.** Aus: Die ersten drei Minuten. Der Ursprung des Universums. Aus dem Amerikanischen von Friedrich Griese. Mit einem Vorwort von Reimar Lüst. Piper, München 1977, S. 207–213

Alan Weisman, *Vom Untergang unserer Häuser.* Aus: Die Welt ohne uns. Reise über eine unbevölkerte Erde. Aus dem Amerikanischen von Hainer Kober. Piper, München 2007, S. 21–28

Edward O. Wilson, *Das Wunder des Lebens – mit und ohne den Menschen.** Aus: Der Wert der Vielfalt. Die Bedrohung des Artenreichtums und das Überleben des Menschen. Aus dem Amerikanischen von Thorsten Schmidt. Piper, München 1995, S. 419–422